# 中國學術思想 研究輯刊

## 二十編

林慶彰 主編

## 第 4 冊

### 杭辛齋《易》學研究

張青松 著

花木蘭文化出版社

國家圖書館出版品預行編目資料

杭辛齋《易》學研究／張青松 著 -- 初版 -- 新北市：花木蘭文
化出版社，2015〔民 104〕
序 2+ 目 4+204 面；19×26 公分
（中國學術思想研究輯刊 二十編；第 4 冊）
ISBN 978-986-322-993-3（精裝）
1.（清）杭辛齋 2.易學 3.學術思想
030.8                                              103026833

ISBN-978-986-322-993-3

9 789863 229933

中國學術思想研究輯刊
二十編　第 四 冊　　　　　ISBN：978-986-322-993-3

## 杭辛齋《易》學研究

作　　者　張青松
主　　編　林慶彰
總 編 輯　杜潔祥
副總編輯　楊嘉樂
編　　輯　許郁翎
出　　版　花木蘭文化出版社
社　　長　高小娟
聯絡地址　235 新北市中和區中安街七二號十三樓
　　　　　電話：02-2923-1455 ／傳真：02-2923-1452
網　　址　http://www.huamulan.tw 信箱 hml810518@gmail.com
印　　刷　普羅文化出版廣告事業
封面設計　劉開工作室
初　　版　2015 年 3 月
定　　價　二十編 21 冊（精裝）台幣 38,000 元

# 杭辛齋《易》學研究

張青松　著

## 作者簡介

張青松，1976 年生，新北市淡水人，臺灣師範大學國文系學士，臺灣大學中文研究所碩士，臺灣師範大學國文系博士候選人，研究領域為清末民初《周易》學、國文教學，著有〈杭辛齋〈進化新論〉之思想及其時代意義〉、〈試析《易緯》論「大衍之數」對傳統《易》傳之傳承、發展與限制〉、〈戴震治《易》歷程展現之漢宋學風格〉、〈《老子》言「常」與〈中庸〉言「庸」之異同〉、〈高中國文課文動畫（Flash）簡介與評議——以三民、東大、翰林為討論版本〉、〈學習共同體在國文教學之實踐成效與建議——以 101 學年度中正高中一年級國文科為例〉等論文。現任臺北市立中正高中國文科教師。

## 提　要

　　清末民初，經學衰微，杭辛齋（1869～1924）獨立蒼茫，孜孜不倦，倡導《易》學，喚醒國人對傳統文化重視。杭辛齋年四十七，方立志學《易》，以至於終，不過八年，竟有《易》學著作七部：《學易筆談》、《學易筆談·二集》、《易楔》、《易學偶得》、《讀易雜識》、《愚一錄易說訂》、《沈氏改正揲蓍法》，逾三十三萬字，可見其夙慧與用功。民國初年，《易》學得以存續，杭辛齋實有承先啟後之功。

　　杭辛齋說《易》多方，茲就其著作，歸納其說《易》方式，約分為：「講《易》與詁經不同」、「无一字閑文」、「以象數說《易》」、「援用《周易》經傳」、「徵引群經諸子」、「小學訓解說《易》」、「博采兼綜諸家之說」、「以新名詞與《易》相發明」八類，足見其說《易》不守一家，力貫東西古今，唯以推廣《易》學為職志。

　　杭辛齋主張《易》在三代，不徒政治之書，凡禮樂政刑，咸法於《易》。漢人去古未遠，所傳較接近經傳原貌，故其甚重兩漢《易》學。魏晉以後，王弼之《易》盛行江左，施讐、梁丘諸家之《易》漸亡，費氏之古本，亦遭淆亂，此杭辛齋所深嘆息者。有唐一代，兩漢以來各家之師說多已亡佚，且孔穎達疏《易》，復崇王黜鄭，有賴李鼎祚《周易集解》，掇拾殘闕。宋代《易》學，象數解《易》有之，義理解《易》有之，其特出者，乃以圖書解《易》。元明兩代之《易》學，較無發明，《易》說多類程朱。清朝《易》學著作甚豐，可謂歷代《易》學之總結時期。有闡明程朱《易》學者；有復言漢《易》象數者；有攻擊、倡導圖書者；亦有調和融通者。杭辛齋亦取資國外《易》學研究，如日本《易》學之《高島易斷》與美國國會圖書館《易》學書目，足見其《易》學視野，不論東西，氣象博大。

　　杭辛齋《易》學之內涵，可分就象數、義理、圖書、科學四方面探究。義理《易》學，為杭辛齋《易》學之終極關懷，其以象數說《易》，乃一過程，其目的乃在闡明經傳義理，以合人倫日用。圖書《易》學，盛於北宋，杭辛齋《易》學中主以〈先天後天〉、〈河圖洛書〉、〈太極圖〉等範疇為論述內涵，其論流傳與內涵，多從朱子。再者，杭辛齋以圖書之利，可較全面含攝理、象、氣、數，然若不先明象數而言圖書，則對初學者《易》學之認知，或有不利影響。杭辛齋《易》學特出之處，在科學《易》學，乃援引新知識、新名詞、新概念，以會通《易》學。杭辛齋為首位有意識、有系統援引科學說《易》者，其廣度與深度，遠邁前賢，並為二十世紀以來所謂「科學《易》學」導夫先路，《易》學史上當記此筆。蓋杭辛齋《易》學特色，氣象宏大，能融鑄象數、義理、圖書、科學於一爐，自民國以來，斐然成一家之言。

杭辛齋之《易》學認知及思想，大要如下：論《易》之作者，多從舊說，以聖人作《易》，然未言聖人究為何人。畫卦、重卦者皆為伏羲。作卦爻辭者分為周文王與周公。孔子作〈易傳〉，殆從舊說。論《易》之性質，則強調《易》為用世之書，且《易》者廣大悉備，彌綸範圍天地萬物。論《易》之本體，乃采氣化論，以天地萬物，莫不由氣之變化而生成演化。論《易》之作用，杭辛齋以《易》可貫徹天人、安身立命，弘道救世。論《易》之讀法，則須先讀〈說卦傳〉、〈繫辭傳〉，以明《易》之大體，再熟讀《周易》上下經文，後求諸大家注釋，必字字研求，務各得其下落。蓋杭辛齋以為經傳之一字一句，咸有精深義蘊，不可更易。杭辛齋之《易》學思想，可以時中、重民、憂患、寡過言之，以上經傳本有。至於進化諸新概念，實則杭辛齋將新學融通《易》學，注入活水。

　　學者評論杭辛齋《易》學，非其說者，大概多以「考證疏略」與「與《易》無涉」二說。平心而論，杭辛齋習《易》目的在說《易》而非詁《經》，所訾則為過苛。至於杭辛齋《易》學之長，尚秉和論其博覽華美，徐芹庭讚許其《易》學無所不包，乃集四庫館臣所謂「二派六宗」之大成。

　　《易》學發展至清末民初，象數、義理、圖書等傳統《易》學研究手法，經歷代大儒推闡，後學遵循，實難有突破性發展，故杭辛齋能集大成，已屬不易。杭辛齋《易》學之貢獻，乃在援引當時眾多新說以推廣《易》學。此說《易》方式，可推至張之銳所著《易象闡微》，杭辛齋受到啟發，推闡擴充此說《易》方式，舉凡當世流行新名詞：愛克司光、飛機、十字架、來復線等；新概念：新氏教育、勞動神聖、自由、平等、博愛、共和政治等；新學科：物理學、化學、生物學、考古學、地理學等，杭辛齋旁徵博引，與傳統《易》學之象數、義理、圖書諸法融會貫通。為後世《易》學研究，另闢蹊徑，並揭示接續傳統與現代《易》學研究之手法，此則杭辛齋《易》學精采勝處，亦為其對後世《易》學之貢獻與影響。杭辛齋《易》學，往上總結象數、義理、圖書，可謂集大成者，往下開啟二十世紀科學《易》學學派，實居承先啟後地位，當可於《易》學史上占一席之地。

# 修 訂 序

　　本文初次完稿（2003.6）迄今，已逾十一載。檢視舊作，未臻理想處有之，加以近日學界對杭辛齋《易》學研究，後出轉精，頗值參考，如張躍龍：《杭辛齋易學研究》（臺北：政治大學中文研究所碩士論文，呂凱先生指導，2004）。林琬茹：《端木國瑚易學研究》（臺北：臺灣師大國文研究所碩士論文，賴師貴三先生指導，2004），文中詳列端木國瑚《易》學著作中，直接影響杭辛齋之處。提供許多不同思維與見解，近年又有周神松：《杭辛齋易學思想淺論》（中國：山東大學中國哲學研究所碩士論文，李尚信教授指導，2010）誠為辛齋《易》學研究之佳音，故思著手修訂，以下為修訂要點：

　　一、訂補錯漏。

　　二、詳述端木國瑚對杭辛齋《易》學之影響。

　　三、介紹張躍龍對辛齋《易》學新見解：

　　　　（一）對於辛齋生平、著述之考察與分類，更加詳盡且系統化。

　　　　（二）對於辛齋獄中習《易》之神秘經歷，提出更合理且細緻之看法。

　　　　（三）對於辛齋《易》學是否可納入科學《易》範疇，有其不同理解。

　　修訂期間，雖審視再三，然其間罅漏舛訛，勢所難免，唯願師長先進、博雅碩彥，不吝賜正，斯為幸矣！

後學張青松謹序於台北 2014.8

# 緒　言

　　清代《易》學，號稱復興，《易》家輩出。清朝初期，黃宗羲（1610～1695）、王夫之（1619～1692）、胡渭（1633～1714）、毛奇齡（1623～1716）諸家，辨明宋代圖書《易》學多不可信。乾嘉以來，惠棟（1697～1758）、張惠言（1761～1802）、焦循（1763～1820）、端木國瑚（1773～1837）諸家，精研漢《易》象數，詳備可觀。然自清末乃至民國初年，西方學術挾船堅炮利而來，國勢危殆，時人多師法西學而輕忽國故，《易》學研究逐漸沈寂。當時以研《易》名世者，首推海甯杭辛齋。

　　杭辛齋乃清末民初報界聞人，因力反袁世凱稱帝，被捕下獄，獄中得異人傳授京氏《易》，立志研《易》。出獄後獲選爲眾議員。議政之暇，成立學社於上海、廣州，口講筆劃，並集說成書。

　　杭辛齋習《易》用力甚深，不限一家之說，涉象數、義理、圖書、占筮，可謂集傳統《易》學大成。其時經學晦盲，國人好言新學，杭辛齋爲推廣《易》學，復思以泰西新名詞詮釋《易》中諸多觀念，介紹予國人。希冀國人先認同《易》學，進而理解經學，乃至重光國故，終能凌駕西人之上。此說《易》方式，拓展《易》學研究之範疇，爲二十世紀科學《易》學一系開先。值此經學陵夷之世，有賴杭辛齋窮盡其力，重新喚醒學者對《易》學之重視，此乃其功。

　　杭辛齋《易》學著作有《學易筆談》、《學易筆談・二集》、《易楔》、《易數偶得》、《讀易雜識》、《愚一錄易說訂》、《沈氏改正揲蓍法》。前五部多爲杭辛齋習《易》說《易》之講義與筆記，後二部則屬校訂之書，故論杭辛齋《易》學，宜以前五部爲主，後二部爲輔。以上諸書，研幾學社於 1922 年以聚珍版

鉛印出版，不出十年，即被《續修四庫全書》編纂學者收錄，尚秉和並爲諸書各作提要，足見其學術價值早受肯定。而後臺北文海出版社（1965）、廣文書局（1971）、成文出版社（1976）、天津古籍出版社（1988），皆據研幾學社板本翻印。唯遼寧教育出版社於1996年由張文江校點《學易筆談》、《讀易雜識》，則以簡體字橫排重印，乃異前本。本文所論與頁數則以廣文書局（1971）爲據〔註1〕。

　　本文格式以《臺大中文學報》撰稿規定爲準。再者，行文遇卦名者，除八經卦不加單箭號外，六十四別卦則加。又杭辛齋原文言「彖、象」有二義，其一指「卦辭、爻辭」者，不加單箭號；其二指「彖傳、象傳」者則加。

　　本文以杭辛齋《易》學爲研究範疇，唯杭辛齋《易》學，博贍華美，文中所述牽涉甚廣，限於學養不足，若干問題難言精微，唯願諸師長誨之。

　　父母劬勞，師友相勗，不敢或忘。本文撰寫期間，承蒙業師何教授澤恆先生費心指導，於此特申謝忱！並渥蒙黃師沛榮、賴師貴三之審查與口試通過，其中文字、內容、格式等受諸先生高明之教正，實受益良多。然限於學殖尚淺，識見不足，或有不能一一改正者，深自警惕，乃日後精進不息之鵠的。

---

〔註1〕關於杭辛齋《易》學著作，張躍龍將所及見版本之良窳、購置之難易、所知典藏地加以說明，作一整理與分析，並加前人研究杭辛齋《易》學概況，作一提要，甚便來者。詳參氏著：《杭辛齋易學研究》（臺北：政治大學中文研究所碩士論文，呂凱先生指導，2004.7），頁8～16。

# 第一章　杭辛齋生平與學術背景

## 第一節　生平事略

　　杭辛齋，名鳳元，又名慎修，字辛齋，以字行，別字一葦，號夷則，浙江海甯人[註1]。生於清同治八年七夕[註2]（1869 年 8 月 14 日），卒於民國十三年（1924）一月二十四日，享年五十有五。

　　杭辛齋家世以文學名[註3]，幼年岐嶷[註4]，早年讀書於杭州正蒙義塾[註5]，初學爲文章，應童子試，五冠其曹，一時杭慎修之名大噪，而杭辛齋歉然若不足[註6]。

---

〔註 1〕徐立亭：《晚清巨人傳：嚴復》（哈爾濱出版社，1996 年 8 月），頁 191。按：古人多自號「某齋」，故疑辛齋爲其號，然文獻不足，尚待查考。

〔註 2〕見秦錫圭《易楔》題辭：「七月七日乞巧節，玄奧妙理象數呈。先生降生適是日，後比定庵前康成。爲作長歌寫心曲，佐先生晉一觥。……戊午七夕，爲辛齋先生五十初度。」

〔註 3〕張一鳴：〈海甯杭辛齋先生訃告〉，收錄於黃季陸主編：《革命人物誌》第四集（中國國民黨中央委員會黨史史料編纂委員會，1970 年 6 月），頁 156。一鳴爲杭辛齋弟子，此篇訃告爲歷來所見論述杭辛齋生平最詳盡者，且行文謹實，未見諛師之辭，甚具參考價值。

〔註 4〕〈杭辛齋先生略歷〉：《申報》第 13 版，1924 年 1 月 26 日。案：杭辛齋不當爲《易》學家、愛國志士、眾議員，更爲民初報界聞人，先後曾任過《國聞報》、《北洋官報》、《商報》、《中華報》、《京話日報》、《農工雜誌》、《愛國白話報》、《漢民日報》主筆，素爲新聞界敬重。此文發表於 1 月 26 日，緊接杭辛齋逝世之 1 月 24 日，內容頗具參考價值。

〔註 5〕同註 1。

〔註 6〕詳見陳守謙：《愚一錄易說訂‧序一》。案：守謙爲杭辛齋兒時同學，且終身兄事杭辛齋，其於序末言：「第君（辛齋）之生平，則吾知之較詳，所錄雖一鱗一爪，要皆眞實無妄，當亦論世尚友之君子所樂聞也歟？」故此序爲杭辛齋生平之重要參考資料，當有其可信度。

—3—

　　光緒三年（1877），杭辛齋八歲，其父授以京氏《易》八卦之序，乃其學《易》之濫觴。

　　光緒十六年（1890），杭辛齋二十一歲，遊學京師，從陳書玉、李蓴客兩先生遊，充文淵閣校對，得盡窺祕籍。肄業同文館，習天算理化與法國文學〔註7〕，旋官中書科中書〔註8〕。杭辛齋晚年講《易》，有以天算、理化等知識援入者〔註9〕，其來有自。自此之後，其學益進，乃盡棄舉子業，以天下之重自任，覺世牖民，鋤奸去惡，直聲震海內〔註10〕。

　　光緒二十三年（1897），杭辛齋二十八歲，於天津與嚴復等創立《國聞報》〔註11〕，爲華北新聞的前聲，此時北方始有私人獨力辦報者。

　　光緒二十四年（1898），杭辛齋二十九歲，目見中日甲午戰爭以來，朝廷日漸腐敗，國勢不起，上書光緒帝條陳變法自強，兩蒙密旨召見，授中書面諭京機章京行走，杭辛齋力辭，光緒皇帝復面賜「言滿天下」四字象牙章〔註12〕，授內閣中書〔註13〕。時維戊戌政變前十日〔註14〕。

　　光緒二十六年（1900），杭辛齋三十一歲，以滿清之不可救，非力圖革命不

---

〔註7〕 同註3，頁14。

〔註8〕 同註4。此說於他處未見，然據姜緯堂言：「《中華報》由彭翼仲任社長，其妹夫後補內閣中書（正七品）杭慎修（1869～1924）任主筆。」又言：「……二者，主事者不知彭、杭皆有功名，依例需奏請革職方可遞解……」。詳見姜緯堂：〈彭翼仲案眞相〉，《首都師範大學學報》（社會科學版），1996年第5期，總112期，頁17、22。可爲《申報》：「旋官中書科中書」之佐證。

〔註9〕 物理、化學部份，如《學易筆談・初集》之〈七色變白〉、〈化學之分劑與象數合〉等。天文部份，如《學易筆談・初集》之〈爻辰之星象〉，《學易筆談・二集》之〈星曜神煞繹義〉等。算學部份，《易數偶得》諸多篇章中，論及算學與《易》數之關聯。

〔註10〕 同註6。

〔註11〕 詳見：《學易筆談・二集》嚴復序。其言：「辛齋老友，別三十年矣！在光緒丙申、丁酉間，創國聞報於天津，實華人獨立新聞事業之初祖，余與夏君穗卿主旬刊，而王苑生太史與君任日報，顧余足跡未履館門，相晤恆於苑生之寓廬。」又：嚴復創《國聞報》的正確時間，王栻指出：「嚴復自己爲杭慎修（辛齋）所作的《學易筆記談》二集（案：記爲衍誤）序說：『光緒丙申、丁酉間，創《國聞報》於天津。』……文中所說丙申、丁酉，應爲丁酉（1897年）、戊戌（1898年），當係回憶之誤。」詳見：王栻：《嚴復傳》（上海人民出版社，1976年），頁34。

〔註12〕 易翁：〈杭辛齋易學傳〉，《中華易學》，1981年6月（第二卷第四期），頁54。

〔註13〕 同註1，頁191。

〔註14〕 同註3，頁14。案：至於杭辛齋有沒有作官，何時作官的問題，因現今資料不足，俟考。

可，遂由程家檉介紹，更名改姓，加入同盟會〔註15〕。負責《北洋官報》、《商報》主任，和妻兄彭詒孫（字翼仲）在北京創發《中華報》、《京話報》〔註16〕。

　　光緒三十二年（1906），杭辛齋三十七歲，因其主筆《中華報》，獨家披露朝廷祕密處決保皇黨人吳道明、范履祥案，觸怒清廷權貴，如奕劻、袁世凱〔註17〕等，被京師外城巡警總廳，以巡警部之堂諭「妄議朝政、捏造謠言、附和匪黨、肆爲論說。」逮捕，《中華報》被禁、報館查封。杭辛齋被判「遞解原籍、嚴加禁錮」，監禁匝月後，押赴海寧原籍。而《中華報》社長彭詒孫（字翼仲），爲杭辛齋妻兄，被判發配新疆，監禁十年。致使輿論嘩然，中外震驚，史稱「彭翼仲案」〔註18〕。杭辛齋遇事敢言之性，與覺世牖民之志，沛然可見。

　　光緒三十三年（1907），杭辛齋三十八歲，於「遞解原籍、嚴加禁錮」期間，浙江巡撫增韞，奏請以杭辛齋留辦實業，任農工研究會長、浙江農會總理，發行《農工雜誌》，又創《浙江白話新報》〔註19〕，鼓吹社會改革〔註20〕，

---

〔註15〕同前註，其言：「庚子亂後，吾師盡罄所有，與北方諸豪俠謀刼光緒帝南遷不成，避跡山東德州，以行醫自活。自知滿清之不可救……加入同盟會，密盟革命。在北京創辦《京話報》、《中華報》，啓發民智，實爲北方革命之先河。」可推知杭辛齋加入同盟會，在庚子（1900）之後，與辦《京話報》、《中華報》之前，故暫定於 1900 年。而張文江記杭辛齋於「1905 年加入同盟會，後又加入南社。」未知何據，時間上復可商榷。詳見杭辛齋著，張文江校點：《學易筆談‧讀易雜識》，《新世紀萬有文庫》（遼寧教育出版社，1996.12）出版說明。

〔註16〕易翁：〈杭辛齋易學傳〉，頁 54 之《中華日報》、《京華日報》與〈杭辛齋先生略歷〉：《申報》中之《大華報》，均有筆誤。

〔註17〕杭辛齋早在袁世凱稱帝（1915 年）前十八年，即已預言其必稱帝，足見其識人之明。見嚴復序《學易筆談‧二集》：「時袁項城甫學生練兵於小站，值來復之先一日，必至津，至必詣菀生爲長夜談，斗室縱橫，放言狂論，靡所羈約。時君謂項城他日必做皇帝，項城言我做皇帝必首殺你，相與鼓掌笑樂。不料易世而後，預言之盡成實錄也。」自此之後，杭辛齋與袁氏因理念不同，加以杭辛齋強項敢言，故受到袁氏諸多迫害，如 1906 年之「彭翼仲案」，及 1915 年因反其洪憲帝制，被捕下獄，然杭辛齋始終不屈，以報爲史，頗有董狐氣節。

〔註18〕同註16。

〔註19〕史和、姚福申、葉翠娣編：《中國近代報刊名錄》（福建人民出版社，1991 年），頁 455：「《浙江白話報》：1909 年（宣統元年）間創刊，在杭州出版。日刊。在滿人貴翰香的支援下，由許祖謙擔任主筆，不久即與杭辛齋所辦的《白話新報》合併爲《浙江白話新報》。據項士元《浙江新聞史》載：1910 年 4 月由穆詩樵介紹，合組《浙江白話報》與《白話新報》爲《浙江白話新報》。按浙江圖書館現存的《浙江白話新報》原件推斷，兩報合併應在 1910 的 2 月間。據鍾韻玉、樊迪民《從浙江白話報到漢民日報》（《新聞研究資料》總二十九

杭辛齋經世之長才，實不可掩。

民國肇建（1911），杭辛齋四十二歲，辛亥革命之役，浙江響應，一夕成功，唯杭州駐防旗營五千人負嵎抗命，欲作困獸之鬥，遂開戰釁，彈雨橫飛，全城震動，或勸巡撫增韞修書招降，而使者半途中彈死，書不得達，眾知旗人素重杭辛齋，欲請入營招撫，杭辛齋慨允無難色，冒險突入，片語解紛，城市居民，得免兵燹禍〔註21〕，端賴杭辛齋之力。另辦《漢民日報》〔註22〕，繼續以報務為志業，提倡民生主義，專心社會事業。其時浙江省之社會團體有五十三個，杭辛齋主持其半〔註23〕，如國民協濟會幹事長、浙江工會總理等〔註24〕。

民國元年（1912），杭辛齋四十三歲，因久為報界聞人，且熱心社會事業，故於第一屆國會，被推選為眾議院議員。

民國四年（1915），杭辛齋四十六歲。反對袁世凱帝制甚力，軍政執法處者歷七月。杭辛齋於獄中得異人〔註25〕傳授京氏《易》〔註26〕，立志研《易》。

---

輯）一文回憶，《浙江白話報》創刊於 1910 年秋，但浙江圖書館藏有 1909 年出版的《浙江白話報畫報》，可見該報創刊當在 1909 年間。《浙江白話新報》：1910 年 2 月 11 日（宣統二元正月初二）創刊，在杭州出版。由《白話新報》與《浙江白話報》合併而成。日出兩大張。武昌起義後，新聞激增，該報傾向民主革命，於 10 月下旬（九月朔）擴充篇幅，每天出刊三大張。主任為杭辛齋。館設杭州佑聖觀巷。總發行所在杭州羊壩頭下首。第一、四版為告白，第二、三版是新聞。欄目有：電傳閣鈔、上諭、文旨、演說、要聞選錄、民隱、小說、要件、本省新聞、文苑等。上述創刊日期，是據原件推算。浙江圖書館藏有部分原件。」可知杭辛齋所辦者為《浙江白話新報》，易翁所著〈杭辛齋易學傳〉誤植為《愛國白話報》。

〔註20〕同註4。

〔註21〕同註6。

〔註22〕關於《漢民日報》之創刊情形，可參見傅國涌：〈民初著名報人邵飄萍為何被殺〉，《炎黃春秋》，2001 年第 2 期。「他（邵飄萍）自己後來回憶這段經歷時說過：「辛亥革命之歲，遂與杭辛齋君經營浙江之漢民日報。……1912 年春，杭辛齋被選為眾議院議員，將《漢民日報》交給邵飄萍一人主持。」此外，文中亦有杭辛齋相關資料：「1911 年，辛亥革命後杭州光復，杭辛齋受命籌辦《漢民日報》（杭辛齋（1869～1924），浙江海寧人，1898 年，涉康、梁案曾遭清廷拷打，險被殺頭。（案：未知何據。）1905 年參加同盟會（案：應在1900 年，詳見註16。），赴京辦《白話報》，因觸犯權貴被禁。在報界甚有影響）。他知道邵飄萍經常寫些地方通訊，兩人一見如故，當即聘邵為主筆，共籌《漢民日報》。」亦可參考。

〔註23〕同註3，頁15。

〔註24〕同註4。

〔註25〕案：杭辛齋於《學易筆談·述恉》言：「顧念吾　師忍死犴狴，刻期以待，密傳心法，冀綿絕學，又曷敢自棄？」殆指斯事。又秦錫圭為《易楔》題辭曰：

民國五年（1916），杭辛齋四十七歲，出獄之後，盡全力搜集古今說《易》之書，而杭辛齋室中插架堆案几席臥榻，無非《易經》，而每出必捆載以歸，賈人叩戶送書者，亦無非《易經》。而杭辛齋每得一書，必盡閱之，恆達旦不寐。寢饋舟車，未嘗或輟〔註 27〕。

民國六年（1917），杭辛齋四十八歲，國會蒙塵，播越嶺嶠（護法運動），議席多暇，兩院同人〔註 28〕，合組「研幾學社」於廣州迴龍社，推杭辛齋主講，計日分程，商兌講習，講義纂輯，得書若干，名曰《易楔》〔註 29〕。

民國八年（1919），杭辛齋五十歲，由粵返滬，同志之友，聞聲畢集，風雨一廬，不廢討論，以續前稿，又得四卷，別爲《二集》。狄海樓序《學易筆

---

「陵谷變遷梟傑出，羅織黨獄囚橫縱。累絏非罪坦然臥（杭辛齋曰：「帝孽復興，民國之不幸也。」見：張一鳴：〈海甯杭辛齋先生訃告〉，頁 14～16。），晨起張目瞿然驚。李鉄拐街三元店（杭辛齋在北京李鉄拐斜街三元店被捕，而獄中老者於旬日前，即以竹箸畫字於獄柵上，曰：李鉄拐斜街三元店，而三元店爲杭辛齋向所不到之地，是日偶然偕友同往，不一時即禍作，而老者旬日前竟已預識！故杭辛齋甚爲折服。），炭筆刻畫字分明。有客掀髯猝然問，相見恨晚肝膈傾。爲覓替人衍家學，忍死須臾坐愁城。當時生命共如髮，達觀大可齊殤彭。朝聞道恉夕可死，風雨如晦雞自鳴。口講指畫日不足，深夜時雜鉄索聲。」所述更加詳盡。案：觀杭辛齋一生，幾以報業覺世牖民爲重，爲新聞界之元老，然而在杭辛齋因反對洪憲帝制而見繫囹圄期間，不足一年（自 1915 年冬至 1916 年 6 月 6 日袁世凱死後出獄，約七個月），出獄後轉移志業至習《易》，其間變化頗大，足見此獄中老者對杭辛齋之影響，杭辛齋之師承，應爲研究之重點，惜乎此經師不見載籍，連杭辛齋亦未言其詳。唯劉成禺《洪憲紀事詩本事簿注》曾引杭辛齋言：「吾師知爲何許人，但不自言姓氏，嘗爲白狼軍師，人皆以異人稱之。」（山西古籍出版社，1997，頁 205。張文江亦言：「這位老者就是當時袁世凱鎮壓農民起義領袖白朗的軍師，一位身負絕學的異人。」詳見杭辛齋著，張文江校點：《學易筆談．讀易雜識》，《新世紀萬有文庫》（遼寧教育出版社，1996.12）出版說明。可供參考。

〔註 26〕杭辛齋著作中，未詳言獄中長者所傳者爲何，尚秉和指爲京氏《易》，其言：「……四年以反對帝制，被捕入獄，自言在獄中遇異人，傳授京氏易，故於《易》所入益深邃。」案：尚氏之說，應爲實情。考杭辛齋自言八歲時，其父嘗授以京氏《易》之八卦卦序。察杭辛齋《易》學著作之篇目中，諸如〈八宮卦〉、〈納甲〉、〈五行象〉、〈卦氣〉、〈京氏六爻納辰圖〉、〈月建、積算〉、〈八宮飛伏〉等等，多在闡明京氏家學，應可得證。關於杭辛齋之師承與《易》學淵源，詳見本章第二節〈杭辛齋之《易》學淵源〉之一〈學繼京氏《易》〉。

〔註 27〕同註 6。

〔註 28〕龔煥辰、張知競、徐際恆、王效翰、郭生榮、關秉真、凌毅、凌銳、陳燮樞、胡兆沂、張相、吳崑、陸昌烺、彭漢遺、萬葆元、劉汝麟等，見：狄海樓序《學易筆談．初集》。

〔註 29〕見杭辛齋：《學易筆談初集．述恉》。

談・初集》。羅永紹、嚴復序《學易筆談・二集》。秦錫圭爲《易楔》題辭。

民國十年（1921），杭辛齋五十三歲，適前印之書，久已告罄。同人請合兩集與《易楔》、《易學偶得》、《讀易雜記》諸稿，均以聚珍板印行，始於壬戌八月，至十月，抄《筆談》八卷工竣〔註30〕。

民國十一年（1922），杭辛齋五十三歲，《學易筆談》、《易楔》諸書，先後鑄板〔註31〕，以應各方同志之需。

民國十二年（1923），杭辛齋五十四歲，曹錕賄選，不受誘脅，並在京津一帶設法破壞。偕參眾兩院同人在上海集會〔註32〕。杭辛齋曾於津浦鐵路車中序《易楔》。此外，杭辛齋亦序《讀易雜識》、《愚一錄易說訂》、《沈氏改正揲蓍法》；陳守謙爲《愚一錄易說訂》作序。

民國十三年（1924），杭辛齋五十五歲〔註33〕，積勞成疾，一月二十四日於上海逝世〔註34〕！弟子張一鳴檢其遺篋中詩文稿甚多，惜未刊行。

觀杭辛齋一生，爲國爲民，鞠躬盡瘁。早年遊學京師，目見國勢日衰，報國之心油然而興，遂不以禽犢利祿爲重，乃以天下自任。二十七歲，於天津與嚴復等創《國聞報》，爲杭辛齋辦報救國之始。嚴復許多影響現代中國之譯文，如赫胥黎《天演論》、斯賓塞爾《群學篇》暨亞當斯密《原富》諸書，皆曾陸續發表於《國聞旬刊》。其中譯辭內容之修辭屬稿，時與杭辛齋商兌。杭辛齋之見識與思想，至此益深益廣。杭辛齋辦報救國之志業，曾受到「彭翼仲案」嚴重打擊，因其堅持披露保皇黨人被清廷迫害之事實，而遭封報、遞解回海甯原籍、並加禁錮之殘酷對待。然而杭辛齋未稍退卻，愈挫愈勇，於浙江士紳努力奔走與巡輔之薦保下，出任農工研究會長、浙江農會總理等社會職務，並於家鄉續辦《農工雜誌》，又創《浙江白話新報》、《漢民日報》，爲當時社會改革，盡最大努力。

民國肇建，杭辛齋熱心社會事業，故被推選爲眾議院議員。然而袁世凱

---

〔註30〕同前註。

〔註31〕同前註。

〔註32〕同註3。

〔註33〕田原禎次郎稱杭辛「齋」、「年齡四十八」，皆誤，詳見：《清末民初中國官紳人名錄》，1918 年 12 月 1 日，中國研究會刊行，頁 262。

〔註34〕案：尚秉和以杭辛齋爲民國九年（1920）卒，有誤。1924 年 1 月 24 日《申報》：「浙籍國議員杭辛齋君，入冬後即患氣喘、失眠等疾，歷延中醫調治，病勢時增時減，從未痊癒；前昨兩日，突然轉劇，時作囈語，至昨日傍晚，諸醫束手，延至夜九時半遂因病逝世。」

就任臨時大總統後，進行諸多行動，如廢除臨時約法、派人刺殺宋教仁等，最後行其洪憲帝制，嚴重破壞民國體制。杭辛齋早年加入同盟會，以非革命不能救中國，於其主辦之報刊，倡言革命，力反帝制；終於辛亥一役，須臾而清室退位。而今袁氏竟倒行逆施，杭辛齋痛心疾首、極力反之，遂於北京三元店被捕下獄。獄中遇一長者，授其《易》學，此爲杭辛齋習《易》講《易》之發軔，頗爲傳奇。出獄後，感念獄中長者忍死傳其絕學，立志學《易》講《易》，此時年已四十七，向學不可謂早，於是利用從政南北奔走之便，廣搜天下說《易》之書，前後達六百數十種〔註35〕，種類之多，當時藏書家無出其右者。然而杭辛齋不徒以搜集爲足，每得一書，必盡閱之，恆達旦不寐，行處坐臥，未嘗釋卷，其治學之奮勉如斯！杭辛齋學有所得，又憂學之不講，《易》道難明，故於議政之暇，與兩院同人，合組研幾學社於廣州之迴龍社，由杭辛齋主講。二年後，由粵返滬，同志相和，講談筆記，理成《易楔》、《學易筆談・初集》、《學易筆談・二集》、《易學偶得》、《讀易雜識》，又另校釋《愚一錄易說訂》、《沈氏改正揲蓍法》。民國十二年，不幸積勞成疾，病逝於上海。計杭辛齋潛心學《易》以來，不過八年，竟有《易》學著作，逾三十三萬字，可見杭辛齋之用功與其夙慧。時值民國初年，經學衰而又衰之際，杭辛齋獨立蒼茫，孜孜不倦，倡導《易》學，用心在於喚醒國人對傳統文化重視，尋求安身立命所在。杭辛齋堪稱民國以來，《易》學大師之第一人。

謹附杭辛齋生平學術年表如下，以便查檢：

## 海甯杭辛齋生平學術年表

| 紀　元 | 年齡 | 事　　略 | 編　著 |
|---|---|---|---|
| 清同治八（己巳）年 7 月 7 日（1869/8/14） | 1 | 出生於浙江海甯。 | |
| 清光緒三年（1877） | 8 | 其父授以京氏《易》八卦之序，乃其習《易》之濫觴。 | |

〔註35〕詳見《學易筆談初集・歷代易注之存廢》：「辛齋自學《易》以後，歷年購求，所得已有四百六十三種，計四庫所藏之一百五十二種購求未得者，尚有二十九種，四庫《存目》所錄已購得者，有七十八種。四庫編錄於道家及術數類者，如《皇極洞林》、《三易洞璣》等計三十餘種。爲日本人所著述者三種。嗣在廣東、上海、蘇、杭、揚州，陸續又得一百五十餘種，前後都六百數十種。」

| 清光緒十五年（1889） | 20 | 補海甯州博士弟子員。青年時期應童子試名列前茅。 | |
|---|---|---|---|
| 清光緒十六年（1890） | 21 | 遊學北京國子監，從陳書玉、李蓴客游學於京師，充文淵閣校對，得盡窺祕籍。肄業同文館習曆算理化及法國文學，旋官中書科中書，並習天算理化與法國文學，學業益進，乃盡棄舉子業，以天下之重自任，覺世牖民，鋤奸去惡，直聲震海內。 | |
| 清光緒二十三年（1897） | 28 | 於天津與嚴復等創立《國聞報》，為華北新聞的前聲。 | 《國聞報》 |
| 清光緒二十四年（1898） | 29 | 上書光緒帝條陳變法自強，兩獲密旨召見，面賜「言滿天下」四字象牙章，被授內閣中書。 | |
| 清光緒二十六年（1900） | 31 | 1. 加入同盟會。<br>2. 負責《北洋官報》、《商報》主筆，和在北京創刊《中華報》、《京話日報》。 | 1.《北洋官報》<br>2.《商報》<br>3.《中華報》<br>4.《京話報》 |
| 清光緒三十二年（1906） | 37 | 因「彭翼仲案」，被遞解原籍、嚴加禁錮。 | |
| 清光緒三十三年（1907） | 38 | 浙江巡撫增韞，奏請以杭辛齋留辦實業，任農工研究會長、浙江農會總理，發行《農工雜誌》，又創《浙江白話報》，鼓吹社會改革。 | 1.《農工雜誌》<br>2.《浙江白話報》 |
| 民國肇建（1911） | 42 | 辛亥革命之役，杭辛齋在杭州入旗營安撫有功。<br>辦《漢民日報》，提倡民生主義。被推舉為國民協濟會幹事長、浙江工會總理。 | 《漢民日報》 |
| 民國二年（1912） | 44 | 當選第一屆國會眾議院議員。 | |
| 民國四年（1915） | 46 | 反對袁世凱帝制甚力，於北京三元街被捕下獄，軍政執法處者閱七月。獄中得異人傳授，立志研《易》。 | |
| 民國五年（1916） | 48 | 出獄後，爰搜古今說《易》之書；唯日孳孳，寢饋舟車，未嘗或輟。 | |

| 民國六年<br>（1917） | 48 | 國會蒙塵，播越嶺嶠（護法運動），議席多暇，兩院同人，合組研幾學社於廣州之迴龍社，推杭辛齋主講，計日分程，商兌講習，講義纂輯，得書若干，名曰《易楔》。 | 《易楔》初稿 |
|---|---|---|---|
| 民國八年<br>（1919） | 50 | 由粵返滬，同志之友，聞聲畢集，風雨一爐，不廢討論，以續《學易筆談》，又得四卷，別為《二集》。 | 1. 狄海樓序《學易筆談·初集》<br>2. 羅永紹、嚴復各序《學易筆談·二集》。<br>3. 秦錫圭為《易楔》題辭。 |
| 民國十一年<br>（1922） | 52 | 復於上海研幾學社講《易》，輯為《二集》，同人請合《學易筆談初、二集》與《易楔》、《易學偶得》、《讀易雜記》、《愚一錄易說訂》、《沈氏改正揲蓍法》諸稿，均以聚珍板印行。 | 1.《學易筆談·初集》<br>2.《學易筆談·二集》<br>3.《易楔》<br>4.《易學偶得》<br>5.《讀易雜記》<br>6.《愚一錄易說訂》<br>7.《沈氏改正揲蓍法》 |
| 民國十二年<br>（1923） | 54 | 曹錕賄選，杭辛齋不受誘脅，在京津一帶設法破壞。並偕參眾兩院同人在上海集會。 | 1. 自序《易楔》<br>2. 自序《讀易雜識》<br>3. 陳守謙、杭辛齋各序《愚一錄易說訂》<br>4. 自序《沈氏改正揲蓍法》 |
| 民國十五年<br>（1924） | 55 | 積勞成疾，1月24日於上海逝世。 | |

## 第二節　杭辛齋《易》學淵源

杭辛齋《易》學之特色，博雜宏闊，不拘家法，凡有足以闡明卦爻象數者，並足與《易》道發明者，咸可采而徵之。故其講《易》，可謂兼容並蓄，融鑄一爐。

凡學者之說，追本溯源，應有其根。杭辛齋八歲，其父授以京氏《易》八卦之序，為其學《易》伏筆；然杭辛齋真正潛心習《易》，應在四十六歲（1915）時，因反對袁世凱稱帝，被補下獄，於獄中遇一老者，傳其京氏《易》。又觀杭辛齋《易》學著作之篇目中，如〈八宮卦〉、〈納甲〉、〈五行象〉、〈卦氣〉、

〈京氏六爻納辰圖〉、〈月建、積算〉、〈八宮飛伏〉等等，多在闡明京氏家學，
應可得知。故欲明杭辛齋《易》學淵源，須先尋求著作中有關京氏《易》之
記載，以了解京氏《易》對杭辛齋《易》學之影響。此外，觀杭辛齋《易》
學，尚可見具好古傾向，或亦因其學繼京氏《易》而來，以下分別述之，以
明杭辛齋《易》學淵源。

## 一、紹述京氏《易》

西漢有二京房，咸治《易》學，前者爲楊何弟子，亦爲梁丘賀之師〔註36〕；
後者則爲焦延壽弟子〔註37〕。杭辛齋已於〈漢有兩京房〉辨明之：

> 漢《易》師稱京房者有二，一爲大中大夫，《漢書》：「梁丘賀從大
> 中大夫京房受《易》。」顏師古注曰：「別一京房，非延壽弟子也。」
> 又云：「房者，淄川楊何弟子也。房出爲齊郡太守，賀更事田王孫。」
> 此京房係漢宣帝時人。至延壽弟子之京房，字君明，本姓李，因
> 吹律自定爲京氏，以明災異得幸元帝。石顯、五鹿充宗皆疾房，
> 欲遠之，於是以房爲魏郡太守，是前京房爲梁丘賀所師事，而延
> 壽之《易》實受之梁丘賀，豈能更爲延壽之弟子？與京君明決非
> 一人可知矣！葉夢得、陳藻皆有說辨之，見《經義考》。今所傳殘
> 本《京氏易傳》，乃元帝時魏郡太守之京房，非宣帝時齊郡太守之
> 京房也。〔註38〕

然上文有一筆誤之處，即「延壽之《易》，實受之梁丘賀。」考諸《漢書·儒

〔註36〕詳見：《漢書·列傳·卷88·儒林傳第58》（臺北：藝文印書館據清乾隆武英
殿本景印，1962），頁1394：「梁丘賀字長翁，琅邪諸人也。以能心計，爲武
騎。從太中大夫京房受易。房者，淄川楊何弟子也。房出爲齊郡太守，賀更
事田王孫。宣帝時，聞京房爲易明，求其門人，得賀。賀時爲都司空令。」
〔註37〕同上註：《漢書·列傳·卷75·睢兩夏侯京翼李傳第45》，頁1224～1225：「京
房字君明，東郡頓丘人也。治易，事梁人焦延壽，……贛常曰：『得我道以亡
身者，必京生也。』其說長於災變，分六十四卦，更直日用事，以風雨寒溫
爲候，各有占驗。房用之尤精，好鐘律，知音聲。」又可參《漢書·列傳·
卷88·儒林傳第58》頁1394～1395：「京房受《易》梁人焦延壽。延壽云嘗
從孟喜問《易》。會喜死，房以爲延壽易即孟氏學，翟牧、白生不肯，皆曰非
也。至成帝時，劉向校書，考《易》說，以爲諸《易》家說皆祖田何、楊叔
元、丁將軍，大誼略同，唯京氏爲異，黨焦延壽獨得隱士之說，託之孟氏，
不相與同。房以明災異得幸，爲石顯所譖誅，自有傳。房授東海殷嘉、河東
姚平、河南乘弘，皆爲郎、博士。繇是《易》有京氏之學。」
〔註38〕《讀易雜識》，頁16。

林傳》：「京房受《易》梁人焦延壽。延壽云嘗從孟喜問《易》。」〔註39〕可知其非。杭辛齋所言京氏，當爲後之京房，即京君明。

　　京房之說，爲杭辛齋《易》學淵源之重要部份，如〈火珠林〉云：

　　　　今日京氏之《易》，雖無完本，然所傳者猶見大概。《火珠林》雖不
　　　　盡用京法，而與京合者，固十之七八也。講學家強以術數與《易》
　　　　道劃分爲二，言及焦京，輒曰：「方技小道。」不知世應、飛伏、納
　　　　甲、辟卦諸法，《周易》經傳固盡有之，但偶舉一二，又未著其名，
　　　　後之讀者，未能深求，概以爲經所未言而盡斥之，實則象固曲成不
　　　　遺。〔註40〕

杭辛齋認爲，京氏之《易》，不可遽以其爲術數而去之，且認爲〈火珠林〉雖不盡用京法，然十之八九與京氏《易》相合，宜重視之。此顯示杭辛齋之《易》學淵源，京氏《易》實爲重要部分，不可輕忽。並且，杭辛齋認爲，經傳中本有「世應」、「飛伏」、「納甲」、「辟卦」諸法，不宜輕廢之，然而杭辛齋並未明言諸法位於經傳何處？似有證據不足之嫌。

　　又〈卦氣第八〉云：

　　　　氣不可見，顯之以象，定之以數，而驗之以候，五日爲一候，故亦
　　　　曰「卦候」。天地陰陽之消息，日月寒暑之往來，萬物生成變化動靜，
　　　　莫不先見乎氣，象、彖、〈繫辭〉，皆（案：疑爲「皆」誤）隱合氣
　　　　候而未明言，言氣者莫著於京房，遂相傳京房卦氣，實非京氏所創
　　　　也。……京氏特整齊而排比之，以六十卦直日用事，以風雨寒溫，
　　　　定占候災變，或爲京房之法耳。〔註41〕

杭辛齋認爲，言氣者，莫著乎京房，然卦氣之說，杭辛齋以爲京房爲整理者，非發明者。蓋杭辛齋論《易》學本體，以氣爲主。故其曰「言氣」者，乃曰「言《易》之主體」者，可謂至要，容後詳說。

　　〈卦用第九〉又曰：

　　　　京氏八宮、世應、飛伏之說，經學家素鄙爲術數，而不入於經傳，
　　　　而其爲用簡易，深合於〈乾〉、〈坤〉之變化，朱子知其用，以囿於
　　　　世故，不敢昌言，僅取八宮、世應歌訣，列《本義》之前，亦與隱

〔註39〕同註37。
〔註40〕《學易筆談‧二集》，卷2，頁100。
〔註41〕《易楔》，卷4，頁153～154。

名注《參同契》，同一苦心也。程子《易傳》，雖自稱尚辭，亦不能廢陰陽世應之例，術家專取八宮、身世、游歸、飛伏之用，而又不明〈乾〉、〈坤〉簡易之理，逐末忘本，與經生之有體無用，同一蔽也。……京氏之學，實遠符《連山》之曆數，近合《周易》之變通。……以推衍象、象、《十翼》之辭，其相得有合者，必不止如吾之所知，知無盡而用無窮，占卜云乎哉！〔註42〕

足見杭辛齋以為京氏之諸多學說，當合經傳之理，不宜視為小道而鄙夷之。後世大儒，如程、朱《易》說，亦有所取諸京氏，故不可廢其說。杭辛齋又言京氏之說，為《易》之用，而學《易》必須體用兼具，方可全功，杭辛齋之重視京氏家學，可見一斑。

杭辛齋推崇京氏《易》精於術數，並可證之於經傳，其源可上推至《連山》之曆數，《周易》之變通，有源有本，源遠流長，不可言其為術數小道而賤視。此外，觀「占卜云乎哉」一語，可知杭辛齋暗引《論語・陽貨》，而將占卜之於《易》，與鐘鼓之於禮兩相比附，亦可知杭辛齋視占卜為《易》之儀象與功用，不可輕而忽之。又〈爻辰第十五〉曰：

京氏納辰為古今術家所遵用，證之於象、象、《十翼》，多能相合，有與經義相發明，為經學家所不能道者，始知黃帝五甲六子三元九宮，實探陰陰造化之祕，明天人之際，以濟世利民者，固不僅卜筮之用也。康成生於漢季，施、孟、梁邱之《易》，已多失傳，獨費氏因其說簡約而獨存，康成亦有所不足，故采取理缺之緯書，兼及五行律曆星象，以釋卦爻，固費《易》之所無，或亦三家之遺義也。惜其書又亡，致三代之《易》，不能盡見於今，猶幸京《易》雖亡，而八宮、世應、納音、納甲之數，猶得貫通，得與《周易》相參證。〔註43〕

上文慶幸京氏《易》之八宮、世應、納音、納甲部分，至今流傳，且可與經相參證，實為不可或缺之部份。後之人以京氏《易》繁瑣蕪穢而棄之，則杭辛齋之憾，故觀杭辛齋《易》學，得見其廣京氏《易》之跡。

據上引杭辛齋諸說，可明京氏《易》為杭辛齋《易》學淵源之重要部分，然觀杭辛齋《易》學著作，在探討歷來《易》學重要議題，如〈易有太極〉、

〔註42〕同前註，頁174。
〔註43〕《易楔》，卷5，頁215。

〈半象與兩象易〉、〈先天八卦本數〉、〈易逆數〉等等，多羅列歷來諸家說法，而最後之結論定說，多以古爲尊，可知其《易》學學術性格一端，亦有以古爲好之傾向，以下請續述之。

## 二、以先秦兩漢爲好

杭辛齋《易》學之淵源，除了京氏《易》外，尚有一重要特徵，即爲好古傾向。原因或爲杭辛齋師承，即獄中長者，專候其至，傳予京氏家法，故杭辛齋《易》學常以京氏說法爲尊，不自覺以古爲珍。如《讀易雜識‧易緯》云：

> 緯書自嬰禁網，今多不存。近所傳《乾坤鑿度》、《是類謀》、《稽覽圖》等十種，半多殘闕，文字亦多奪訛，往往不可卒讀，然其中精義甚多。施、孟、梁丘之《易》注既亡，而京、焦、荀、虞、馬、鄭諸家，亦無完書，一鱗片甲，要皆古義之僅存，深可寶貴者也。
> 〔註44〕

由上文知，杭辛齋以《易緯》原爲三代異文逸義，精義甚多，亦甚可寶貴，唯因不能立爲官書，學者亦畏其雜瑣，故傳者漸少，加以作僞者乘隙臆造，使《易緯》雜入諸多與《易》無涉之說，玉石難分，遽而去之，甚爲可惜，故杭辛齋《易》學中，亦有慎引《易緯》之說者，蓋以其三代之遺，乃好其古。

又〈諸子之易〉云：

> 蓋周秦諸子，其學各有本末，一名一象，皆有法度。故讀唐以後之書百卷，不如得漢人書一卷，得漢人書一卷，不如得周秦諸子一章一節也。西漢諸儒，去古猶近，遺訓所傳，未盡湮沒。故西京奏疏，往往能據法象以立言，所謂燮理陰陽，尚實有其學，實有其事。〔註45〕

《學易筆談‧二集‧參同契》亦云：

> 古人文字單簡，非薈萃各家之說，參觀互證，往往不能喻其意義所由來，及其精妙之所在，故得宋後之書百，不如得漢人之書，雖單辭隻義，首尾不完，亦必有所取證，足爲引伸充類之助。況其首尾完備如《參同契》者，可不寶哉！〔註46〕

---

〔註44〕《讀易雜識》，頁7。
〔註45〕同前註，頁10。
〔註46〕《學易筆談‧二集》，卷3，頁103。

自上文可知杭辛齋珍視《易緯》、西漢諸儒奏疏、《參同契》，蓋因其爲兩漢著作，流傳至今，其言周秦諸子一章一節，勝漢人之書一卷，益勝唐後之書百卷，最爲明晰，此種不問說之精糙，唯古唯好之學術性格，頗類乾嘉學者，頗似惠棟，故以先秦兩漢爲好，亦爲杭辛齋講《易》取材之重要特徵。

此外，或可復從杭辛齋籍貫海甯，窺其學術淵源：蓋海甯地靈人傑，名人輩出，前有干寶、顧況、朱淑眞等，近出李善蘭，王國維、徐志摩等，碩彥雲蒸，學風鼎盛。杭辛齋《易》學中有一重要特色，即以數統《易》，遠因應是受李善蘭影響，李氏爲算學名家，曾譯《幾何原本》後六卷，杭辛齋雖未親炙，然於《學易筆談》中數次提及《幾何原本》，亦可謂受其遺澤。近因則爲杭辛齋二十一歲游學北京，肄業同文館，修習數學、理化、天文等新學所致。

由上敘諸文可知，杭辛齋之學術淵源，主要有三：一爲京氏《易》，二爲先秦兩漢學說，三爲同文館修習之新學。故杭辛齋講《易》多方，不拘執家法，雖法京氏《易》而不泥其中，凡有足以闡明卦爻象數者，並足與《易》道發明者，杭辛齋咸兼容並采，融鑄一爐。知杭辛齋《易》學淵源後，尚須探討其時代學風與著書動機，方能對其《易》學形成之背景與原因，有更全面之認知。

## 第三節　時代學風與著書動機

蓋一時代之學術風氣，自有其生命性，亦如《易》之循環反覆。然清末之學風，歷「三千年未有之大變局」，風雨飄搖，國人面對西方之船堅炮利，多思奮起以救亡圖存。民國初年，西風東漸，時人對中西文化之內容作諸多認識與檢討。1919 年爆發五四運動，乃對傳統文化之省察和接納西方文化的重要社會運動，舉國爲之震動。

然而歐戰四年（1915～1919），殺人盈野，亦有學者反思西洋文化是否適合中國，如梁漱溟、劉師培、章太炎等，是輩重新發揚傳統中國文化，杭辛齋亦其輩。其鑒《易》學晦盲，故以習《易》說《易》爲己任，於議政之暇，成立學社於上海、廣州，口講筆劃，並集說成書，剛健不息，故經學晦盲之爲杭辛齋當世時代背景。復興《易》學，實爲杭辛齋著書立說之動機。如〈日本之易學〉中記載當時情況：

　　清末以國立大學，求一完全經師而不可得，致義經竟任缺席。鼎革
　　以後，竟公然廢棄經學，而隸於文科之下，亦可謂臻晦盲否塞之極
　　運矣！〔註47〕

又〈學術之派別出於《易》〉言：

　　至於今日，儒學亦掃地盡矣！而老氏、墨氏之學，則因與歐西之哲
　　學及其他科學之相契合者頗多，崇尚新學之士，漸有取而研究之者，
　　禮失求野，循末反本，則吾文明初祖之義《易》，或尚有大明之一日
　　乎？〔註48〕

夫經學自西漢成立以來，多以官學尊立，尤以《易》爲五經之首，爲中國傳
統文化之重要內容。此外，面對泰西文化強襲而來，傳統經學晦塞不振，令
杭辛齋憂心忡忡，故其思以新面貌呈現《易》學，即重新以泰西新名詞來解
釋《易經》中眾多觀念，介紹予國人。先讓國人認同《易》學，進而理解經
學，以至於重光整個中國固有文化，最後更能遠駕西人之上。故其著書動機，
乃在恢復民族自信心。如〈制器尚象〉言：

　　古聖既尚象作之於先，吾人乃不能變通改進以後，而一一皆讓西人
　　占其著。我更學他之步，尚不免邯鄲之誚。……雖然，《易》道至無
　　窮也，象數本無盡也。世界進化，無止境也。西人未嘗見吾聖人之
　　象，但得其數，極深研幾，已能盡制器之能事，極物質之文明。吾
　　人既能師西人之所長，以極數致其用，則由數而求象，亦已事半而
　　功倍，更變而化之，以合窮變通久之道。……以遠駕乎西人之上者。
　　〔註49〕

杭辛齋以爲西人得吾國之《易》學之數，僅一端耳，即能制器尚象，發展出
近代科學，**窮極物質文明**，遂得富強。吾人卻未能發揚《易》學，如向者言
漢學者、宋學者各有其弊，常視術數爲小道，不屑言之，所以舟楫仍以木製，
不能如西人發展成機輪；引重致遠，仍賴牛馬拉拽，不能如西人易之以汽機，
導至當時中國物質文明之落後，杭辛齋之說，推論過於簡化且失之無徵：西
人是否眞得《易經》之數？而以其制器尚象，發展出工業革命以來之船堅砲
利？答案恐非如杭辛齋所言。

〔註47〕《學易筆談‧初集》，卷1，頁4。
〔註48〕同前註，頁24～25。
〔註49〕《學易筆談‧二集》，卷1，頁24～25。

　　杭辛齋此一釋經方式，猶古之「格義」，利用國人當時甚感興趣之西洋新說，回頭介紹《易經》，其中諸多文字可見藉西學揚《易》學，若察其意，可知其欲先恢復國人自信心，進而導引國人省察國故，而重光之，此為杭辛齋著書動機之一。

　　職是之故，杭辛齋有此一釋經方式，其以西學名詞與《易經》內涵相比附，然亦有言過其實者，如倡言西學部份理論，源自《易》學，〈西教士之易說〉言：

> 西教士花之安氏……謂畫卦之伏羲，乃巴比倫人。巴比倫高原，為西
> 洋文化策源地。……至今巴比倫人猶稱天為〈乾〉，地為〈坤〉，此一
> 證也。又巴比倫亦有十二屬象，與中國之十二辰大略相同，其證二
> 也。……更稱巴比倫古代之王，有號福巨者，與伏羲二字音亦相
> 近，……（杭辛齋反駁花之安氏說）但有一事足以參證，有決非人力
> 所能為者，則古聖揲以求卦之蓍草是也。……夫文周與孔子之墓，固
> 確為聖穴，決無可疑，則伏羲之陵，而有蓍草，亦斷然足證其非妄矣！
> 其非巴比倫產，可不辨自明。或者當伏羲之時，西北之人物殷繁。治
> 化流被歐亞兩州之交，故巴比倫得有伏羲之學說，未可知也。〔註50〕

傳教士花之安氏之說，固已難信服於人，杭辛齋之說，更顯離奇，蓋其證據皆甚薄弱，多為臆測之詞。暫不論其說可信與否，僅就杭辛齋反駁花之安氏之部份（即對於花之安氏主張伏羲乃巴比倫王不以為然，反言伏羲八卦之說，流傳至巴比倫，而巴比倫又於西洋文化之發源地），即難取信於人。然杭辛齋意在主張我國固有《易》學實非外來，甚至或為西洋文化之活水源頭，國人竟不知珍寶，反思廢棄，此則杭辛齋所深惜者。故杭辛齋講《易》著書之動機，在重振民族自信心，希冀復興《易》學。一味西化，僅能如邯鄲學步耳。〈出入无疾〉言：

> 物理各有一定，皆出於天地之自然，時不問古今，地無閒乎中西，
> 至理所在，固有不合。宋儒以聖人之道，為方頭巾者所獨占，排斥
> 百家，頌言翊聖，實自隘自錮，而幷以隘人，以錮天下後世。佛氏
> 之徒，力矯其失，曰：「道在矢橛。」雖未免褻道，實亦宋儒對症之
> 良藥也。〔註51〕

---

〔註50〕《學易筆談·初集》，卷4，頁200～202。
〔註51〕同前註，頁48～49。

可知杭辛齋意圖打破漢宋門戶、會通中外學說，因其深知理一，無分古今中外，故其講《易》，不免有附會之譏與博雜之嫌，但若察其時代學風與學術背景，可解其苦心。杭辛齋之《易》學融會傳統象數、義理、圖書，同時引用當時國人所理解之泰西新學，論述《易》學，成爲援科學說《易》之先驅，其企圖貫通古今中外學術，昭然可見。以上論杭辛齋之生平與學術背景。

# 第二章　杭辛齋說《易》方式

　　杭辛齋說《易》多方，不守一家，力貫東西，不分古今，唯以《易》之推廣爲職志，故其說《易》方式，極爲多端。茲就其著作，歸納其說《易》方式，約分如下：講《易》與詁經不同、无一字閑文、以象數解《易》、援用《周易》經傳、徵引群經諸子、以小學訓解、博采兼綜諸家之說、以新名詞與經義相發明等八類，以下分節舉例闡述之。

## 第一節　講《易》與詁經之別

　　欲明杭辛齋說《易》諸法，須先知其著作動機，在推廣《易》學。又《易》學廣大悉備，故凡有可以《易》道相通者，杭辛齋咸援引立說，相互證成，故其講《易》之法多端。非如傳統學者，多以求《易》學本義，即以詁經爲主。杭辛齋辨析講《易》與詁經之別，其《學易筆談初集・述悃》言：

> 講《易》與詁經不同。詁經當有家法、有體例、義不容雜。而講《易》則以闡明卦爻象數之原理原則，但以經文爲之證明。故凡與象數有涉，足與《易》道相發明者，博采旁搜，不限時地，更無所謂門戶派別也。〔註1〕

上文揭示杭辛齋以《易》之爲書，廣大悉備，上自天地之運行，下及百姓所日用，無不彌綸範圍其中，故天地間無窮之萬事萬物，皆可以援之講《易》，蓋其理、象、數皆可自《易》如實反映。故杭辛齋講《易》原則，乃在闡明卦爻象數之理則，足與《易》道相發明者，博采旁搜、不限時地、更無所謂門戶派別。然講《易》亦不可漫無準則，終究須以經文爲證，乃可見杭辛齋力尊經傳之《易》學觀。

---

〔註1〕《學易筆談・初集》，頁2。

提出講《易》與詁經之別後，杭辛齋更提出傳統詁經之弊，以明其何以不走此一學術路向，其於〈俗義詁經之流弊〉言：

> 今日所用之字，猶數千年前之字，然形式雖未改，而精神則非復數千年之舊，音與義，類皆變易。任舉一字而衡論之，若此者蓋比比焉！其僅音變而義未變者，如下無等字，於詁經尚無出入，其訓義變易者，雖古音尚存，於經義已不可通矣！〔註2〕

然則杭辛齋評論乾嘉學者詁經之弊，需再斟酌。歷代學者如陸法言〈切韻序〉已知音韻有「南北是非，古今通塞」之發展流變，其後學者，多能考證音韻、經義變化問題，非如杭辛齋所評。且杭辛齋說《易》諸法中，亦有以小學訓解《易》，人非己是，實不能為其諱。

杭辛齋不以詁經為足，以闡發《易》道為治學信念，故其《易》學著作，時露懷疑精神，絕不震懾於大儒之說，而盤桓其下，以是方能有所得。其於〈卦材第三〉言：

> 學者宜詳玩經文，而合之於象，準之於數，融會貫通，由一卦以推各卦而觀一卦，更必徧取各卦，參互皆例，而後能得其真確之意義，不可因字義注釋之已明，而不復研求深意之所在焉！〔註3〕

此處揭示其說《易》諸法之大則：先詳玩經文，且經文須合於象數，融合貫通。復次，由一卦以推各卦，交互參照，而後能得真切意涵，並須於未疑處有疑，不可因大儒已釋，遂信而不疑，此乃杭辛齋之懷疑精神。

## 第二節　无一字閑文

杭辛齋講《易》特色之一，為崇經思維，其常以「聖經」稱《易》，蓋其以聖人作《易》、文王繫卦爻、周公繫卦辭、孔子作《十翼》，一貫而下。是故杭辛齋《易》學思想之中，經文與《十翼》之聯繫十分密切，不可切割。更甚者，杭辛齋強調，經傳之一字一句，咸有精義，不可改動，此說《易》特色，可自焦循〔註4〕、端木國瑚〔註5〕等《易》學家找到類似說《易》手法，

---

〔註2〕《學易筆談·初集》，卷1，頁24～25。
〔註3〕《易楔》，卷2，頁60～61。
〔註4〕如《易通釋》卷17「七、營」條：「傳凡用一字，皆必與經相翼，非同漫設，不然，斷金蘭臭，徒似詞人藻麗之浮，豈所以贊經哉？」詳參焦循：《易學三書》，廣文書局，1970，頁846。

亦可見杭辛齋受二家之影響。〈雜卦舉例〉言：

> 凡剛、柔、樂、憂、與、求、起、止、見、伏諸字，皆以隱括一卦
> 之義，所以爲六十四卦挈其綱領者也。各卦象、象之有其字者，必
> 與其卦有所繫屬，無一字爲閑文也。……他如而字、之字、則字、
> 其字，及相、始、去、取等字，均非閑文虛字，均各有其象數，則
> 字之關繫尤重，更宜詳察深玩，非特一字一義，不可忽略，即其無
> 字之處，更耐尋味思索，尤不可忽略也。〔註6〕

上言「象、象」者，乃指卦辭、爻辭，杭辛齋以爲《周易》經傳之一字一義
皆精微奧衍，神變莫測，言之不能盡，書之不能罄，需詳察深玩，方能貫通
全經，不但實字如此，虛字亦須如是觀，如「而」、「之」、「則」、「其」等字，
然而杭辛齋未一一舉例說明，難知其說是否可信。更甚者，須在「無字之處」
尋味思索，則顯穿鑿。

　　杭辛齋如此看重經傳中之一文一字，認爲「无一字爲閑文」，故其對字義
之分別，較諸其它學者更加細瑣，如〈字義有廣狹之分〉言：

> 經傳用字，往往含有廣狹二義，如天，以狹義言之，則與地對，而
> 廣義之天，則廣大無垠，非地可並擬者也，如陽之狹義，則與陰對，
> 而廣義則陽可統陰，陰生於陽，非陰可同論矣！……廣義狹義之中，
> 又各有大小或淺深精粗之不同，非詳察其上下之文義，及所聯綴之
> 名詞，逐字剖晳，則與經傳之本意，便大有出入，往往因一字之牽
> 連混合，而誤會經旨，輾轉謬誤，歧中又歧，遂致乖戾不可究詰，……
> 但無論廣義狹義，又各有內外之別，如健順動入爲卦德，乃德之見
> 於外者，爲才德之德，如三陳九德之德，及進德修業神明其德等德
> 字，乃德之蓄乎內者，爲道德之德，類乎此者，不勝枚舉，非極深
> 研幾，逐字衡量而剖晳之，則差以毫釐，謬以千里矣！〔註7〕

經傳用字，無一字虛文，須細分字之種類，首以廣狹分之，廣狹之中，又有
大小、內外、精深之別。蓋杭辛齋以爲，孔子作《易》，神妙不可思議，一字
一文，須分辨清楚，不得相混，其精妙實非常理可以測度。

---

〔註 5〕如《周易指·易例》：「《易》六十四卦一串說法，皆此一定字義，此《易》中
　　　　用字例也。」詳見端木國瑚：周易指·易例》，收錄於《四庫未收書輯刊》（北
　　　　京市：北京出版社出版，2000），第 6 輯之 1，頁 13。
〔註 6〕《學易筆談·二集》，卷 1，頁 18～21。
〔註 7〕《學易筆談·初集》，卷 2，頁 81～83。

　　杭辛齋以同一文字，可兼多義，即同一義，又有大小、內外、精深不同，此種對文字之理解，可予其講《易》提供無限方便。觀杭辛齋說《易》，時見巧妙彌縫之處，巧則巧矣，然則能服人之口，難以服人之心。就此說《易》方式而言，誠存王弼批漢《易》之弊，時失之牽合彌縫。

　　杭辛齋「无一字爲閑文」之說《易》方式，多見於其《易》學著作，並常以此一說法彌縫《周易》經傳。於尋常字詞中，發揮精義，於不疑處起疑，可謂好疑，常能發人所未發。此僅舉其說殊異於先賢者七處：「无」、「元」、「幾」、「咸」、《易》『有』、『是』生」、「文言」，以明杭辛齋「無一字爲閑文」之說《易》方式。

## 一、无

　　杭辛齋〈釋无〉言：

> 有無之無，《易經》傳皆作无，乃《易》之特例也。……此无字與有無之無，訓詁雖同，而意義殊別，有無之無，與有相對，而无則無對，超乎有無之上，蓋有無相對，則一陰一陽已成兩儀，而无則立乎兩儀之前，爲群動之根，開萬有之宗。〔註8〕

其以「无」超越「有無」之相對。上文說明「無」、「无」之別，然若杭辛齋之說，則「无」之作用有如老子所言「有生於無」之「無」，試問「无」、「無」又何別乎？是杭辛齋未明言。然杭辛齋又以孔子「以有立教」〔註9〕，老子「以无立教」〔註10〕，則有自相矛盾之嫌。

　　再者，〈辨无極〉之鑿枘痕跡益顯：

> 太者，至尊無上之稱，原以對三極及其他諸極而言也。既曰：「太極」，則太字之上，又何能更有所加？況无者，有之對也，既可名之曰「无」，則无之對便是有。

上文直言：「況无者，有之對也」、「无之對便是有。」然就杭辛齋全體《易》學著作言之，大體上仍以「无」超越「有無」之相對，爲群動之根、萬有之宗。以上二矛盾，或杭辛齋失察，落入語言文字之陷阱、限制而不自知，有

---

〔註8〕《學易筆談・二集》，卷4，頁189～190。

〔註9〕杭辛齋時以孔子「以有立教」爲說，詳見《學易筆談序》、《學易筆談初集・字有廣狹之別》、《易楔・卦名第四》、《易楔・正辭・有、用无》等處。

〔註10〕詳參《學易筆談・二集・易有太極是生兩儀》、《學易筆談・二集・釋无》、《易楔・易有太極是生兩儀》等處。

下筆過快之嫌。故杭辛齋論「无」之義，仍以「超越有無之本體」視之爲宜。

上文在說明「无」之與「無」之分別，在層次上有高低之別。至於「无」與「有」之關係，杭辛齋亦於〈正辭第十八・有无〉言：

> 故卦象〈乾〉爲无，自无而有，由〈坎〉出〈震〉，而生生之道乃循環而不已；〈咸〉爲无，「君子以虛受人」，而窮神知化之學，始日進而不窮。〈乾〉之无，天極也；〈咸〉之无，人極也。通天、地、人謂之儒，貫通三才而返本窮源。〔註11〕

杭辛齋以「有」具發生義，「无」具本體義；「有」爲萬物發之憑藉與發軔，均非一般說解，亦可爲杭辛齋認爲孔子「以有立教」之理論依據。

又杭辛齋以〈乾〉之卦象爲无，言自无而有，即「有生於无」。然有之自身，即有發生之義，故可表「生生之道」，循環不息。又〈咸・大象傳〉：「君子以虛受人」，虛者无也。故〈乾〉者，天之極；〈咸〉者，人之極。儒者，通天人之極，斯亦杭辛齋講《易》說《易》之大旨。故觀以上諸引文，可知杭辛齋以「无」爲天地萬物之本體，乃「有」發生之憑藉。

## 二、元

杭辛齋〈元字之精義〉言：

> 〈象傳〉曰：「大哉乾元，乃統天。」此元字，即元亨利貞之元，舊注：「元，始也。」《本義》：「元，大也。」何休《公羊注》曰：「變一而爲元，元者，氣也，无形以起有形，以分造起天地。天地之始也。」邵子亦曰：「元者，氣之始。」合觀諸家之說，于元字之精義，尚有未盡。杭辛齋以爲舉元亨利貞並言之，爲〈乾〉之四德，而元之一字，不但可包舉利、亨、貞三字，並可舉《易》而一氣貫注。……善之長，即仁義禮智之仁，仁從二從人，元亦從二從人，故仁爲人之元，所謂天經地義，簡言之即天良也，蓋物各有元，大而天地，小而飛潛動植各物，均莫不具有此元，得之則生，不得則死。……如果實核中之質體，名之曰仁，已可見矣！而元亦即可因仁而顯其用，如果核桃曰桃仁，杏曰杏仁，即在此仁之中果核之所以能滋生者，實賴有此仁，賴有此仁中之元。吾于西人之紀載得一說，足爲斯義之確證。西人於埃及地中，掘得四千年之古屍，屍腹中往往實

---

〔註11〕《易楔》，卷6，頁247。

以林禽及小麥等物，以保藏之非常完密，故均歷久久而不壞，取林
禽及麥而播種之，仍能發榮滋長，與新者無異，此無他，以其元之
尚存在也。〔註12〕

上引〈彖傳〉、朱子《本義》、何休《公羊注》、邵子諸家之說，以明「元」字
之精義，然杭辛齋不以諸說爲盡，更認爲其可包舉「亨、利、貞」其餘三德，
舉《易》一氣貫注，故居關鍵性地位。杭辛齋以徵引諸經之方式說解「仁」
字之精義，此其一。

復次，杭辛齋欲言仁有生生不息之力，其法以仁從二從人，元亦從二從
人，故以此串聯，遂言「仁即元也」，復以「果仁」之「仁」牽合「大哉乾元」
之「元」，以明其有生生不息之力。杭辛齋以小學說解方式解「元」，然此說
於字形上明顯附會縮合，不可不察，此其二。

再者，杭辛齋以埃及木乃伊之發現爲例，若以其腹中之種子播種，尚能
發芽，即種子中之核仁有生生不息之能力，若人之「元」若存，天良即在，
否則如行尸走肉矣！杭辛齋以考古新說解釋「元」字精義，此其三。

觀此說「元」字精義，可知杭辛齋不以先賢之說爲滿，於一字一詞，盡
量求其完備，並說以多方，凡能與經傳、《十翼》證成者，杭辛齋咸錄之以爲
徵。

## 三、幾

杭辛齋〈立人之道〉言：

九三〈文言〉曰：「知至至之，可與幾也。」因三爻在上下之交，乃
進退存亡之幾，理欲之介，人禽之別，得失之間，不容毫髮。孟子
曰：「人之所以異於禽獸者，幾希！」卽此「幾」也。〈屯‧六三〉
曰：「君子幾，不如舍」。……〈繫傳〉曰：「知幾，其神乎？君子上
交不諂，下交不瀆，其知幾乎！幾者，動之微，吉之先見者也。君
子見幾而作，不俟終日。」……又曰：「顏氏之子，其庶幾乎！」（案：
「其」下當補「殆」字）、「夫《易》者，聖人之所以極深而研幾也。
唯幾焉，故能成天下之務。」皆所以闡發此九三一爻之義也。〔註13〕

此鉤引〈乾九三‧文言〉：「知至至之，可與幾也。」此「幾」爲事物方萌之

〔註12〕《學易筆談‧初集》，卷1，頁27～28。
〔註13〕《學易筆談‧初集》，卷2，頁60～61。

徵兆，爲名詞。又引〈屯·六三〉：「君子幾，不如舍。」此「幾」爲見幾行事，爲動詞。再引〈繫辭傳〉曰：「知幾，其神乎？君子上交不諂，下交不瀆，其知幾乎！幾者，動之微，吉凶之先見者也。君子見幾而作，不俟終日。」此「幾」乃事物變動之徵兆，亦名詞。又引「顏氏之子，其殆庶幾乎！」此「幾」爲「見幾而作」之意，亦動詞。終以「夫《易》者，聖人之所以極深而研幾也。唯幾焉，故能成天下之務。」爲結，皆所以闡發〈乾·九三〉一爻之義。

然吾人觀杭辛齋所引諸段說法，可知其各引文之「幾」，其詞性大分爲名詞、動詞二類，意義各有不同，較之與孟子所言「幾希」之「幾」，詞性意義，相去甚遠。杭辛齋將經傳中同字如「幾」者，雖其言聖人之說玄妙，然硬加牽合，鑿痕處處，實則難以苟同。

## 四、咸

杭辛齋〈咸寧咸亨〉言：

> 〈乾·象〉曰：「首出庶物，萬國咸寧。」〈坤·象〉曰：「含弘光大，品物咸亨。」此以贊〈乾〉、〈坤〉化育之功，皆陰陽合德，交相爲用。〈乾〉用九以變〈坤〉，〈坤〉用六以承〈乾〉，僅一「咸」字，已將〈乾〉、〈坤〉兩卦綰合，有天地絪縕之妙，〈咸〉者上兌下艮之卦，〈乾〉在〈坤〉中，所謂「二氣感應以相與，天地感而萬物化生者也。」〔註14〕

又〈咸感〉言：

> ……咸之感，本無心也，卦爻取象之精細，可謂剖析毫芒，至義蘊之妙，更有非言語所能形容，細玩逐爻之辭，見深見淺，必有所得焉！〔註15〕

說解「咸，感也。二氣感應以相與」，說明何以〈咸〉之四爻，本應爲心，乃不曰心，其理有五：

其一：字形上言，「咸」爲「感」之無心，此以文字字形說解。

其二：物理異性相吸，兩性既感，相合之後，兩性相消，終爲無，故〈咸〉又爲无，此以物理原理說解，並與象數連結。

---

〔註14〕《學易筆談·初集》，卷4，頁161～162。
〔註15〕同前註，頁163。

其三：〈咸〉又从戌、从口，又戌亥之數爲无，此就文字、象數方面說解。

其四：先天艮居戌，口爲兌之對，故兌、艮相對爲〈咸〉，故〈咸〉爲无，後天〈乾〉居戌亥，故乾亦爲无。此就圖書方面說解。

其五：杭辛齋以〈咸〉之六爻，六爻初拇、二腓、三股、五脢、六輔煩舌，四當爲心，乃不曰心，以心不可見，且咸之感，本無心也，連結〈咸〉之與「感」，此以卦爻辭爲證立說。

觀以上諸說，可知杭辛齋此處廣用象數、小學、物理、經傳等說法，說解〈咸〉之與「感」之關連，極爲綿密細緻。

# 五、《易》「有」

杭辛齋《易》有太極是生兩儀〉言：

> 「《易》有太極」，於太極上，更加「《易》有」二字，是豈尋行數墨者夢想所及哉！……夫「《易》有太極」一句，當先以四字連下二十四字一氣讀之。……可見無太極，便是無兩儀，無四象、八卦與吉凶大業，并無《易》矣！故四象、八卦、吉凶、大業，皆涵育於太極，而全《易》皆太極所產生者也。此所謂「以逆筆倒提」而上者也。更當以「《易》有」二字重讀之，此「有」字，即是〈序卦〉：「有天地，然後有萬物；有萬物，然後有男女；有男女，然後有夫婦；有夫婦，爲（案：「然」字之誤）後有父子；有父子然後有君臣；有君臣，然後有上下；有上下，然後禮儀有所錯。」有字相一貫，世界萬有，皆由此「有」字發生者也。……太極之上，無能更加以字者，惟孔子曰：「《易》有太極。」「《易》有」二字，必須重讀，〈序卦〉：「有天地有萬物」諸有字，皆一氣貫注。孔子贊《易》，皆是從有立說，以示與老子以无立說者不同，故將有字直提至太極之上，曰：「《易》有太極」，而全《易》之生生不已，皆由此有字以發生者也。〔註16〕

《易》有太極之「《易》有」，究竟有何精妙？通說多解爲「有無」之「有」。然杭辛齋以「有」爲「發生、產生」之義，甚至蘊含本體論，如《易》有太極」，即《易》產生太極，同「是生兩儀，兩儀生四象，四象生八卦，八卦定吉凶，吉凶生大業。」之「生」，一氣讀下，可知其義。杭辛齋並以兩儀、四

---

〔註16〕《學易筆談·初集》，卷2，頁3～4。

象、八卦、吉凶、大業，皆涵育自太極，全《易》皆太極所生，故「《易》有」二字，須鄭重讀之。杭辛齋獨標此爲「逆筆倒提」手法。是亦與其看重「《易》，逆數也」〔註17〕、「以逆爲用」之《易》學內涵有關。

「有」之另一意涵，杭辛齋以其爲孔子立教憑藉，以別於老子「以无立教」。此說有二啓人疑竇之處，其一，孔、老是否有所謂「立教」之實？其二，孔子是否因老子以无立教，故其以有立教爲別？則此杭辛齋以此方式說「有」，實治絲益棼。

類似說法，可於〈君子有攸往〉見之：

> 有攸往者，乃鄭重指導之辭，三字具有無窮深意，亦不當忽略讀過，此「有」字，乃全《易》開卷第一有字，即〈序卦〉：「有天地，然後有萬物。」與「有男女」、「有夫婦」、「有父子」及「禮義有所錯」之有，言既有〈乾〉：「元亨利貞。」既有〈坤〉：「元亨利牝馬之貞。」而後君子始有攸往之可言矣！攸者，安也、久也。往者，進也。上言〈乾〉、〈坤〉之「元亨利貞」，乃天地之道，循環而無端者也，而君子以參贊天地，乃進化而不已者也，故曰：「有攸往。」〔註18〕

其說亦同，然杭辛齋不以此爲足，「有」具特殊義，「攸」、「往」亦蘊涵特殊意義，不可忽略讀過，此皆展現杭辛齋所謂「无一字閑文」之讀《易》方法。

## 六、「是」生

杭辛齋《易》有太極是生兩儀〉言：

> 「《易》有太極」之下，繼之曰：「是生兩儀」，此「是」字，又是極重要之字，不容忽略讀過者也。而學者均以虛字目之，向之注《易》者，亦從未有詮釋及之者，更何怪注釋之無有是處哉！〈乾〉初爻之〈文言〉曰：「不見是而无悶。」〈未濟〉之上九之象曰：「有孚失是。」試問周孔二聖人，何故以此兩「是」字，爲三百八十四爻之初終，爲全《易》之首尾。是豈無故而適相巧合哉！蓋此兩「是」字，即「是生兩儀」之「是」字，於文，日正爲南，立表日中，則天地定位，東西分焉！東爲陽儀，則西爲陰儀，故曰：「是生兩儀。」〈乾〉初一爻，於十二辰爲子，潛伏〈坎〉子之下，故曰：「潛龍。」

---

〔註17〕詳參第四章第一節之二之（五）「易逆數」。
〔註18〕《學易筆談・初集》，卷4，頁154。

〈未濟〉上爻爲〈離〉午，日中立表，子午正，則影不見，故〈乾〉
初曰：「不見是」，而〈未濟〉上曰：「失是，其初難知，其上易知。」
此全《易》首尾續終以是之義，即「是生兩儀」之「是」，經傳明顯
可見，讀者不求甚解，忽略看過，而《易》義不可見矣！〔註19〕
其舉《易經》首卦〈乾‧初九‧文言〉：「不見是而无悶。」至末卦〈未濟‧
上九〉曰：「有孚失是。」以其中皆有「是」字，即以此「是」字貫通《易》
之首尾，即爲極重要之字，此等字究爲巧合，亦眞貫通？吾人亦可舉出反例，
如：「无」、「其」二字，皆爲合於杭辛齋所言，爲〈乾‧初九‧文言〉與末卦
〈未濟‧上九〉所共有之字，試問其深義安在？杭辛齋則未詳言。故杭辛齋
可巧妙言之，縱可服人之口，亦難服人之心。況前爲〈文言〉，後爲卦辭，強
爲相比，實不相類。

## 七、文言

杭辛齋〈文言釋義〉言：

> 然則是篇，獨以〈文言〉稱也，曷故？……此「文」字非文辭之
> 文，不能以偶句韻語當之。陰陽雜，謂之「文」，孔子之〈繫傳〉
> 曰：「爻有等，故曰物。物相雜，故曰文。」乃此「文」字之確詁
> 也。蓋六十二卦之爻，無不陰陽相雜，惟〈乾〉、〈坤〉爲純體之
> 卦，爻不相雜，爻不相雜，則人將疑爲無文也。故特著〈文言傳〉
> 以發明之。夫〈乾〉、〈坤〉二卦，雖爲純體，而六爻之位，則仍
> 有等，有等，則仍相雜而成文，故「文言」云者。……孔子《十
> 翼》，終以〈雜卦〉，以明全《易》之無一文不雜，雜之即文之也。
> 《易》之雜字，皆陰陽相雜，實兼文章二貞之義。曰：「天地之雜
> 也。」猶之曰：「天地之文章也。」自後儒以俗義詁經，釋雜字以
> 爲夾雜、爲雜亂，皆非美義，遂有疑〈雜卦〉非孔子所作者，有
> 謂〈雜卦〉但取各卦相雜，無甚意義者，雜字之義不明，宜〈文
> 言〉之名亙古莫能解矣！〔註20〕

杭辛齋對〈文言〉釋名，言「文」者，乃〈繫辭傳〉：「爻有等，故曰物。物
相雜，故曰文。」此以《傳》證《傳》，且引〈文言〉本文之「夫玄黃者，天

---

〔註19〕《學易筆談‧初集》，卷2，頁6～7。
〔註20〕同前註，頁11～13。

地之雜也，天玄地黃。」等證據，證明「文」具「雜」意，並評先賢以「夾雜」、「雜亂」釋「文」，實非美意。杭辛齋此以「文」爲「雜」之說，言之成理，可爲一家之言。

　　以上「无」、「元」、「幾」、「咸」、「易有」、「是生」、「文言」，七字詞說之解爲杭辛齋說《易》較異於前賢之處，此類說法新則新矣，然未必咸皆能呈現《周易》眞正面貌，恐有失之好古愛奇之嫌。唯杭辛齋不以回復《周易》眞正面貌爲志，其心在推廣《周易》，凡與《周易》經傳有關者，皆援入立說，並力求《周易》經傳彼此之相交貫通，以推廣《易》學於當世。「无一字閑文」，爲杭辛齋說《易》之手法之大端，此其說《易》方法之一。

## 第三節　以象數說《易》爲主

　　上節談論杭辛齋說《易》之方式，「无一字閑文」爲其大端。若就形式上而言，則杭辛齋主要以象數說《易》爲主，至於說《易》之目的，詳參第一章第三節。蓋杭辛齋在獄中得老者傳京氏《易》，故其說《易》，形式常以象數爲主。杭辛齋〈大學、中庸《易》象〉言：

> 〈大學〉、〈中庸〉，皆本於大《易》，以象證之，幾無一句無一字不與卦義、卦數相合，數始於天一，卦始於〈坎〉子。……大學終始在〈艮〉，即在於〈乾·九二〉，九二「君子學以聚之，問以辨之，寬以居之，仁以行之」，大人之學也。大人之學，由於謹小而愼微，「庸言之信，庸行之謹，閑邪存其誠，善世而不伐，德博而化」，「乃龍德而正中者也」，故曰「中庸」。故〈大學〉、〈中庸〉皆本《易》，皆始於〈乾〉之九二。〔註21〕

上文以〈乾文言·九二〉：「君子學以聚之，問以辯之，寬以居之，仁以行之。《易》曰：『見龍在田，利見大人。』君德也。」牽合「利見大人」與〈大學〉。其次又以「庸言之信，庸行之謹……乃龍德而正中者也。」牽合〈中庸〉，而後逕言〈大學〉、〈中庸〉之始於《易》。

　　杭辛齋論證方式，乃先尋《易》之經傳中有與〈大學〉、〈中庸〉文字相侔者，再以象數牽合之：如先得〈乾文言·九二〉有「大人之學」、「庸言之信……龍德正中」之相合，即言〈大學〉、〈中庸〉出於《易》，然何以不以

---

〔註21〕《學易筆談·初集》，卷4，頁180。

其它卦爻爲證，如以〈乾‧初九〉爲證？杭辛齋於同處乃以象數之說論證，其引「大衍之數五十，其用四十有九」，其「一」不用，故不以〈乾‧初九〉爲證，而引〈乾文言‧九二〉。吾人亦可從杭辛齋證「明明德」始於《易》之說，再明此法：

〈晉‧象〉曰：「君子以自昭明德。」「自昭明德」者，乃君子戒謹恐懼慎獨之功，其象著於西南離、坤，而其本則仍在東北，故坎與艮，水山〈蹇〉，「君子以反身修德」，艮與坎，山水〈蒙〉：「君子以果行育德」，坎、艮反覆，〈蒙〉以養正，而聖功基於此矣！然君子之德，非獨善其身已焉！己立立人，己達達人，重離繼照，〈象〉曰：「明兩作，大人以繼明照於四方。」故曰：「在明明德。」〔註22〕

杭辛齋欲證「大學之道，在明明德。」遂尋經傳中有「明德」二字者，故於〈晉‧象〉尋得：「君子以自昭明德。」復於〈離‧象〉尋得：「明兩作，君子以繼明照於四方。」此蓋以三者皆有「明德」二字，作爲聯繫之證。然則爲何與〈晉卦〉☲連繫？杭辛齋復以象數說之，以加強說服力，其一：子一丑二，天象爲日月，子與丑合，則日月合其德，乃〈離〉之象。其二：八卦方位，離之右爲坤，上離下坤即爲火地〈晉卦〉☲。以上二段論證，可連結至〈晉卦〉☲，以達成其論證。

復次，如何與〈離卦〉☲連繫？杭辛齋以〈乾‧文言〉云：「大人者，與天地合其德，與日月合其明。」其中日月合明，即爲〈離卦〉之象。而〈離‧象〉：「明兩作。」故可得「明明德」之「明明」。

杭辛齋此種說《易》方式，蓋先以經爲聖人所作，孔子作《十翼》輔弼，故一字一句皆深有其理，且彼此融會貫通，深相契合，故杭辛齋讀《易》說《易》，以經傳「无一字爲閑文」〔註23〕，且一字不可改，經傳之序亦自有其理，不可因難讀而自行改動，移經改經則杭辛齋所深惡者。故杭辛齋欲證成某說時，必先以「无一字爲閑文」爲前提，復於經傳中尋求字句上可牽合之處，終以象數彌縫，此其重要手法，貫串其著作，其宗旨則爲傳《易》之大道，是則杭辛齋《易》學，可謂貫通象數、義理、圖書、西學諸範疇，其氣象甚爲宏大。以下再細就：說之以象、說之以數、說之以陰陽五行、說之以

---

〔註22〕同前註。
〔註23〕詳參第二章第二節：〈无一字閑文〉。

京氏《易》四項，舉例說明杭辛齋以象數說《易》之方式。

## 一、說之以象

杭辛齋〈大學、中庸《易》象〉中言：

> 〈中庸〉、〈大象〉皆本於大《易》，以象證之。……〈中庸〉之「中」，
> 即離、坎中正之中，「庸」者從庚，陰陽之義，用始乙庚，後天震
> 出東方，首出庶物，萬象更新，故納甲以震納庚，而庚之本位則
> 屬西方，西正秋兌，震仁兌義，立人之道，故庸字之義，乃合震、
> 兌二象，兼仁義之用者也。程子曰：「不易之謂庸。」朱子曰：「庸，
> 平常也。」均非確詁。〈乾・九二〉：「庸言之信，庸行之謹。」兌
> 言震行，取象尤極顯明。〔註24〕

上文杭辛齋以〈中庸〉之「中」，而離、坎中正之中，「庸」者，而先以小學
觀點，拆解爲「從庚」，再則納甲以震納庚，此則聯繫震與「庚」，蓋震之後
天卦位爲東，主萬物生養，其象有仁（天地之元，元者，仁也〔註25〕。）之
義。又「庚」之本位爲西，西正秋兌。故〈中庸〉之與《易》之震、兌有關，
又二卦之卦象震仁兌義，可與〈中庸〉仁義之道相合。此則杭辛齋以《易》
象說《易》，甚至其它典籍，如本處之〈大學〉、〈中庸〉。

然則杭辛齋此說，有武斷之嫌，何以程子曰：「不易之謂庸。」、朱子
曰：「庸，平常也。」均非確詁？蓋〈大學〉、〈中庸〉本爲《小戴禮記》四
十九篇之二，觀〈中庸〉首章：「天命之謂性，率性之謂道，修道之謂教。」
實言性理與天道，幾不見杭辛齋所引之象數，此其一。再者，〈中庸〉與《易》
之經傳，其理或有可會通之處，然不宜如杭辛齋言：〈中庸〉之《易》象，
此主從之關係無法成立。亦不宜言：〈大學〉、〈中庸〉皆本於大《易》，此
說實失之無徵。

至於杭辛齋認定之取象原則爲何？可從〈化學之分劑與象數合〉窺其端
倪，其曰：

> 向來說《易》者，以空談性理爲高，能精研象數者已不可多得，間
> 有談象數者，又莫明象數之理，於是東牽西扯，曲折附會以求合，
> 而不知去《易》之道愈遠，而象數反爲說《易》之累矣！故顯明象

---

〔註24〕《學易筆談・初集》，卷4，頁180、185～186。
〔註25〕詳見第二章第二節之二：〈元〉。

數，必知物理，離物理以言象數，亦與離象數而談性理者，敝正相

等耳。〔註26〕

杭辛齋言若欲顯明象數，必知物理，離物理言象數、性理者，所得皆非確詁。
可知其取象原則，須與物理相合，必須出於自然。

## 二、說之以數

《易數偶得·緒言》言：

杭辛齋愚不自量，鑽研群籍，偶獲一隙之明，恍然《易》數非他，
與九章十書，初無二理，與西來之《幾何原本》，及近今之代數微積，
尤一一脗合。古今中外之種種算術，無不根本於〈河〉、〈洛〉之百
數，大衍之五十，而古以爲相傳之修身、齊家、治國、平天下之道，
無不由於絜矩，即無不以數理爲之節度，更悟孔門忠恕一貫之道，
皆實有其理，實有其數，非空言心性所能了解也。堯之傳舜，舜之
傳禹，皆曰：「天之曆數在爾躬。」實古聖帝王相傳之心法，自《易》
道不明，數與理離析爲二，數乃流於小道，理亦等於虛車，禮崩樂
壞，政失其綱，不得不以申韓名法之術，補苴一時，逮名衰法弊，
而世道人心，遂不可問矣！

杭辛齋以《易》數爲本，諸多說數著作如《太玄》、《皇極經世》爲用，古今
中外之種種學術，無不根本於河圖洛書之百數、大衍之五十。又舉證以堯之
傳舜，舜之傳禹，皆曰：「天之曆數在爾躬。」言數與理原本爲一，後世《易》
道不明，禮崩樂壞，政失其綱，故有申韓名法之術以補苴罅漏。

行文至此，頗有「道術將爲天下裂」之嘆，試觀杭辛齋《易》學典籍，
常可見其有「以數統《易》」，甚至涵括一切學術之企圖，故以數說《易》，爲
杭辛齋說《易》之一大特色。試觀〈中孚〉言：

然〈中孚〉之風澤，非即〈大過〉之澤風乎？何以澤風爲〈大過〉而
不中？風澤即爲〈中孚〉而合乎中？……按天地之數，坎天一至兌地
十，巽五兌十，五、十居五十五數之中，「所以神變化而行鬼神者也」。
巽與兌合，五與十合，故曰：〈中孚〉。子曰：「五十以學《易》，可以
無大過矣！」即〈中孚〉之道也。〔註27〕

---

〔註26〕《學易筆談·初集》，卷4，頁211。
〔註27〕《學易筆談·初集》，卷2，頁64。

上文以〈中孚〉☲上巽下兌，其《易》數巽五兌十，五十又居五十五數之中，以釋〈中孚〉合於「中」，而〈大過〉不合於「中」之理：杭辛齋此徵引天地之數中，又引《論語》：「五十以學易，可以無大過矣！」，再以巽爲風爲五，兌爲澤爲十，「五」、「十」爲「天地之中數」諸說，說解何以〈中孚〉合於「中」之理，蓋此乃以數說《易》。

杭辛齋又於〈乾坤爲《易》之門〉言：

> 〈繫傳〉：「〈乾〉〈坤〉，其《易》之門邪！」是故闔戶謂之〈坤〉，闢戶謂之〈乾〉，一闔一闢謂之變。案：天地數，天一始北方坎，地十終西方兌，而乾无數，〈乾〉圓周流〈坤〉方，西北不揜，是爲不周，故八風於西北爲不周風，西北娵訾口，亥東辟，辟闢也。是闔戶謂之〈乾〉也。〈坤〉西南括囊，天地閉，天地建候數七十二，四隅方數，西南未申八九，合七十二，爲天地包象，東北丑寅二三，成六，東南辰巳五六，成三十皆〈坤〉用數六，〈坤〉地數，三十包之，爲地〈坤〉囊包藏萬物之象，是闔戶謂之〈坤〉也。〔註28〕

此以天地建候數（五日一候，一年七十二候）、四隅方數等說解釋〈繫辭傳〉：「〈乾〉、〈坤〉爲《易》之門」之理。

〈一生二二生三〉亦言：

> 天地之數，一生二、二生三，老子曰：「一生二，二生三，三生萬物。」蓋物一者自无而有，未爲數也，至二而成數矣！然猶爲一奇一偶之名，而未著乎數之用也。至三，則數之用生，以此遞衍，可至於無窮，故一不用，二爲體，三爲用。《易》有太極一也，陰陽二也，陰陽之用三也。〔註29〕

此引《老子》：「一生二、二生三、三生萬物。」比附卦畫止於三之理。又以有一即有二，有二即有三之理，以說一爲太極不用，二爲陰陽之體，三爲陰陽之用，強調此乃「天地自然」之理、數，此則杭辛齋常言「象數出於自然」之理，互相呼應。

〈死生之說〉又言：

> 〈繫傳〉曰：「原始反終，故知死生之說。」始終者數也、天也，萬物數，一始十終。始子一丑二，而終於酉十，戌亥无數，萬物自有

〔註28〕同前註，頁85～86。
〔註29〕同前註，頁87～88。

而入无，爲死之候，乾居西北戌亥之地，故无方无體，人而克全其
爲人，則全受於始者，全歸諸終，終則反乎太虛。精氣不滅，與造
化同游者神也。是以君子有終，終則有始，順乎天行，自有而入无
者，亦自无出有，乾知大始，復藏於坎，一純二精，至艮寅三而仍
爲人，此生死循環，佛家輪迴之說所自來也。〔註30〕

此以萬物數，一始十終，始子一丑二，終於酉十，釋〈繫辭傳〉：「原始反終。」
杭辛齋以萬物數說死生之理，可見其欲以《易》數明《易》理之企圖。然末
以「原始反終」爲「佛家輪迴之說所自來也」，此說恐非，蓋輪迴之說，婆羅
門教早已言之，實與《易》無直接牽涉，天地萬事萬物非必皆出於《易》。

## 三、說之以陰陽五行

杭辛齋〈水火亦有二〉云：

杭辛齋以爲八卦於水火，亦各有二，與木、金、土無異焉！離爲火，
震爲雷，雷亦火也。坎爲水，兌爲澤，澤亦水也。震爲雷，震之一
陽出於坎，陰根於陽，《內經》所謂「龍雷之火」，乃眞火也。故於
十干屬丙，而離火屬丁。兌之一陰麗於離，故曰：「麗澤兌」，陽根
於陰，其義取明水於月，乃眞水也，於十干屬壬，而坎水屬癸，水
火同源，陰陽互根，皆歸本於太一，俗儒未察五行之原理，以卦只
有八，而五行之分陰分陽，其數有十，遂無可措置，曲爲之解，遂
有水火不二之說，而不自知其不可通也。〔註31〕

說解如下：先以震爲雷亦爲火，兌爲澤亦爲水，震之一陽出於坎，陰根爲陽，
兌之一陰麗出於離、爲火，此二者皆所謂陰陽互根，皆歸本於太一，故水中
有火，火中有水，加之原本八卦之中一份，故水火各有二。八卦於水火，亦
各有二，與木、金、土同，。上文杭辛齋以八卦配五行於四時，解釋「水火
亦有二」之理，此即其以陰陽五行說《易》之例。

〈革治曆明時〉亦言：

兌、離爲西南之卦，金火相乘，志不相得乃〈革〉，故象曰：「己日
乃孚。」己者土也。以坤土行離、兌之間，孚而信之，〈革〉道乃成，
〈象傳〉曰：「天地〈革〉而四時成。」〔註32〕

---

〔註30〕同前註，頁 97～98。
〔註31〕《學易筆談·初集》，卷 4，頁 167。
〔註32〕《學易筆談·初集》，卷 3，頁 105～106。

〈革〉之卦辭：「巳日乃孚」，歷代主要說法有二：其一「巳日乃孚」即爲「終日乃信」〔註33〕，其二「巳日乃孚」即爲「祀日而俘」〔註34〕，二說皆言之成理。然杭辛齋乃以陰陽五行說解，其以「巳日乃孚」爲「己日乃孚」，其中「己」於五行屬土。言坤土行於離、兌之間，又離上兌下爲〈革〉，故曰：「〈革〉道乃成」，乃可連繫己與〈革〉，以明「己日乃孚」，終以「天地革而四時成」爲一旁證。以上二論證，主要乃以陰陽五行說解〈革〉之卦辭：「己日乃孚」、「天地革而四時成」之深意。杭辛齋《易》學著作特色，在以「概念」、「主題」爲篇章主旨，並以是力求貫徹經傳，廣用諸法，此以陰陽五行說《易》，亦爲其說《易》特色之一。

〈五行化合〉亦言：

> 至五行之說，以水、火、木、金、土概之，說者疑爲不倫，不知水、火、木、金、土之五者，非僅以其質，乃所以代表陰陽之氣與數，其不以四不以六，而必以五者，則參天兩地，陽常饒而陰常乏，陰陽之數，僅限以五，化合雖成六氣，而實數仍不能出五以外，此中微妙之理，非一言可盡。……勿以生克刑害諸說爲鄙俚無足道也。彼術者之歌訣，誠多詞不雅馴，但其淵源所自，則皆出於《易》象，但非深求之，不能知其所在耳。〔註35〕

西漢京房已援五行入《易》，故杭辛齋以五行說《易》，其來有自，有其淵源與背景，然其曰「（五行之說）淵源所自，皆出於《易》象。」則失之武斷，吾人可謂八卦、五行皆爲分類之方式，故有其相似之處，然而不可遽云源自《易》，若車與馬，俱有進義，安可謂車源於馬？抑馬源於車？

〈大有〉又言：

> 五行在天地之間，水土金木，皆愈分而愈少愈小，唯火愈分而愈多且愈大。蓋四者皆有形有質，故有限，唯火有形無質，故無限，唯無限，故大亦無限，有亦無限，此火天〈大有〉之卦之所以稱〈大

---

〔註33〕詳見王弼《周易注》：「即日不孚，巳日乃孚也。」《周易正義》孔疏曰：「巳日乃孚者，夫民情可與習常，難與適變：可與樂成，難與慮始。故革命之初，人未信服，所以即日不孚，巳日乃孚。」

〔註34〕如高亨之說：《革》，卦名。巳借爲祀。孚，罰也。古人行罰在社，並然社神。……或曰：「孚，古俘字。『巳日乃孚，元亨』，謂祭祀之日捉得俘虜，可用爲人牲，與行大享之祭。」詳見氏著：《周易大傳今注》（齊魯書社，1998.4），頁307。

〔註35〕《學易筆談・二集》，卷3，頁129。

有〉也。其對卦爲水地〈比〉，上坤下坎，曰：「有孚盈缶。」雖亦
稱「有」，渺乎小矣！非地與水之果小也，以視火天〈大有〉則小，
益以見〈大有〉之大，無外無對矣！〔註36〕

上文以五行解《易》，其言五行之中，唯火愈分愈大，故火天爲大有，此與其
卦名有關，然吾人亦可謂木愈長愈多，可見杭辛齋以己之可資而取之，然視
之全體，似又不必然。

## 四、說之以京氏《易》

杭辛齋《易》學主要淵源，爲京氏《易》，故其說《易》，常引京氏《易》
說，良有以也。試觀〈鬼神之情狀〉言：

精坎也，魂離也，故天地八卦，六爻上下，上五天爻爲天《易》，三
四人爻爲人《易》，二初地爻爲地《易》，游魂歸魂，復取三四兩爻，
則爲鬼《易》，三四兩爻，有當不當之別。克全乎其生之德者，即不
失其死之道，乃得當而爲神，不能全乎其生之德者，亦失其死之道，
即不得當而爲鬼之道，乃得當而爲神，不能全乎其生之德者，亦失
其死之，即不得當而爲鬼。〔註37〕

上引京氏《易》中，天《易》、人《易》、地《易》、鬼《易》之說來詮釋「鬼
神之情狀。」除上文引京氏「世應」說法外，杭辛齋尚引京房《易》中十二
消息、納甲、互體等說法，藉以說《易》，以下舉杭辛齋明顯以京氏《易》說
解之例，以爲說明：

### （一）說之以十二消息

消息者，卦變方式之一。凡一卦之中，陽爻去而陰爻至爲消卦，反之爲息
卦。十二卦中，取〈復卦〉☷、〈臨卦〉☷、〈泰卦〉☷、〈大壯〉、〈夬卦〉☱、
〈乾卦〉☰六卦爲陽息卦；取〈姤卦〉☴、〈遯卦〉☶、〈否卦〉☰、〈觀卦〉☴、
〈剝卦〉☶、〈坤卦〉☷六卦爲陰消卦。孟喜以十二消息卦以配一年十二月與四
季，京房解《易》亦講消息，乃其自孟喜消息說而來，並發展之。杭辛齋〈七
巧〉言：

七月七日，謂之七夕，又曰：「七巧。」……七月於卦消息爲〈否〉，
與〈泰〉相對，於八卦方位，則爲〈坤〉，七月七日，數遇重七，即

---

〔註36〕《學易筆談·二集》，卷4，頁184。
〔註37〕《學易筆談·初集》，卷2，頁100。

幽贊神明生著之數。天下之數無窮，惟七足以度之……成天地萬物
之變化，謂之曰「巧」，宜哉！〔註38〕

其於生日之際，解釋「七夕」何以曰「七巧」之因，蓋其以七月卦於消息卦
爲〈否〉卦，〈否〉又與〈泰〉相對，其於八卦方位又屬〈坤〉，〈坤〉者地，
地數爲十。又以七七四十九，爲幽贊神明生著之數，故杭辛齋以天地之數無
窮無盡，可以七度之，故曰「七巧」。翻來覆去，終於縫合首尾，然竟言之爲
「巧」，實令人難以苟同。

### （二）說之以納甲

納甲者，以八卦配合天干，各爻又分別配十二支，以甲爲十干之首，故
爲是名，用以說《易》，此法始於京氏《易》，影響後學亦深。杭辛齋說《易》，
有如實介紹京氏納甲理論者，如〈辨納甲爻辰〉〔註39〕、〈卦用第九・十二卦
地支藏用〉〔註40〕，亦有引納甲說《易》者，其於〈中庸、大學《易》象〉
言：

〈中庸〉之「中」，即離、坎中正之中，「庸」者從庚，陰陽之義，
用始乙庚，後天震出東方，首出庶物，萬象更新，故納甲以震納庚，
而庚之本位則屬西方，西正秋兌，震仁兌義，立人之道，故庸字之
義，乃合震、兌二象，兼仁義之用者也。

杭辛齋此處「中庸」之「庸」，其有「用」之義。其一：「庸」於文字可析解
爲上「庚」下「用」。「庚」者，後天震出東方，爲首出庶物，故杭辛齋以此
證納甲中「以震納庚」之說。其二：杭辛齋又以「用」始乙、庚，以證〈蠱〉：
「先甲後甲。」〈巽〉：「先庚後庚。」以上二說，皆所以證「庸者，用也。」
其說《易》之法，涉及京氏納甲。

杭辛齋〈因革〉又言：

〈乾〉三爻天五數，四爻地六數，天五地六，相乘爲三十，〈革〉古
文從三十，三十年爲一世，四與初應，初不易乎世，至四則易世，〈革〉
也五六於干支爲戊己，故〈革〉曰：「巳日乃革」。〔註41〕

此以小學、《易》數、京氏納甲三說揉合，說「革」之精義，杭辛齋言革之古

---

〔註38〕《學易筆談・二集》，卷4，頁227～228。
〔註39〕《學易筆談・初集》，卷3，頁107。
〔註40〕《易楔》，卷4，頁187。
〔註41〕《學易筆談・初集》，卷2，頁84。

文從三十，又三十可析以五乘六，天干之五爲戊，地支之六爲巳，以之繫聯〈革〉之：「巳日乃革」，此亦以京氏納甲之法說解。案：杭辛齋此處釋〈革〉：「巳日乃革」，以地支第六「巳」視之，與其於《學易筆談·初集·革治曆明時》言：「己者，土也」〔註42〕，取天干第五之「己」，明顯二說，杭辛齋說《易》或有前後不一處，不能爲其諱。

### （三）說之以互體

互體者，爲擴大取象範圍而新創解經之法，京房首明言之。杭辛齋亦嘗引以說《易》，如〈卦象進化之序〉言：

> 〈屯〉後受之以〈蒙〉，其卦爲艮上坎下，中爻二至四爲震，三至五爲坤，震陽上升，山已高出地上，地已高出水面，坤爲萬物，在震起艮止之中，有生有成，故曰：「〈蒙〉。」〈蒙〉有草木茂盛蓬勃之象焉！此則水陸既分，萬物滋長，爲第三期。〔註43〕

杭辛齋以泰西之進化思想，以六十四卦之發展乃一完整進化進程。此引其第三期中水陸之分，萬物滋長之象，比以〈蒙卦〉☲。蓋此水陸之分，萬物滋長之象需以下四者：山、水、雷、地。杭辛齋即以〈蒙卦〉☲，上〈艮〉爲山，下〈坎〉爲水，已得上山下水二象，水陸既分矣！再者，杭辛齋即以互體之法，以中爻二至四爲〈震〉爲雷（震陽爲上，故山上於水），三至五爲〈坤〉爲地（萬物滋養所在），廣得另外二象，如此巧妙以京氏「互體」之法，融合西方新說「進化」之論與傳統《周易》卦序之理。

以上論述，咸爲杭辛齋以象數說《易》之例證，因其師承關係，故以象數爲說《易》爲主。廣采歷代諸家說法，可謂集象數《易》之大成。此爲杭辛齋說《易》方式之三。

# 第四節　援用《周易》經傳

杭辛齋《易》學著作之特色，主要以概念爲篇章之主題，旁徵博引，以通貫其說，其中亦常援用《周易》經傳部份，此亦較爲傳統治學方法，其論證過程與結論，較少爭議，可視爲杭辛齋對傳統治《易》方式之繼承。試觀〈元字之精義〉言：

---

〔註42〕詳參第二章第三節之三：〈說之以陰陽五行〉。
〔註43〕《學易筆談·二集》，卷4，頁206。

〈彖傳〉曰：「大哉乾元，……乃統天。」此元字，即元亨利貞之元。……〈文言〉：「乾元者，始而亨者也。」此元字乃天之元焉。〈坤·彖〉：「至哉坤元」，乃地之元也。〈文言〉：「元者，善之長也」，則人之元也。善之長，即仁義禮智之仁。〔註44〕

上言引〈乾·彖傳、文言〉、〈坤·彖〉四段經傳文字，以釋「元」字精義。

　　他如〈訟獄〉云：

〈訟·彖傳〉曰：「上剛下險，險而健，〈訟〉。」「〈訟〉者，爭也。君子平其爭則訟解。《傳》曰：「〈訟〉不可長。」〈訟〉不可長，則不至成獄矣！故〈訟〉者，民事之爭，尚情感理喻而不必恃乎用刑。九五曰：「〈訟〉，元吉。」是能平其爭而使無訟者也。〈訟〉之凶在終於訟而不可解，則成獄矣！〈噬嗑〉曰：「亨，利用獄。」〈象傳〉曰：「君子（案：先王之誤）以明罰勅法。」則不能不用刑以辟以止辟矣！〈噬嗑〉之象：上〈離〉下〈震〉%。〈離〉者明也。萬物皆相見，則物無遁形，以示治獄者必明察庶物，一無壅蔽，中爻三四五為〈坎〉，〈坎〉為法律，為智，為水，二至四為〈艮〉，〈艮〉為手、為山、為止，下〈震〉為動，治獄者既明且智，用法如水之平，絕無偏倚。無論在下者變動百出，皆能明燭其隱，執法如山，止而不動，所以能止一切之動，而令悉合於法，祗此六畫之象，已將近世司法之精義，……〈睽〉之六三曰：「其人天且劓。」〈困·初六〉曰：「臀困於株木。」九五曰：「劓刖。」〈睽〉失道，〈困〉剛揜，理窮數極，禮崩禮壞，不得不用刑以濟之，……於〈豐〉著之曰：「君子以折獄致刑。」言刑非折獄者不能妄用也。於〈旅〉曰：「君子明慎用刑而不留獄。」言用刑者宜審慎迅速不可留滯也。於〈中孚〉曰：「君子以議獄緩死。」恐折獄者之或猶有冤濫，更議擬之而求其當也。嗚呼！《易》道之生生，與聖人贊《易》之深心，可以見矣！〔註45〕

杭辛齋引〈訟·彖〉、〈訟·九五〉、〈噬嗑·象〉、〈睽·六三〉、〈困·初六〉、〈困·九五〉、〈豐〉、〈旅〉、〈中孚〉等等經傳文辭，闡述訟獄之理，並引申說明其中蘊含訟獄之成因在爭、法律之特性在平、德禮何以至刑罰、司法獨立之理等，並言經傳諸說同於近世司法之精義。杭辛齋此說《易》方式，以

〔註44〕《學易筆談·初集》，卷1，頁27～28。
〔註45〕《學易筆談·初集》，卷2，頁92～94。

《周易》經傳作內證，其說較爲完善且少爭議。

〈司法獨立〉又言：

> 司法獨立者，近三十年來之學說也。我國自三代以降，於古人設官
> 分職之遺意，久已泯棼而莫可紀極，以行政官操生殺之柄，威福自
> 恣，積非成是，恬焉安之而莫以爲妄，而不謂《易》象已明著之。
> 孔子贊《易》，更一再言之，〈賁〉之象曰：「君子以明庶政，无敢折
> 獄。」明示以折獄之必有專職，行政者雖明，亦无敢越俎，非司法
> 獨立之精義乎？〈豐・象〉曰：「君子以折獄致刑。」明示以用刑爲
> 折獄者之專責。凡非折獄者，皆不許有用刑之權，非司法獨立之明
> 證乎？蓋〈豐〉與〈噬嗑〉爲同體之卦，〈噬嗑〉曰：「利用獄。」
> 故孔子更於〈豐〉中明其義，以見除此之外，雖〈賁〉爲〈噬嗑〉
> 之往來卦，亦无敢折獄。〔註46〕

杭辛齋此引〈賁・象〉、〈豐・象〉、〈噬嗑〉等經傳，說明《易經》中已有司
法獨立之理。其中以〈賁・象〉言司法必有專職，在上位之君子不當越俎代
庖，故謂有司法獨立之理。又以〈豐・象〉：「君子以折獄致刑。」言非折獄
者，不可濫施刑罰，此皆司法獨立之明證。

　　案：〈豐卦〉䷶與〈噬嗑〉䷔有覆卦之關係，且〈賁卦〉䷕又爲〈噬嗑〉䷔
之往來卦，而杭辛齋以〈豐・象〉：「君子以折獄致刑。」乃在闡發〈噬嗑〉䷔：
「利用獄。」又〈賁・象〉：「君子以明庶政，无敢折獄。」乃在詳明司法獨立
之理。〈賁〉䷕、〈噬嗑〉䷔、〈豐〉䷶三卦，在卦別上有對卦、往來卦之關係，
於義理上又可環相扣合，此則杭辛齋《易》學善於結合象數與義理之證也，更
甚者，杭辛齋再融入今日司法獨立之概念，貫通古今，是則其超越前賢之處。

　　杭辛齋以徵引《周易》經傳中之卦爻辭來證成其理，古今學者亦常用之，
此爲杭辛齋說《易》方式之四。

# 第五節　徵引群經諸子

　　除《周易》經傳外，杭辛齋亦徵引群經諸子來證成其說。以下分別引《論
語》、《孟子》、〈大學〉、〈中庸〉、《春秋》、《禮記》、《老子》等典籍，並說明
杭辛齋如何徵引上述群經諸子以說《易》。

---

〔註46〕同前註，頁 94～95。

## 一、《詩經》

杭辛齋〈釋无〉言：

> 《詩》曰：「上天之載，無聲無臭。」何也？即天之元也。又曰：「德
> 輶如毛，毛猶有倫。」此天理之所在，即人之元也。然曰：「無聲」、
> 曰：「無臭」，則猶有形容擬議，而无則無可形容擬議矣！曰：「德輶
> 如毛，毛猶有倫。」即古語有無之無，故猶有倫，而无則無倫矣！
> 〔註47〕

此引〈中庸〉：「《詩》曰：『德輶如毛。』毛猶有倫。『上天之載，無聲無臭。』
至矣！」之述，以明《易》之「无」乃無聲無臭，不可見也，具本體義。再
者，杭辛齋更以「毛」之古音為「無」（案：或因杭辛齋為海甯人，亦常來往
廣州，故有此聯想），以之詮釋：「德輶如毛，毛猶有倫」即為「德輶如無，
無猶有倫。」以之言「無」猶有倫，更上一層之「无」，則為無倫，即無聲無
臭，以之釋「无」。蓋杭辛齋以「无」超越「有無」之相對，具本體義，說詳
其《學易筆談二集・釋无》一文。

## 二、《春秋》

杭辛齋〈大有〉言：

> 《春秋》書法，以五穀豐登為〈大有〉，而《易》卦之取象，乃以
> 離上乾下之卦為〈大有〉。乾為天、為大，離為火、為電，大則大
> 矣！而有之義，似無屬焉！〈象〉曰：「火在天上，〈大有〉。」望
> 文生義，似亦無可解說，各卦稱大者，如〈大壯〉、〈大畜〉，皆以
> 乾。〈大過〉雖無乾，而中爻互重乾，且皆四陽之卦，故曰：「大」。
> 此外，惟震上離下之卦曰：「〈豐〉」。豐亦大也。且與〈大有〉之
> 義，亦正相通，兩卦皆有離，則〈大有〉之有，必取象於離，自
> 可知矣！〔註48〕

此引《春秋》書法，以「五穀豐登」釋「大有」，並以此說作為〈大有〉與〈豐〉
卦之連繫。其說解如下：其一，言〈大有〉、〈大壯〉、〈大畜〉之「大」，皆為
四陽之卦，故曰：「大」。其二，言〈豐〉與〈大有〉之關連，蓋〈序卦〉言：
「〈豐〉者，大也」，與〈大有〉之義相通。

---

〔註47〕《學易筆談・二集》，卷4，頁191。
〔註48〕同前註，頁183。

再者，〈豐卦〉☲爲離上乾下，〈大有〉☲爲乾上離下，二卦皆有離，離者則爲〈大有〉之「有」所由來。然則何以〈大有〉之「有」，取象於離？此說則甚爲費解，今姑以杭辛齋所謂「无一字閑文」之說《易》方式解之：〈序卦〉言：「〈坎〉者，陷也，陷必『有』所麗，故受之以〈離〉，〈離〉者，麗也。」是則「有」與〈離〉可產生關聯，此說法或可謂之牽合，然確是杭辛齋說《易》諸法大端，詳見本章第二節。是以杭辛齋解《易》之法解其學說。以上略述杭辛齋引〈春秋〉書法以明〈大有〉卦。

## 三、《禮記》

杭辛齋雖徵引群經諸子之說，然非全盤接受，亦有提出異議者，如〈陽卦多陰陰卦多陽〉言：

> 歷來注《易》家，于一君二民二君一民之義，異說紛歧，莫可折衷，皆因泥於一二之數聯屬君民，故無論如何曲折遷就，終不可通。孫氏取鄭康成氏《禮記·王制》注云：一君二民，謂黃帝堯舜，地方千里，爲方千里者百。中國之民居七千里，計七七四十九方千里，四裔之民，居五十一方千里，是中國四裔，二民共事一君。二君一民，謂三代之末，以地方五千里，一君有五千里之五，五五二十五，更足以一君，二十五始滿千里之方五十，乃當堯舜一民之地，故曰二君一民。可謂極迂迴曲折之致，而不敢謂其確合經義。〔註49〕

〈繫辭傳〉：「陽一君而二民，君子之道也。陰二君而一民，小人之道也。」杭辛齋即以康成注《禮記·王制》：「一君二民……二君一民之別。」極爲迂迴曲折，不敢謂其確合經義，可見杭辛齋取資諸賢者，亦自有其謹嚴處，尚不致人云亦云，震懾於大儒之名而咸信之，是可知杭辛齋學術性格亦具批判性。

## 四、《論語》

杭辛齋〈鬼神之情狀〉言：

> 〈繫下傳〉曰：「過此以往，未之或知也，窮神知化，德之盛也。」然則鬼神之爲德，又何以知之？……天地萬物，無一非氣與形二者之相迭更，既原始反終而知死生之說，則「精氣爲物，游魂爲變」，鬼神之情狀亦可由是以知矣！……季路問事鬼神。子曰：「未能事

---

〔註49〕《學易筆談·初集》，卷1，頁31～32。

人，焉能事鬼？」問死。子曰：「未知生，焉知死？」此即原始反終
之說，言之所不能盡者，聖人以象顯之，以數明之，精氣爲物，游
魂爲變，於六十四卦之象數推衍，皆合乎物理之自然，或有或無，
各依其類而未可概舉也。〔註50〕

上文引《論語·先進》：「未能事人，焉能事鬼？」、「未知生，焉知死。」死
生之說，闡明〈繫下傳〉：「過此以往，未之或知也，窮神知化，德之盛也。」
與《易》中鬼神之情狀。然杭辛齋以孔子所言：「未知生，焉知死。」即爲聖
人「原始反終之說」，則又推說過快。

# 五、《孟子》

杭辛齋〈立人之道〉言：

九三〈文言〉曰：「知至至之，可與幾也。」因三爻在上下之交，乃
進退存亡之幾，理欲之介，人禽之別，得失之間，不容毫髮。孟子
曰：「人之所以異於禽獸者，幾希！」即此「幾」也。〈屯·六三〉
曰：「君子幾，不如舍」。〈豫·六二〉曰：「介于石，不終日。」〈繫
傳〉曰：「知幾其神乎？君子上交不諂，下交不瀆，其知幾乎！幾者
動之微，吉之先見者也。君子見幾而作，不俟終日。」〔註51〕

此引孟子之說：「人之所以異於禽獸者，幾希！」中之「幾」字來比附〈屯·
六三〉、〈豫·六二〉、〈繫辭傳〉中之「幾」，來說解「立人之道」，即「君
子即深而幾」之「幾」。然細觀孟子之「幾」，乃副詞，其用在修飾「希」
之程度，然〈屯·六三〉之「幾」，其義爲「幾微」之意，乃形容君子所遇
之狀態；再者，考〈豫·六二〉經文中並「幾」字，杭辛齋因〈乾·九三〉
曰：「終日。」而〈豫·六二〉亦曰：「不終日。」故以「終日」將〈豫·
六二〉與〈乾九三·文言〉作一連結。終引〈繫辭傳〉之「幾」，釋曰：「幾
者，動之微，吉凶之先見者也。」乃知此「幾」爲名詞，事物將發未發之
徵兆，斷非孟子「人之所以異於禽獸者，幾希」之「幾」，故此例之說解，
意義較爲不倫。

# 六、〈大學〉、〈中庸〉

杭辛齋〈大學、中庸《易》象〉言：

---

〔註50〕同前註，頁99～101。
〔註51〕同前註，頁60。

〈大學〉、〈中庸〉，皆本於大《易》，以象證之，幾無一句無一字，不與卦義、卦數相合，數始於天一，卦始於坎子，子天一不用，〈乾〉初勿用，用始丑地二，子天一〈復〉，〈復〉小丑地二〈臨〉，〈臨〉大，〈坎〉習教事，教者斅也，〈臨〉內卦兌，兌為學，子一至兌十，一始十終，而艮成終成始，念終始典於學，故曰：「大學」。〈大學〉終始在艮，即在於〈乾·九二〉，九二：「君子學以聚之，問以辨之，寬以居之，仁以行之。」大人之學也。大人之學，由於謹小而慎微，「庸言之信，庸行之謹，閑邪存其誠，善世而不伐，德博而化，乃龍德而正中者也。」故曰：「中庸」。故〈大學〉、〈中庸〉，皆本《易》，皆始於〈乾〉之九二，九二乃坎、離爻，坎、離南北正中，君子中道而行，〈大學〉由離而至坎，〈中庸〉由坎而至離，離、坎上下，水火〈既濟〉，聖功王道，備於此矣！〔註52〕

此段不但引〈大學〉、〈中庸〉，杭辛齋更試圖牽合二書與《易經》，其曰：「〈大學〉、〈中庸〉，皆本於大《易》」，其間證成，多以象數，反覆委曲，實難服人之心。案：杭辛齋所引「君子學以聚之，問以辨之，寬以居之，仁以行之……庸言之信，庸行之謹，閑邪存其誠，善世而不伐，德博而化，乃龍德而正中者也。」應為〈乾九二·文言〉，非〈乾·九二〉。又此說以〈大學〉、〈中庸〉，皆本於大《易》，則失之武斷，難取信於人，亦非必要。

## 七、《老子》

杭辛齋〈釋无〉言：

老子之《易》以无為用，曰：「三十輻（案：輻之誤），共一轂。當其无有轂（案：車之誤）之用，埏埴（案：埏埴之誤）以為器，當其无，有器之用。」凡此皆言之用，言无正為有之用，非虛無之為也。後之讀者，以辭害意，謂老子之學，清淨无為，為世詬病，其厚誣老子焉實甚！孔子曰：「无思焉，无為焉，寂然不動，感而遂通。」豈孔子亦主无為寂滅哉！大哉乾元，无方无體，目不可得而見，耳不可得而聞，乃為萬物之所資始，唯萬物資始於〈乾〉，故亦各有其元，亦皆不可見不可聞者，即此无字之真諦也。〔註53〕

---

〔註52〕《學易筆談·初集》，卷4，頁180～181。
〔註53〕《學易筆談·二集》，卷4，頁190～191。

此引老子之說，以明「无」之用。然杭辛齋逕言「老子之《易》」，實值得
商榷。吾人可謂老子思想與《周易》經傳有可會通之處，蓋相近時代之思
想，常會相互影響，然證據未足，不宜逕言所謂「老子之《易》」，杭辛齋
以《易》爲一切學術思想之源頭，今日視之，彼或囿於一隅舊說，亦可不
必深責。

〈圖書第一〉又言：

> 老子曰：「有物无形（案：「混成」之誤），先天地生。」即謂：「太
> 極。」也。以孔子《十翼》告成，老子已出關西去，故未知孔子有
> 此假定之名，而曰無以名之，強名之曰：道。究竟道字，實未能妙
> 合无間。老子亦無可如何，而強名之耳。使老子得見孔子「《易》
> 有太極」一語，必舍其名而從之。《道德經》更可省却無數語言矣！

〔註54〕

此引《老子·二十五章》：「有物混成，先天地生。」詮釋《易》之「太極」，
並言孔子寫《十翼》告成，老子已出關西去，不然，老子當以「太極」言「道」，
不致因無詞可用而強言之「道」。

　　觀以上引文，可見杭辛齋不徒徵引《周易》經傳，且引其他群經諸子，
雖時有過度引申，亦有硬加彌合之說。然究其心，在推廣《易》學，牖民覺
世，故其善於說《易》，不善詁經，旁徵博引，涉廣難深，或有微瑕。

# 第六節　小學訓解說《易》

　　《易》之爲書，廣大悉備，非一法可通透，杭辛齋雖不以「漢學家」拘
泥字義之訓詁考據爲然，然非謂其不采斯法，說《易》兼采小學。蓋杭辛齋
以說《易》透徹爲主，諸文可說《易》者，皆可利用，亦可知杭辛齋深具國
學根柢，如〈血卦乾卦〉言：

> 或曰：「〈離〉之爲〈乾〉卦，〈乾〉讀若干，乃燥萬物者莫熯乎火！
> 故曰：「〈乾〉卦，與〈乾〉、〈坤〉之〈乾〉，音訓其可通乎？」曰：
> 「鄭注云：『〈乾〉當作幹，陽在外作幹正也。』虞《易》亦同，而
> 張湛云：『幹音〈乾〉』，則音固可通，《易》之用字，恆以形聲相類
> 者，分見互用，以相鈎貫。焦氏《通釋》言之詳矣！

---

〔註54〕《易楔》，卷1，頁3。

又曰：

> 而〈說卦〉言象，尤往往舉甲以概乙，又或對舉相互以見意者，如
> 乾爲圜，則坤之爲方可知。巽爲臭，則震爲聲可知。此以〈離〉、〈乾〉
> 卦，以與〈坎〉之血卦相對，貞者，事之幹也。乾貞在坎，而著幹
> 之義於離，離其類爲血，而存血之文於坎，交互見意，錯綜成文，
> 可謂極天下之至精至變者矣！故《易》之爲書，廣大悉備，孔子贊
> 《易》之文，悉與相稱，一名一字，於形聲訓義，均鈎深致遠，無
> 不各有精義存乎其間，非言語所能形容也，舉一三反，是在讀者之
> 神而明之。〔註55〕

杭辛齋說《易》，不拘一端，其嘗於《學易筆談初集‧述恉》言：「凡與象數
有涉、足與《易》道相發明者，博采旁搜、不限時地、更無所謂門戶派別也。」
故其雖不好詁經，然詁經之說、詁經之法，若有可采之處，杭辛齋亦不忍遺
珠，故言：「雖一名一字，皆可以形聲鈎貫」，學者需從字裡行間尋求可與經
傳中相合之處，形聲實爲一重要橋梁。杭辛齋殆自焦循《易通釋》獲此心得。

　　杭辛齋以爲，經傳可以以形聲作爲連貫，乃至其他典籍之重要憑藉。如
〈曰仁與義〉言：

> 孔子以《易》立教，示人以用世之道。故立人之道，曰仁與義，仁
> 從二人，蓋必人與我相交接，而後可用吾仁。義從羊，羊者善群之
> 物也，合多數人而爲群，則有親疏近同異好惡之殊，於是仁之術，
> 或有時而窮，不能不裁之以義，群旣合，則必循有條理之組織，以
> 定其秩序，於是禮緣義起。禮者理也，履也，各有定程，爲人所循
> 其當行者，而躬行實踐者也。有組織，有定程，則必有所契約以共
> 守之，而信著焉，故禮與信者，仁義之器也，皆入世之道也。〔註56〕

此段多用小學訓詁說《易》，其一，以「仁」從二人，言「仁」之內涵爲人我
相處之道；其二，以「義」之從「羊」，而羊爲善群之物，故言「義」爲合群
之理；其三，再連結至「禮」，乃合群之所遵循者。

　　《易楔‧孚》亦云：

> 舊說：「孚，信也。」坎爲信，凡卦言有孚，皆指坎，似是而實非也。
> 孚果指坎，何以〈中孚〉無坎象，孚固有信之一義，然信字不足以盡

---

〔註55〕《學易筆談‧初集》，卷3，頁114～115。
〔註56〕《學易筆談‧初集》，卷2，頁65～66。

> 孚也。孚从爪从子，象鳥以爪抱子，鳥子爲卵，爪子以象抱卵，有化
> 育之意，〈中孚〉卦象，實以巽五兌十，乃五十五數之中，於五行爲
> 土，土主化物，故曰：「〈中孚〉。」〔註57〕

此引「孚」字形初義，從「爪」從「子」，象鳥以爪抱子，鳥子爲卵，故有孵
育之意，杭辛齋如此費盡思量，乃在解釋〈中孚〉䷼之「孚」，何以有「化育」
之義，蓋杭辛齋不以舊說「孚」有「信」義爲足。其又〈中孚〉其「中」乃
「土」之義，而土主化育，故可連結貫串，以證「孚」有「化育」之義，此
說主以小學訓解《易》說，又輔以五行解《易》。

## 第七節　博采兼綜諸家之說

　　杭辛齋說《易》，爲說多方，旁徵博引，其說《易》特色，在以「概念」
爲一篇一章，其說往往經傳互證，並博采兼綜諸家之說，不限東西古今，實
爲其說《易》之常見方式，試觀〈學易筆談序〉：

> 道家祖黃老，淵源悉出於《易》，其七返九還，六歸八居，度數與卦
> 象悉合無論矣。……所異者，佛產印度，耶穌生於猶太，而華嚴之
> 乘數，金剛之相數，一八三六百零八之數，及七日來復，十三見凶
> 之數，亦無不與卦象悉合，而釋言地水火風，西謂水火土氣，即《易》
> 之乾坤坎離，更爲明顯，時之先後，地之遠近，皆略不相蒙，而數
> 理之大原，乃無不與《易》相合。

可見杭辛齋以佛、道、耶諸家，皆可與《易》之卦象與數合，其理一。然遽
言道家主黃老，淵源出於《易》，其說自嫌武斷！

　　〈佛教道教之象數備於《易》〉亦言：

> 《易》之爲書也，廣大悉備，範圍天地，曲成萬物，故凡世界所有，
> 無遠近、無今古，均不能出於《易》教之外，道教、佛教，皆後起者
> 也。佛教創始於西域，更與中國之文化無關，乃聖人作《易》，早定
> 其數於三千年以前，而概括其教義於卦象之中，并其科儀名類，亦皆
> 一一列舉，而豫定之，乃後來者冥然罔覺，順天地之理數，以自力進
> 行，初未與《易》相謀，而事事物物胥一一準之，莫能相悖。〔註58〕

---

〔註57〕《易楔》，卷6，頁268。
〔註58〕《學易筆談·初集》，卷4，頁211～212。

此說則較爲客觀。杭辛齋將《易》說與佛說相似處列舉，曰其「理同」，固無不可，然若如杭辛齋上一引文中言：「道家祖黃老，淵源於《易》」，則其主從關係實不能成立，有證據不足之嫌。

可見杭辛齋《易》學著作中，凡可援以入《易》者，皆不憚其煩，於諸家諸派學說，一一臚列，並予評騭，融會貫通，時出新義，如其於〈〈文言〉釋義〉言：

> 〈文言傳〉爲《十翼》之一，亦有以〈乾‧文言〉、〈坤‧文言〉分而爲二者。自王弼以後，皆編入〈乾〉、〈坤〉二卦之下，不復分篇。然〈文言〉二字之義，古今注釋者數十家，各執一說，無一是處，良可嘅也。姚信曰：「〈乾〉、〈坤〉爲《易》門戶。文說〈乾〉、〈坤〉、六十二卦皆放焉！」劉瓛曰：「依文而言其理，故曰：〈文言〉。」《正義》曰：「〈文言〉者，是夫子弟七翼也，以〈乾〉、〈坤〉易之門戶，其餘諸卦及爻，皆從〈乾〉、〈坤〉而出，義理深奧，故特作〈文言〉以開釋之。」陸德明曰：「文飾卦下之言也。」梁武帝曰：「〈文言〉是文王所制。」程傳曰：「它卦〈彖〉、〈象〉而已，獨〈乾〉、〈坤〉更說〈文言〉，以發明其義。朱子《本義》曰：「此篇申〈彖傳〉、〈象傳〉之意，以盡〈乾〉、〈坤〉二卦之蘊，而餘卦之說，因可以例推云。」任釣台《周易洗心》曰：「孔子欲明〈乾〉、〈坤〉二卦之蘊，首述文王語以發端，故謂之〈文言傳〉。」惠氏《周易述》注曰：「〈文言〉，〈乾〉、〈坤〉卦爻辭也。文王所制，故謂之〈文言〉。孔子爲之傳，故謂之〈文言傳〉。」毛西河《仲氏易》曰：「繹文王所言，故名〈文言〉。」阮氏《研經室集》曰：「《左傳》云：『言之無文，行而不遠。』孔子以用韻比偶之法，錯綜其名，而自名曰：『文。』」綜以上諸家之說，姚、孔、程、朱，均以〈乾〉、〈坤〉爲《易》之門戶，故特加〈文言〉以闡發其義蘊，意亦良是。然何以名曰：「〈文言〉」，仍未能解也。劉氏謂依文而言其理，則《十翼》又何一非依文而言其理者？乃獨以此一篇曰：「〈文言〉。」其說之不可通也審矣！陸德明謂「文飾卦下之言」，則六十二卦，皆有其卦下之言。毛氏謂「繹文王所言，則〈象傳〉、〈大象〉，皆繹文王所言也，何以不名曰：「〈文言〉」，其失亦與劉氏等耳。梁武帝謂「文王所制」，則全《易》卦下象文，皆文王制也，何以反謂之象？而不謂之文？況傳中「子

曰」凡數見，非文王所制可知。任氏特加首述文王語以發端，以矯
梁武之失。然「元者，善之長也。」數語，雖曾爲穆姜所稱引，以
何據而確指爲文王之語乎？不足徵也。阮氏之言，似較近理。然六
十四卦之〈小象傳〉，與〈雜卦傳〉，無不有韻，而〈象傳〉之用比
偶者，如〈泰〉、〈否〉、〈坤〉、〈謙〉、〈豫〉、〈賁〉等卦，既指不勝
屈，而上下〈繫傳〉之比偶錯綜，亦無異於〈文言〉，其不能以此爲
〈文言〉之證也，亦斷可識矣！歷來之注釋，既未得當，以致疑論
百出，或以爲六十四卦皆有〈文言〉，因簡編殘闕，獨存〈乾〉、〈坤〉
二卦，〈繫傳〉中如「鳴鶴在陰」及「憧憧往來」諸爻，皆各卦之〈文
言〉也。於是有將此諸爻，竟移竄各本卦之下者矣！或以爲〈文言〉
本在〈繫辭〉之中，先儒因其六爻完備，故摘出以歸〈乾〉、〈坤〉
二卦矣！瞽說謬論，不可枚舉。明季之喬行中，清初之黃元御等，
竟敢妄逞巳（案：己之誤）見，將孔子〈繫傳〉顛倒錯亂，另爲編
次，瀆經侮聖，更爲肆無忌憚之尤，《易》學之晦盲，誠非一日矣！
然則是篇，獨以〈文言〉稱也，曷故？曰：孔子之〈文言〉，孔子巳
自言之矣！證之他人，不如仍（疑脫「證」）諸孔子：證之他書，不
知仍證之於《易》，爲確當也。此文字非文辭之文，不能以偶句韻語
當之，陰陽雜，謂之文。孔子之〈繫傳〉曰：「爻有等，故曰物。物
相雜，故曰文。」乃此文字之確詁也。蓋六十二卦之爻，無不陰陽
相雜，惟〈乾〉、〈坤〉爲純體之卦，爻不相雜，爻不相雜，則人將
疑爲無文也。故特著〈文言傳〉以發明之。夫〈乾〉、〈坤〉二卦，
雖爲純體，而六爻之位，則仍有等，有等，則仍相雜而成文，故「文
言」云者，「雜物撰德」，皆以其陰陽相雜言之，以明〈乾〉、〈坤〉
爲陰陽之統，乃六子所自出，文雖繫於乾、坤，而爻則震、巽、艮、
兌、坎、離也，故〈乾〉有「樂行憂違」，與「風虎雲龍」，「水溼火
燥」之文，〈坤〉有「敬內義外」，「直方草木」及「黃中通理」，「陰
疑於陽」之文，皆非指一卦而言也。乾父三索盡於艮，艮成言。坤
母三索盡於兌，兌說言，有艮成言，兌說言，於是乎有〈乾〉、〈坤〉
之〈文言〉，〈乾〉爲六十四卦之宗，而陽出於陰，純陽之內，含有
眞陰，故〈乾〉：「元亨利貞。」自具四德。〈坤〉以承〈乾〉，陰非
得陽，則文不著，故〈坤〉：「元亨利牝馬之貞。」初六履陽：「陰始

凝。」六三含陽，則稱章。六五正陽則「文在中。」皆陰陽相雜，而陰有待乎陽。是以〈乾・文言〉繁，而〈坤・文言〉簡也。〈乾〉、〈坤・文言〉，結以「天地之雜也」一句，又申之曰：「天玄而地黃」，〈文言〉之義盡於此矣！至自〈屯〉以下六十二卦，無一卦非陰陽相雜，即無一卦非〈乾〉、〈坤〉相雜，既相雜，則其文已見，各爻之象，固已雜撰乎陰陽，初不待別著〈文言〉，而義已顯著矣！此〈文言〉之所以獨見於〈乾〉、〈坤〉二卦也。孔子《十翼》，終以〈雜卦〉，以明全《易》之無一文不雜，雜之即文之也。《易》之雜字，皆陰陽相雜，實兼文章二貞之義。曰：「天地之雜也。」猶之曰：「天地之文章也。」自後儒以俗義詁經，釋雜字以爲夾雜、爲雜亂，皆非美義，遂有疑〈雜卦〉非孔子所作者，有謂〈雜卦〉但取各卦相雜，無甚意義者，雜字之義不明，宜〈文言〉之名亙古莫能解矣！〔註59〕

以上引文甚長，本當節引，然非全引，則無以完整呈現杭辛齋「博采兼綜諸家之說」之說《易》之法。上文乃杭辛齋對〈文言〉之釋義，共引姚信、劉瓛、孔穎達、陸德明、梁武帝、朱子、任釣台、惠棟、毛奇齡、阮元十家說法，並一一評騭，終以己論作結。

　　杭辛齋說《易》，實以釋名、正義以廣《易》道爲主，故此說《易》方式，時常見於其著作之中，並爲主要形式。如〈九六〉〔註60〕則博采兼綜孔穎達、邵雍、楊萬里、朱熹、來知德、王夫之六家之說，以明己說。又〈經卦別卦〉〔註61〕則引《周禮》、段玉裁、楊慎三家之說，對「別卦」釋名定義。又〈《易》有太極是生兩儀〉〔註62〕，則引《老子》、佛經、《莊子》、《列子》、韓康伯諸家之說，以明太極之義蘊。〈雜卦舉例〉〔註63〕則引孟喜、虞翻、韓康伯、鄭少梅、萬年淳、刁包、胡炳文、李光地、胡煦、王夫之等十餘家之說，以明〈說卦〉妙用。又杭辛齋不拘中西，嘗於〈象義一得〉引其友人北大日爾曼籍沙教授解剖狐腦，與道家狐仙修煉之說，以證成狐之爲坎象。以上諸例，僅杭辛齋《易》學著作中較爲明顯者，限於篇幅，姑不多列。

---

〔註59〕《學易筆談・二集》，卷1，頁8～13。
〔註60〕《學易筆談・初集》，卷2，頁73。
〔註61〕《學易筆談・初集》，卷3，頁112。
〔註62〕《學易筆談・二集》，卷1，頁1。
〔註63〕同前註，頁13。

杭辛齋說《易》，其法多方，旁徵博引，不限東西古今，其誠摯向《易》之心，令人神往。博采兼綜諸家之說，爲其說《易》方式之一要項。。

# 第八節　以新名詞與新概念說《易》

杭辛齋青年時游學同文館，習天文、曆算、理化諸學，故其說《易》，亦援引新名詞、新思想，此種說《易》方式，爲杭辛齋《易》學之一大特色。蓋其上結二千餘年之眾多《易》學思想，下啓科學《易》一家之說，其承先啓後之地位，應於《易》學史上占一席。

杭辛齋以當世變化甚速，雖言《易》道廣大，可以悉備，然載《易》之文字，則有侷限，不能一一言之。又時人多已不明國故，故欲以小學解《易》，無異臨渴掘井，緩不濟急，不若以國人感興趣之新學，假世界通用之名詞，會通其理以說《易》，俾能有知新之助，以利推廣《易》學。

其中數學、物理、化學、生物、考古、地理等諸學科，可以今日科學括含之，誠爲杭辛齋《易》學之重要內涵，故容後於第四章第四節：〈科學《易》學〉再舉例詳論，此節先言杭辛齋所以較特殊之新名詞、新概念說《易》部份。今就杭辛齋說《易》典籍所見，分別述之，以明杭辛齋此種說《易》之法。

## 一、援新名詞說《易》

### （一）愛克司光

杭辛齋〈五行化合〉言：

> ……化學家所驗得之空氣，仍爲有質之氣，而非無質之氣，故可吸收而貯之以器，或化分之而析爲淡氣、養氣，此即所謂透明之質也。若陰陽之氣，則超乎物質之上，并超乎精神之上，而爲天地眞元之氣所變化，爲生育萬物之根本。……陰陽之氣，有如西人近日發明之愛克司光氣，皆非物質所能阻，以其超乎物質以上之元體也。日後人類之智識日益進步，必能有術以顯此無形之元氣，而接觸於人目之一日，而其樞要，悉總括於《易》象，是賴有高識積學者，潛心以研求之，徒探索於枝葉之間，事倍而功不及半，終無能得其當也。〔註64〕

---

〔註64〕《學易筆談・二集》，卷3，頁151～152。

此引化學家實驗空氣中各種氣體之比例，比附陰陽之氣，超乎物質、精神之上，為天地萬事萬物之淵源，與氫、氧諸氣不相類。又以其時發現之「愛克斯光」（X-ray）比附，言其能穿透物質。

案：杭辛齋所言並非實情，仍有物質能阻「愛克斯光」，如厚鉛板、混凝土等。「愛克斯光」雖不可以肉眼見之，其本質仍為光線爾，更非如杭辛齋所定義：創生萬物之氣。二者本非同一層次，焉得比附？然吾人關切者，乃杭辛齋引新名詞說《易》之目的，其在以時人感興趣之新名詞、新概念，用以說《易》，以期國人重拾《周易》，並圖恢復民族之自信。

### （二）來復線

杭辛齋〈君子有攸往〉言：

> 〈復・象〉：「出入无疾。」……當〈復〉之初，不可不沈潛涵養以蓄其勢，故〈屯〉之初曰：「磐桓。」亦此義也，勢以蓄始壯近今所用之槍礮，其膛中均有螺旋線，令子彈在內盤旋蓄勢，則其出也更速而猛，此線譯稱曰：「來復線」，即〈復〉初出入无病之確實意義也。物理各有一定，皆出於天地之自然，時不問古今，地無間乎中西，至理所在，周有不合。〔註65〕

此以新名詞「來復線」說解〈復・象〉中「出入无疾」之「疾」，以「速」說之為優。蓋杭辛齋為國人介紹來復線者，而槍膛中之螺旋線，令子彈在內盤旋蓄勢，待子彈擊發之後，即順槍樘內螺旋線之方向射出，一則增加增加子彈之速度與穿透力，再則射擊之方向更為穩定，實有其效。以此說〈復・象〉：「出入无疾。」之「疾」有「速」義。

案：「來復線」者，杭辛齋說解其功能，大致無誤，足知其善習新說，並融會貫通以說《易》，此杭辛齋之聰明。然吾人細究，「來復」乃 Rifle 譯音爾，今譯多為「來福」，是真與〈復卦〉相涉乎？是杭辛齋此法，究其情，往往非實，權宜以格義，宜察其實而知其心。

### （三）十字架

杭辛齋〈十字架〉言：

> 泰西之十字架，相傳以為耶穌代眾人受刑，釘死於十字架上，故尊奉之，以為耶穌流血之紀念，此宗教家附會之說，不足信也。其實

---

〔註65〕《學易筆談・初集》，卷4，頁154～155。

　　十字架者，乃數學之交線也，數不交不生，如兩線平行，各不相交，
　　雖引之至於極長，縱環繞地球一周，仍爲兩平行線而已，不生數也。
　　惟兩線相交，成十字形，動則爲圓，靜則爲矩，而三角勾股八線，
　　皆由此生焉！此乃《幾何原本》之原本，實數學之初祖，與我國相
　　傳之〈兩儀圖〉天然之配偶也。〔註66〕

此將「十字架」與〈兩儀圖〉相提並論，以爲二者足爲東西近世學術源流之
代表。蓋「十字架」之「十」爲兩線相交，方能生數，且交線成勾股成三角
八線，推衍無盡，以成器物大盛，莫不導源於斯。〈兩儀圖〉者，分陰分陽，
爲理學之祖，由兩儀生四象，四象生八卦，化生萬物。

　　杭辛齋以爲三代而後，《易》學晦盲，加以王弼掃象，周子傳圖，致使
《易》道與象數離析，數學則流於西方，西方善用，精益求精，於是科學
昌明，幾侔造化，器物利用，形學（幾何學）發達，然皆吾國《易》道一
端。故杭辛齋以西學實亦可遠源於中土，此說有振興國故，恢復民族自信
之意存焉。

　　然杭辛齋言「十字架爲宗教家附會之說，不足信也」，甚爲不宜，猶言「河
出〈圖〉、洛出〈書〉純爲經學家附會之說，實臆斷之詞，不足信也」。觀上
文可知，杭辛齋以十字架與兩儀圖爲東西文化雙璧，古今中外學術源流，可
見其重視二圖之程度。杭辛齋以中西之學，各有其盛，亦有其弊，唯二圖共
源之《易》，乃蘊理、象、數一貫之道，可合而濟之，以臻至善，是其本其講
《易》說《易》之志爲說。

## （四）飛機

杭辛齋〈制器尚象〉言：

　　〈小過〉：艮下震上之卦也，雷在山上，而〈象〉曰：「飛鳥遺之音」。
　　古今說者語焉不詳。或云：「內外四陰爻如羽，故似飛鳥」。然一句
　　五字。只解得「飛鳥」二字，而「遺之音」三字荒矣。蓋「遺之音」，
　　「音」字由〈中孚〉之「翰音登於天」而來，難非登天之物，合兩
　　卦觀之，意義亦未能了然。不圖今日飛機之制，乃悉符〈小過〉之
　　象也。夫曰「飛鳥之象」，則象非眞爲鳥也可知，曰：「遺之音」，則
　　音之自上傳下也可知。今飛機之形，宛然飛鳥，而遺音亦正相類。〈小
　　過〉兩象，震得乾金之初氣，故輕而能舉。……震、艮相對，陰陽

---

〔註66〕同前註，頁192～193。

之數，爲一正一負。合觀之，飛機之材無不具矣。日本《古易斷》，

以〈震〉爲舟，舟行乎高山之上，非飛艇而何？〔註67〕

其以新名詞飛機以明〈小過〉之象。蓋〈小過〉䷽，艮下震上之卦，雷在山上，且〈象〉曰：「飛鳥遺之音。」杭辛齋不以舊說「內外四陰爻如羽，故似飛鳥」爲足，以其只解「飛鳥」，而未解「遺之音」。杭辛齋思近世發明之飛機，可解其疑團。蓋「遺之音」之「音」字可與上一卦〈中孚・上九〉：「翰音登於天」合觀，即飛機之制，可盡合〈小過〉之象。夫曰「飛鳥之象」，可象飛機。「遺之音」者，則飛機由天上遺下。

又杭辛齋以飛機之材質與〈小過〉䷽之震、艮兩象得證。其以震得乾金之初氣，故輕而能舉，乃指飛機以鋁爲材質。又〈謙〉䷠之言輕，亦以互震。伏巽爲繒帛，爲臭，大象坎爲輪，後天八卦方位中震、艮相對，陰陽之數，爲一正一負。合觀之，飛機之材質可明。杭辛齋又舉日本高島氏《古易斷》之意象〔註68〕：以〈震〉爲舟，舟行乎高山之上，會意其爲飛艇，其理亦同。

杭辛齋之以新名詞說《易》，蓋有其時空背景，當時西方文化挾其船堅炮利進入中國，故清廷遂興自強運動等改革。杭辛齋此處雖未明言，然其隱微處，乃覺「西方文化遠源於中國說」之可能性較大，杭辛齋此意，實囿於其自身之文化背景，詳見第一章第三節。

杭辛齋博采眾說，雖不免蕪雜好奇，然其心胸開闊，不自蔽於門戶之見，且善於懷疑之學術態度與勇於創新之精神，今日視之，猶有其不滅價值，此亦其《易》學可成一家之因。

## 二、援新概念以說《易》

### （一）新式教育

杭辛齋〈教育〉言：

河南張之銳氏，近世以新學講《易》者也，其論近世教育，足與《易》相印證者，略謂《易》之教育，約分五種，一曰蒙養教育，二曰國民教育，三曰人才教育，四曰通俗教育，五曰世界教育。……〈蒙〉之養正，蒙養教育也。……〈蠱〉之振民育德，國民教育也。……〈臨〉之「教思无窮，容保民无疆」，人才教育也。……〈觀・象〉

---

〔註67〕《讀易雜識》，頁22～23。
〔註68〕詳見《學易筆談二集・象義瑣言》。

之「省方設教」，通俗教育也。……〈无妄・象〉曰：「君子（案：
先王之誤）以茂對時育萬物」，世界教育也。〔註69〕

其引河南張之銳所言，以近世教育五種概念比附《易》學，並闡發近世教育
制度，爲我國所本有，無不悉備於《易》象。張氏之說，主要見於《易象闡
微》，嘗以化學言《易》，杭辛齋亦引之，詳見第四章第一節之二之六：〈《易》
數與自然科學之關係〉。杭辛齋采其說且注明之，足見其不敢掠人之美。

### （二）勞動神聖

杭辛齋〈高尚其事〉言：

夫不事王侯，無所謂高也。……夫曰「其事」者，乃各人所切己之
事，爲己所審擇而從事者是也。無論爲農爲工商、爲科學、爲美術，
必得其一而專精焉！高尚者，無以復加之謂，必專心一致於其事，
而更無他事焉可以尚之，而足動其歆慕者，斯其事始精，其業始高。
近日歐美學者之所謂「神聖」，如勞動神聖、職業神聖者，亦即高尚
其事之意也。〔註70〕

以歐美學者所謂「勞動神聖」、「職業神聖」之說法，比附〈蠱〉之「高尚其
事」，若人人能以勞動、職業爲神聖，則必能「高尚其事」，「不事王侯」乃人
之常。若人人能「不事王侯，高尚其事」則必於臻於〈蠱・上九〉：「元亨而
天下治矣」之境界。

杭辛齋此說特殊之處，在側重於「高尚其事」一句，與程《傳》、朱《義》
側重「不事王侯」一句，大異其趣。杭辛齋殆受歐美「勞動神聖」、「職業神
聖」新概念之啓發，故有此新說；加以杭辛齋爲革命志士，深具民主素養，
故決不以「不事王侯」爲高，亦自然之理。

### （三）自由、平等、博愛

杭辛齋〈進化新論〉言：

文王當殷紂暴虐之世，演《易》明道以救之，首曰：「〈乾〉：元亨利
貞。」孔子當春秋衰亂之日，復著《十翼》以闡明之，首以四德釋
元亨利貞，以明立人之道，與今日歐美崇奉之《救世箴言》，所謂博
愛、自由、平等者，隱然不謀而合也。「夫元者，善之長也。」仁也，
博愛，則近乎仁矣！尊重自由，不侵他人之自由，則協乎禮矣！平

---

〔註69〕《學易筆談・初集》，卷2，頁95～97。
〔註70〕《學易筆談・二集》，卷1，頁52～53。

等則「哀多益寡，稱物平施。」事無不當，而合於義矣！具此三者，

則貞固幹事，自綽乎有餘裕矣！故博愛、自由、平等，與文王元亨

利貞，孔子立仁與義之恉，均異地而同情，殊塗而同歸，均所以範

圍天地，曲成萬物，以維持人類以不敝者也。〔註71〕

上引「乾：元亨利貞」與歐美《救世箴言》：「自由、平等、博愛」，言二者不
謀相合：博愛近乎仁，自由協乎禮，平等則同「哀多益寡」，並引「立仁與義」，
杭辛齋認為「自由、平等、博愛」與「〈乾〉：元、亨、利、貞。」異地而同
情，殊塗而同歸，天地萬事萬物，莫備於《易》。

〈乾、坤、艮、巽時〉亦言：

今子平家亦用此二十四時推算，堪輿家所謂「二十四山」，亦本諸此，

可見其法相傳甚古，與六壬遁甲諸術，皆為三代時所已有者也。今

西洋鐘表，均每日分為二十四時，不知何以不相謀而相合如是也。

可見天地理數，悉出自然，決非人力可勉強為之者也。〔註72〕

杭辛齋以西洋鐘表之分一日為二十四小時，言子平家亦用二十四時推算，堪
輿家亦有二十四山之說法，終「天地理數，悉出自然」作結論，亦可為杭辛
齋以數統《易》提供一理論依據。

## （四）共和政治

杭辛齋〈同人而人不同〉言：

近世共和政治，無不先出紛爭，而卒歸於一致者。以土廣民眾，利

害互殊，非各通其志。無以劑其平也。於不同者而致於同，其同乃

出於安行困反，而絕無強迫，同於是乎可大而可久，此〈同人〉之

同，所以不諱其異，雖伏莽乘墉，而卒無礙於同也。若阿附曲從，

盡出於同，非不足粉飾於一時，而其志未通，其心不一，所謂「同

而不和」，又安能利君子貞？而臻〈同人〉之治哉！〔註73〕

其以近代共和政治之發展與〈同人〉相比附，蓋杭辛齋為革命黨人，推翻滿
清、反對洪憲，心志咸在建立共和政治，故其以〈同人〉與近世共和政治相
發明，其來有自。又杭辛齋《學易筆談》序言：「民主立憲，主權在民，為〈大
有〉象：社會政治，無君民上下之分，為〈隨〉象。」其理亦同。

---

〔註71〕《學易筆談·二集》，卷2，頁82～83。

〔註72〕《學易筆談·二集》，卷3，頁168～169。

〔註73〕《學易筆談·二集》，卷4，頁224。

　　以上所言，皆爲杭辛齋引新名詞、新概念以説《易》。然杭辛齋亦知科學並非萬能，有其限制。夫《易》道廣大悉備，若術家之説，合於《易》理者，杭辛齋亦引而證成其説，如〈五行化合〉言：

> 近世西學東漸，爲科學萬能之時代，種種學術，以實驗爲基，固足矯舊學空疏虛渺之弊，然不免偏倚於物質，而遺其精神，況物質之體類萬殊，亦斷非耳目之力所能聽睹無遺者，在顯微鏡未發明以前，則水中空氣中之微蟲，與人體之血輪，病毒之細菌，均無由見之，然不得因未見而謂無此物也。若顯微鏡之製更能進步，則必有更微更細之物發見，尚非今日所及料也。……蓋大氣之運行，旣周流無息，而陰陽之摩盪交錯，變化萬端，徧布於大地之上，理密如網，故術家以辰爲天羅，戌爲地網，遇五行之偏勝，於是有吉凶之分，而凶毒之甚者，猝中於人。〔註74〕

杭辛齋此言「科學萬能」時代之限制，在偏倚其物質而遺其精神，並以「顯微鏡」發明之例，證明諸多之前未得見者，咸因顯微鏡之發明而見，或益精良之顯微鏡後，復可見更精細之物，其領悟未可以未之見而曰其無。杭辛齋並以此理説明，不可因不明術家爻辰之説而逕言其迷信也，實世儒未察其妙爾。

　　杭辛齋以泰西新學與經傳相發明，此法於當世，實開風氣之先。時人或以其引新學入《易》，多爲附會，乃亂經侮聖之行。杭辛齋亦曾自思，其於〈象數瑣言〉言：

> 或曰：「子之所言，雖似偶合，然經傳未嘗明言，終不免出於附會。」
> 曰：「西人發明之新學新器，雖風靡全球，利溥區宇，當其創制之始，何一非出於附會者？蘋果之墜地，與重學何關？瓦缶之水蒸，與機器何關？兒童之玩具，與遠鏡何關？鳶飛魚行，與潛艇飛機又何關？乃卒一一比附其理，研求不輟，而各盡其功，使世界之空氣思想，均爲之一變！是遵何道哉？以彼本無憑藉，故不得不就天地自然之現象，以觸悟其靈機，而我則先聖已極象而明其用，極數而通其變，成書具在，視彼所尚之象，其難易勞逸相去，不可以道里計，乃猶諉爲附會，自甘暴棄，余又何言？雖然，先聖已預言之矣！曰：「東鄰殺牛，不如西鄰之禴祭。」然則《易》象之昌明，或猶將假諸他

〔註74〕《學易筆談・二集》，卷3，頁149～150。

人之手乎？吾不禁悁然以悲矣！〔註75〕

杭辛齋以爲大凡新說之始，人多以附會而嗤笑，故其不以爲意，雖千萬人亦往矣！杭辛齋著眼當時西方強大原因，乃歷工業革命後，器用大盛，其發展關鍵在水、火、電等物質巧妙運用，而有引擎、蒸氣機等，以牽動諸多機器。然則杭辛齋回首經傳，見〈既、未濟〉兩卦中有「曳其輪」，明白示之「水火有曳輪運機」之功用，離又爲電，其意乃在中國早已有工業革命發生之要素，然何以讓西方後發先至？杭辛齋歸咎其因有二：其一，維新之士，吐棄舊學。其二，舊學諸儒，未明新機。不然，思「制器尚象」之道，發揮光大，中國必不至當時之積弱。故知杭辛齋所以會通中西古今諸法以說《易》者，實有其深意。

杭辛齋以《易》窮則變，變則通，通則久，足以合中西之學，若能融會而貫通之，則可以此有餘，助彼不足，各濟其平，互得其當，是則《易》之大用，杭辛齋不辭衰老，終身戮力習《易》說《易》之因，殆即在此。

觀杭辛齋說《易》之法多端，力貫東西，不分古今，唯以明《易》道以濟世爲志，歸納其說《易》方式，約分爲〈講《易》與詁經不同〉、〈无一字閑文〉、〈以象數說《易》〉、〈援用《周易》經傳〉、〈徵引群經諸子〉、〈小學訓解說《易》〉、〈博采兼綜諸家之說〉、〈以新名詞與《易》相發明〉八類如上。蓋杭辛齋上結二千餘年之眾多學者之《易》說，下啓科學《易》一系之說，其居承先啓後之地位，可謂近代重要之《易》學家。

---

〔註75〕《學易筆談‧二集》，卷4，頁247～248。

# 第三章　杭辛齋歷代與國外《易》學述評

　　《易》之發展，源遠流長：始於畫卦，繼之重卦，繫以卦爻辭，輔以《十翼》，自漢以降，注者不下千家，四庫館臣分諸家之說爲「兩派六宗」，《四庫全書總目・經部・易類提要》有言：

> 漢儒言象數，去古未遠也，一變而爲京、焦，入於磯祥，再變而爲陳、邵，務窮造化，《易》遂不切於民用。王弼盡黜象數，說以《老》、《莊》，一變而胡瑗、程子，始闡明儒理。再變而李光、楊萬里，又參證史事，《易》遂日啓其論端，此兩派六宗，已互相攻駁。〔註1〕

足見《易》道廣大，無所不包，古今中外學說，多可援《易》以爲說。歷代學者，殫思盡慮，注入活水，萬川爭流，《易》道燦然可觀，故今日所見《易》說，郁郁彬彬，歷久彌新。

　　杭辛齋《易》學著作中，對歷代《易》學發展，時有品騭，不乏珠璣，今依其著作，分先秦、兩漢、晉唐、宋人、元明、清代諸朝代，以明其對歷代《易》學發展之述評。

　　再者，杭辛齋不以本國歷代《易》學著作爲饜，凡可及見，皆盡力求索而觀覽，故其於日本、美國《易》學發展之狀況，亦能著眼描述，可知其胸襟開闊，視界高超，其講《易》說《易》，不主一家、無分東西，拳拳闡《易》之心，誠見其力透紙背而出。今請分節述焉。

---

〔註1〕永瑢、紀昀等：《欽定四庫全書總目》（臺北：臺灣商務印書館，1983年），卷1，頁54。

# 第一節　歷代《易》學批評

## 一、三代《易》學

　　古人稱《易》，非徒《周易》，乃有所謂「三代《易》」之稱，如《周禮・春官・宗伯》：「大卜掌三《易》之法：一曰：《連山》，二曰：《歸藏》，三曰：《周易》，其經卦八，別皆六十四也。」又曰：「簭人掌三《易》，以辨九簭之名：一曰《連山》，二曰《歸藏》，三曰《周易》。」可知三《易》之法，應曾存在。

　　唯今僅傳《周易》，至於《連山》、《歸藏》所成之時代與作者，由於文獻不足徵，歷代學者，各有說法。如孔穎達《周易正義序》引杜子春之言：「《連山》伏羲，《歸藏》黃帝。」又引鄭玄〈易贊〉及〈易論〉云：「夏曰《連山》，殷曰《歸藏》，周曰《周易》。」鄭玄又釋云：「《連山》者，象山之出雲，連連不能絕；《歸藏》者，萬物莫不歸藏於其中；《周易》者，言易道周普，无所不備。」〔註2〕可知孔穎達之前，學者已各有其說，然孔氏又不以先儒為然，自創新說，其言：「案《世譜》等群書，神農一曰連山氏，亦曰列山氏；黃帝一曰歸藏氏。既《連山》、《歸藏》並是代號，則《周易》稱周，取岐陽地名，《毛詩》云：『周原膴膴』是也。」〔註3〕

　　吾人可由孔穎達之說整理三家對《連山》、《歸藏》之作者時代大要：

　　其一：杜子春主《連山》為伏羲之《易》，《歸藏》為黃帝之《易》。

　　其二：鄭玄主《連山》、《歸藏》、《周易》各為夏、商、周三代之《易》。

　　其三：孔穎達主《連山》為神農之《易》，《歸藏》為黃帝之《易》，《周易》為周代之《易》。

　　杭辛齋對三代《易》學，可謂雜糅杜、鄭、孔三家之說而來，〈上古之易〉中言：

> 上古之世，無所謂《易》也，但後世之《易》，實本於庖羲，故《周官》掌太卜者有三《易》之稱，因周以《易》名，遂追諡《連山》、《歸藏》皆謂之《易》。況八卦成列，有形、有象、有聲，實已備具文字之作用。因而重之為六十四卦，益之以變化，固已肆應而不窮矣！此庖羲之《易》，所以為我國文化之初祖也。

---

〔註2〕孔穎達：《周易正義・序》，《十三經注疏》（臺北：藝文印書館，1983 影印嘉慶二十年江西南昌府學本），第 1 冊，頁 5～6。

〔註3〕同前註。

由上文可知，杭辛齋以後世之《易》，本於庖羲。此說同於杜子春之說。殆本
於〈繫辭傳下〉：「古者庖犧氏之王天下也，仰則觀象於天，俯則觀法於地，
觀鳥獸之文與地之宜，近取諸身，遠取諸物，於是始作八卦，以通神明之德，
以類萬物之情。」故有此說。又以《周禮》有三《易》之說，乃因先有《周
易》之名，故向上追溯《連山》、《歸藏》之名。杭辛齋又以庖羲之《易》為
我國文化之初祖，亦可見杭辛齋以古往今來之一切學術，皆可上推至《易》，
此觀點常見於杭辛齋《易》學著作中，亦為其重要之《易》學觀。

　　杭辛齋又曰：

　　　　庖義氏沒，神農氏作，斲木為耜，揉木為耒，耒耨之利，以教天下；
　　　　日中為市，致天下之民，聚天下之貨，交易而退，各得其所。是已
　　　　由游牧而進于農商，且規模宏遠，政教并行。又嘗百草以禦疾疢，
　　　　民无夭折，創制顯庸，澤及萬世。然其時文字未興，所賴以為政治
　　　　之具者，實維庖義所遺傳之卦象。度神農氏必有所增而變通之，是
　　　　名《連山》，相傳以重艮為首，經卦皆八，重卦皆六十四也。故神農
　　　　為炎帝，亦號列山氏。

此言《連山》為神農氏之《易》，此說同孔穎達。蓋杭辛齋亦本〈繫辭傳下〉：
「庖義氏沒，神農氏作」，其言《連山》上承庖義之《易》而來，並有所增益。

　　復曰：

　　　　神農氏沒，黃帝、堯、舜氏作，通其變使民不倦，神而化之使民宜
　　　　之。《易》窮則變，變則通，通則久。蓋至是文明日進，制器尚象，
　　　　人事日繁，而舊有之八卦，不足以應用，於是廣卦象為六書，而文
　　　　字以生，益以天干地支，而陰陽五行之用愈精。吹律定聲，民氣以
　　　　和，而禮樂以興，本黃鐘以定度量權衡。治曆明時，定璇璣玉衡以
　　　　齊七政，絕地天通，百官以治，萬民以察，而《易》為之用，益無
　　　　乎不備。故黃帝之《易》曰《歸藏》，以坤乾為首者也。堯舜繼黃帝
　　　　之後，於變時雍，垂衣裳而天下治。今讀〈繫辭下傳〉之二章，上
　　　　古進化之歷史，與三《易》之源流，可概見矣！此上古之《易》也。

〔註4〕

此言《歸藏》為黃帝之《易》，同杜子春、孔穎達之說。杭辛齋以黃帝、堯、
舜「通其變使民不倦，神而化之使民宜之」，制器尚象，文明日進；廣卦象為

---

〔註4〕《學易筆談·初集》，卷1，頁1。

六書，而有文字；復益之天干地支、陰陽五行；治曆明時，絕地天通（人文精神躍動），將《易》之用，擴之大備，天地萬事萬物之理，莫不歸藏《易》中，是其命名之由。

除依〈繫辭傳下・第二章〉之說，以後世之《易》，本於庖羲，《連山》為神農氏之《易》，《歸藏》為黃帝之《易》。〈三代之政綱本於《易》〉又言：

> 制度文物，皆出於《易》，故曰：「觀其會通，以行其典禮。」《易》在三代，不啻為政治之書，夏宗《連山》，其禮樂政刑胥以《連山》為則；殷宗《歸藏》，其禮樂政刑胥以《歸藏》為則。今夏殷之制，不可悉睹，而《周禮》一書，雖經竄改，而周家之典章文物，猶可得其梗概，足與《周易》相印證。自秦漢以降，目《易》為卜筮之書，政失其綱也久矣。〔註5〕

可知杭辛齋主《易》於三代，不徒為政治之書，凡禮樂政刑，咸法於《易》，其中夏宗《連山》，商則《歸藏》，周法《周易》，此說則又與鄭玄相合。然杭辛齋又言夏、商之禮制，因今傳《連山》、《歸藏》無法辨其真偽，故不可悉睹，而周代之禮制，可由《周禮》得其梗概，可與《周易》印證，杭辛齋《易》學之特色，在求其廣大、求其周全，不主一家，並申己說。由杭辛齋論三代《易》學，其說含括杜子春、鄭玄、孔穎達之說，幾一網打盡，足見一斑。

杭辛齋之時欲論三代《易》學，所見資料不多，即〈繫辭傳下〉、《周禮》所載，故雜糅歷代學者之說，盡可能使其立說更加全面，已屬不易。然杭辛齋聰明，更將三代《易》學，與中國三大學術派別作一連結，〈學術之派別出於《易》〉言：

> 黃老墨家出於禹，而實濫觴於神農，《孟子》有神農之言者許行，主並耕之說，亦墨家之別派也。儒家集大成於孔子，《論語》曰：「文王既沒，文不在茲乎？」則孔子固自承為繼續文王者也，故儒家之學，出于《周易》；道家之學，出于《歸藏》；墨家之學，出於《連山》，各有所本。〔註6〕

杭辛齋由《孟子》中許行之言，與《論語》中孔子之言，推得墨家之學，出於《連山》；道家之學，出於《歸藏》；儒家之學，出於《周易》。此論說雖有推論不夠周延之嫌，然吾人亦無充實證據推翻其說，其說言之亦有其理，此

---

〔註5〕同前註，頁2。
〔註6〕同前註，頁5。

則杭辛齋《易》學之另一特色，即凡不同學說有相通處者，杭辛齋多以聰明會通之，此亦可見其學術性格。

　　案：《連山》、《歸藏》是否爲夏、商二代之《易》，歷代學者多以《周禮》、《周易正義・序》論說，然諸說並起，無所適從。世所傳《連山》、《歸藏》，其著作時間，當不早於戰國，屈萬里已詳考之〔註7〕，故實非《周禮》所載夏商《易》，且《周禮》之出，乃西漢河間獻王以重金購得，故若作爲論證三代《易》說之唯一證據，吾人亦須謹愼思辨之。1995 年荊州博物館發表《江陵王家台 15 號秦墓》之考古報告〔註8〕，內容爲 394 枚約 4000 餘字之《易占》竹簡，有學者推論其即爲商《易》《歸藏》〔註9〕；亦有學者反對之，以爲是乃戰國作品，時代後出於《穆天子傳》〔註10〕。此簡與商《易》《歸藏》之關係究竟爲何，目前雖尙無定論，然已於三代《易》學之研究，提出另一思考方向。

## 二、兩漢《易》學

　　杭辛齋雖言其治《易》，不拘漢宋，一視同仁，然究其情，則不免揚漢抑宋。試觀其兩漢《易》學之批評，可知杭辛齋以京、焦之術不可抑，又以經傳中固有飛伏、世應、五行、順逆等，皆有跡可考，且漢人去古未遠，所傳較接近經傳原貌，故甚重兩漢《易》學。

　　兩漢《易》學之內涵，實以象數爲主。象數者，實爲《易》學之重要要素，〈繫辭傳上〉：「聖人設卦，觀象設卦，觀象繫辭焉而明其吉凶」、「君子居則觀其象而玩其辭，動則觀其變而玩其占」可知「象」實爲經傳之重要要素。〈繫辭傳上〉又曰：「大衍之數五十」、「天地之數五十有五」、「天一、地二、天三、地四、天五、地六、天七、地八、天九、地十。天數五，地數五，五位相得而各有合」亦可知「數」於經傳固已有之。故研《易》者，不宜逕自略去象數。杭辛齋於獄中受長者傳京氏《易》，其以漢人去古未遠，所傳較接近《易》學原貌，故杭辛齋評漢人《易》學，褒逾於貶，故杭辛齋說《易》

〔註7〕屈萬里：《先秦文史資料考辨》（臺北市：聯經，1983），頁 452。
〔註8〕荊州地區博物館：〈江陵王家台 15 號秦墓〉，《文物》，1995 第 1 期。
〔註9〕如李家浩、廖名春等，詳參任俊華、梁敢雄：〈《歸藏》、《坤乾》源流考〉——兼論秦簡《歸藏》兩種摘抄本的由來與命名〉，《周易研究》，2002 年第 6 期，頁 15。
〔註10〕詳見朱淵清：〈王家台《歸藏》與《穆天子傳》〉，《周易研究》2002 年第 6 期，頁 9～13。

之法，亦以象數爲主。

杭辛齋之兩漢《易》學史觀，大致上承《史記・儒林列傳》〔註11〕、《漢書・藝文志》〔註12〕、《後漢書・儒林列傳》〔註13〕之說法，〈兩漢《易》學之淵源〉言：

> 漢代《易》學，以施、孟、梁丘三家爲盛。京氏專言災異，高氏亦與京略同。至東漢傳施學者，有劉昆，及子軼；傳孟學者，有渥丹鮭、陽鴻、任安；傳梁丘學者，有范升、楊政、張興，及子魴，皆不甚顯。至漢季獨費《易》盛行，若馬融、鄭玄、荀爽、陸績、劉表、宋衷諸人，皆習費氏古文《易》，孟學獨一虞翻，施、梁之學無聞矣！〔註14〕

除本《史記》、《漢書》、《後漢書》之說外，更於諸家傳承概況，詳加介紹，所傳弟子，多可見於《後漢書》。又其提出《易》學厄於王莽之理論，實有新意，值得參考。

杭辛齋之評漢《易》學家，主以京房、王莽、揚雄三家爲主，其中王莽雖非《易》學家，然於兩漢《易》學發展有重要影響，其述評如下。

## （一）京房述評

京房（京君明）之說，爲杭辛齋《易》學淵源之重要部份，至於京房生

---

〔註11〕 司馬遷：「自魯商瞿受《易》孔子，孔子卒，商瞿傳《易》，六世至齊人田何，字子莊，而漢興，田何傳東武人王同子仲，子仲傳菑川人楊何。何以《易》，元光元年徵，官至中大夫。齊人墨成以《易》至城陽相。廣川人孟但以《易》爲太子門大夫。魯人周霸，莒人衡胡，臨菑人主父偃，皆以《易》至二千石。然要言《易》者本於楊何之家。」詳見司馬遷：《史記・儒林列傳》（臺北：藝文印書館據清乾隆武英殿本景印，1962），頁1277。

〔註12〕 班固：「漢興，田何傳之。訖于宣、元，有施、孟、梁丘、京氏列於學官，而民間有費、高二家之說。劉向以中古文《易經》校施、孟、梁丘經，或脫去『 咎』、『悔亡』，唯費氏經與古文同。」見班固：《漢書・藝文志》（臺北：藝文印書館據清乾隆武英殿本景印，1962），頁876。

〔註13〕 范曄：「田何傳《易》授丁寬，丁寬授田王孫，王孫授沛人施讎、東海孟喜、琅邪梁丘賀，由是《易》有施、孟、梁丘之學。又東郡京房受《易》於梁國焦延壽，別爲京氏學。又有東萊費直，傳《易》，授琅邪王橫，爲費氏學。本以古字，號古文《易》。又沛人高相傳《易》，授子康及蘭陵毋將永，爲高氏學。施、孟、梁丘、京氏四家皆立博士，費、高二家未得立。」詳見范曄：《後漢書・儒林列傳》（臺北：藝文印書館據清乾隆武英殿本景印，1962），頁1122～1126。

〔註14〕 《學易筆談・初集》，卷1，頁8。

平，已於〈漢有兩京房〉明言。杭辛齋認爲：京氏之《易》，不可遽以其爲術數而去之，蓋經傳中本有「世應」、「飛伏」、「納甲」、「辟卦」諸法，故不宜輕廢之，且京氏《易》之八宮、世應、納音、納甲部分，至今流傳，且可與經書相參證，實爲重要。

京房之於杭辛齋，猶孟子之於陸象山，其重要性不言可喻，然已於第一章第二節之二〈學繼京氏易〉，就杭辛齋《易》學著作中對京房《易》之述評，有專文論述，茲不復贅。

### （二）王莽述評

杭辛齋對於兩漢《易》學史，有一較爲特出看法，即對西漢《易》學之盛，何以轉至東漢，即呈一相對衰弱之局勢？其後徒有虞翻延孟氏一家之學，〈《易》學厄於王莽〉點出此一現象：

> 《易》學於西漢爲盛，迺至東京，幾成絕響。……嘗疑東西二京，相去非遙，何以《易》學之驟衰落，一至於是！此其中必有原因。……蓋西漢《易》學既盛，而讖緯之說，又成俗尚。西京士大夫，往往侈言陰陽，觀馬、班諸書所錄書疏，可見其概。莽初則利爲已用，名位既成，惡而去之，乃勢所必然，竄改五經之作用，亦此物此志焉！〔註15〕

杭辛齋以爲《易》學於王莽時期，應受大量破壞，可解上述不尋常學術發展之疑。蓋王莽既利用讖緯之說得天下，而後憚異己有樣學樣，故惡讖緯而去之，亦殃及《易》。杭辛齋此說其言有徵，鮮爲人注意，足供參考。

### （三）揚雄述評

揚雄《太玄》，體大周密，亦爲利人習《易》之作，杭辛齋於〈爻數第十三〉言：

> 揚子雲知《易》象、數、理之精，恐後人不解乃苦心焦思，作《太玄》以明數，作《法言》，以仿《論語》，非擬經侮聖也。其意欲人之由淺入深，因《太玄》而進於《易》，因《法言》而悟《論語》之作法，用心良苦，乃後人並《太玄》不能解，何有於《易》，讀《論語》注疏，更蔑視《法言》，又以朱子綱目「莽大夫」三字作揚雄定語，後世遂存以人廢言之成見，《太玄》、《法言》乃眞成覆醬瓿之物，

---

〔註15〕《學易筆談‧初集》，卷2，頁78。

《太玄》、《法言》不足惜，《易經》、《論語》法象數度之不明，貽人
心世道之憂，良足痛焉！〔註16〕

杭辛齋以《太玄》、《法言》乃揚雄續經諸作，後人以「莽大夫」而廢其言，
寧不哀哉！蓋揚子雲作《太玄》以明數，其深意欲人之由淺入深，爲習《周
易》之助，用心良苦。而杭辛齋於《易》學晦盲之際，毅然以習《易》說《易》
爲志，故不辭衰老，致力闡明《易》之理、氣、象、數之精微。然尚畏時人
以象數雜瑣而揚棄其說。故杭辛齋之傷子雲，良有以也。

## 三、晉唐《易》學

杭辛齋述評晉唐《易》學家，主以虞翻、王弼、孔穎達、李鼎祚四家爲
主，其述評如下。

### （一）虞翻述評

杭辛齋評論虞翻，主要見於〈虞《易》平議〉：

虞仲翔生於易代之際，世道人心，江河日下，說《易》大師，有曲
說阿時以聖經爲羔雁者矣！故憤時疾俗，或不免有過激之論，如以
〈坤〉初爲子弒其父臣弒其君，謂〈坤〉陰漸而成〈遯〉弒父，漸
而成〈否〉弒君，於象義亦未允當。要皆有爲而言，其納甲消息，
皆與荀氏升降之說針鋒相對，意尤顯然。辛以之正立論，明天地大
義，以「〈既濟〉定也」爲歸，期人心之不正者，胥歸於正，於是乎
世亂或可少定。此虞氏之苦心孤詣，千載而下，猶皭然可見者也。
〔註17〕

其評虞氏《易》過於激烈，蓋因其生於三國時代，紛爭動亂，學者之中亦有
如荀慈明之以《易》爲羔雁，虞氏針鋒對之，故常有過激之語，於象數亦非
允當。然其苦心，在正天下人心之不正者歸於正；其心耿直，不見容於世，
被貶嶺南，故其說有憤世之論。杭辛齋此時亦於嶺南說《易》，故其感觸益深。
民國初年，局勢洶沸，實如虞翻之世，千載以下，二人同心，咸欲以《易》
道濟天地人心。

虞翻《易》學特色主要有二，乃在旁通與半象，皆在廣象以說《易》。其
中旁通者，乃指本卦陽爻變爲陰爻，陰爻變爲陽爻，轉爲與本卦對立之卦，

---

〔註16〕《易楔》，卷5，頁209。
〔註17〕《學易筆談·初集》，卷3，頁119。

又此二卦實有可以相通之處，謂之「旁通」。虞翻以〈比卦〉☷☵與〈大有〉☲☰旁通，〈履卦〉☱☰與〈謙卦〉☷☶旁通，此乃卦變之法，本卦可出旁通卦，復引出變卦，廣其象以解經傳。杭辛齋於虞翻之旁通法，有以下批評：

> 虞仲翔以卦之旁通釋之，雖極竟彌縫，究與經相牴牾，如〈履‧象〉曰：「柔履剛也。」虞曰：「〈坤〉柔乘剛。〈謙〉、〈坤〉藉〈乾〉，故柔履剛。」又「履帝位而不疚。」虞曰：「〈謙〉、〈震〉爲帝，〈坎〉疾爲病，至履帝位〈坎〉象不見，故履帝位而不疚。」此謂〈履〉與〈謙〉通，〈謙〉上體有〈坤〉，互體有〈震〉、〈坎〉也。然經云：「說而應乎〈乾〉。」謂下〈兌〉上〈乾〉也。若取義於下〈艮〉上〈坤〉之〈謙〉，則是止而應乎〈坤〉矣！豈說而應乎〈乾〉之謂乎？
>
> 亦逐卦指駁，謂〈彖〉、〈象〉釋《易》者也，不合於〈彖〉、〈象〉，尚望其於《易》乎！〔註18〕

此杭辛齋評虞氏旁通之說，如其言〈履卦〉☱☰與〈謙卦〉☷☶旁通時，其中〈謙卦〉☷☶之上體有坤，其互體有震、坎，然〈履‧象〉：「〈履〉：柔履剛也，說而應乎〈乾〉。」然之上體有坤，其互體有震、坎，而不見乾，何來「說而應乎乾」，故杭辛齋以爲虞翻旁通雖極竟彌縫，究與經文相牴牾，則其大病。此亦可見杭辛齋力尊經傳，以其一字不可易，且一字一句莫不以他字相通貫之《易》學認知。

復次，虞翻《易》學之另一特色爲半象之說。半象者，爲半體之象，蓋以三畫卦之上二畫或下二畫爲半象，亦爲廣象以說《易》之法。杭辛齋亦於〈半象《易》兩象《易》〉批評如下：

> 虞氏半象之名，未能達意，且別無詳晳之釋文，宜淺近者之詫爲無理焉！……虞之失在「半象」二字之辭不達意，謂其立名未當則可，謂爲無所適從不可也，至虞氏之所謂兩象《易》，實即上下錯。孔子〈雜卦〉亦即兩卦之上下交錯，六十四卦以交錯見義者，不勝枚舉，如〈履〉上下錯，爲〈姤〉；履，柔履剛也。〈屯〉上下錯爲〈解〉，〈屯〉，雷雨之動滿盈，〈解〉，雷雨作而百果艸木皆甲坼。〈恆〉上下錯爲〈益〉，〈恆〉，立不易方，〈益〉爲益无方，皆兩象《易》也，苟以爲非，則孔子之〈彖傳〉亦盡非乎！〔註19〕

---

〔註18〕同前註，頁117～118。
〔註19〕同前註，頁121～122。

此評虞氏「半象」之失在名稱之辭不達意，然不可謂無其實。又「兩象《易》」者，杭辛齋以爲其說於〈雜卦〉、〈象傳〉中皆有其實。即兩卦之上下交錯，六十四卦以交錯見義者，如〈雜卦〉曰震起兌見，巽伏艮止等說，是虞翻所言「兩象《易》」之實，有其理論根據。故知杭辛齋以爲，虞翻之「半象」、「兩象易」，則經傳有證據，不可抹其實。唯「半象」詞不達意，故杭辛齋於此特暢發之。

### （二）王弼述評

杭辛齋雖好漢《易》，其論王弼《易》學時，仍是其是而非其非，不以其影響漢《易》之流傳而盡廢其說，如〈王弼爲後生所誤〉言：

> 輔嗣說《易》，陳誼甚高，而文辭雋逸，超乎物外，故能得意忘象，司空表聖所謂超於象外得其環中者，其斯之謂歟？惟必超乎象之外，方可以忘象，如探驪龍之頷而旣得其珠，則龍亦廢物，更何論乎魚兔之筌蹄，旣畏象數之繁賾奧衍，莫窺其蘊，喜王氏之學，可以避去繁賾奧衍之象數而說《易》也，於是群焉奉之爲圭臬，而又病輔嗣陳義之過高，未能企而及焉！乃曰：「此玄談也，非孔子之道，爲王《易》之微疵焉！」吾輩舍其短而取其長，斯盡善盡美，白圭無玷矣！……不知王《易》之所以能掃象而仍無礙其說者，正惟其深得玄理，故能獨超乎意象之表也。乃以玄談爲病而去之，則所存之不病者，皆糟粕耳，猶冥然自侈爲輔嗣之功臣，致令後世宗漢《易》者以掃象爲王氏罪，曰：「輔嗣之學行無漢《易》。」輔嗣豈任受哉！〔註20〕

杭辛齋以王弼陳義甚高，文辭雋逸，然學者言之掃象，杭辛齋實不以爲然。蓋王弼嘗著〈明象〉等篇，乃深知象數者，故能出入象數，而不爲象數所拘泥，然後人唯見其擺落象數，遂喜其清簡而不復言象數，是輩若再言《易》，亦難以得全，經學實爲之晦盲！亦有不明王弼《易》學之精深者，逕以其雜染玄談而非其說，杭辛齋亦爲王弼鳴不平。再者，亦有學者以王弼之說，掃象而無漢《易》，後世習漢《易》學者，咸訾王弼，是皆未得其情，杭辛齋亦非之。

弼之說出，後世學者多宗之，是則漢《易》諸家之學，遂不得其傳，此則杭辛齋所深惜者，亦不爲王弼諱，其於〈晉唐之《易》學〉亦言：

---

〔註20〕《學易筆談・初集》，卷2，頁79～80。

弼之說《易》，不盡宗費，屏棄象數，專以玄理演繹，自謂得意忘象。
又分《繫》、《象》諸傳於經文之下，學者以其清雋新穎，且簡便而
易學也，靡然宗之。由是施讎、梁丘諸家之《易》盡亡，費氏之古
本，亦爲所淆亂，而盡失其本來面目矣。〔註21〕

杭辛齋評王弼說《易》，造成施讎、梁丘賀諸家《易》學不傳，亦因其說《易》
不盡宗費，自出機杼，故費氏《易》亦被淆亂，然學者以王弼《易》學清簡
易學，故靡然從之，漢《易》諸說之說，逐漸亡佚，象數不傳，此亦杭辛齋
之以象數說《易》動機之一。

### （三）孔穎達述評

杭辛齋評孔穎達《易》學，著眼其崇王抑鄭之注疏方式，其於〈晉唐之
《易》學〉言：

孔穎達疏《易》，復崇王學而黜鄭，大學肄業，一以王注爲本，古《易》
遂不可復見。〔註22〕

其評孔穎達疏《易》之取向，在崇王弼抑鄭玄，故古《易》遂不得見，
此則杭辛齋深惜者。然幸李鼎祚《集解》之蒐集漢人說法，則可約略得知漢
《易》之情況，伏流至清，遂有漢《易》之復興，杭辛齋亦得長者授其京氏
《易》，其來有自。

### （四）李鼎祚述評

杭辛齋評李鼎祚之《易》學，許其集漢人《易》學，其功甚偉，〈晉唐之
《易》學〉言：

孔穎達疏《易》，⋯⋯古《易》遂不可復見，賴李鼎祚《集注》，掇
拾殘闕，搜集漢注至三十餘家，窺管一斑，全豹之形，尚可約略而
得，後人之言漢學者，莫不循是蹊徑，以爲登峰造極之基。至滿清
中葉，王念孫、惠棟、張惠言、焦循諸家，皆精研漢學，單辭隻義，
不惜殫畢生之全力以赴之！〔註23〕

上評李鼎祚《易》學，乃上承孔穎達疏《易》之影響而來，蓋孔疏崇王抑鄭
玄，漢人《易》說遂隱晦亡失，然幸賴李鼎祚《周易集解》之蒐集漢人三十
餘家之說，則漢《易》鱗甲，得以傳世，實可寶之古籍。伏流至清，竟有王

---

〔註21〕《學易筆談・初集》，卷1，頁8～9。
〔註22〕同前註，頁9。
〔註23〕同前註。

念孫、惠棟、張惠言、焦循諸家，皆精研漢學者，漢《易》爲之復興，杭辛齋亦得承其緒，鼎祚之功盛矣！

## 四、宋人《易》學

宋代諸儒之《易》學，上承漢唐《易》學而來，故象數解《易》有之，義理解《易》有之，其特出者，乃以圖書解《易》，如周敦頤演圖作〈太極圖說〉、《通書》以廣說《易》。然綜觀則以上諸法，宋儒多以義理解《易》爲主流。杭辛齋說《易》之法多端，然以象數爲主，故於宋人義理說《易》之處，評諸空言性理，以其說《易》蹈空不實，如《學易筆談·述怡》言：

> 譬若升高必以梯，而梯非高也；求飽必以飯，而飯非飽。宋後講《易》，
> 開口言性理、言道統，是猶指梯而稱高，看飯而說飽也。

杭辛齋以宋儒說《易》之病，乃在開口言性理、求道統，是則離象數以言《易》，難得其全矣！可知杭辛齋所言升高必以梯，求飽必以飯，其意乃喻象數之於《易》者，甚爲重要且不可離棄，說《易》者不可不言及之。杭辛齋又於〈出入无疾〉言：

> 宋儒以聖人之道，爲方頭巾者所獨占，排斥百家，頌言翊聖，實自隘自錮，而幷以隘人，以錮天下後世，佛氏之徒，力矯其失，曰：「道在矢槪。」雖未免褻道，實亦宋儒對症之良藥也。〔註24〕

逕指宋人說《易》之弊，在排斥他說，自隘自錮，杭辛齋之言，或有過激之處，然亦可窺其揚漢抑宋之《易》學好惡。

〈象義一得〉亦言：

> ……《易》以道陰陽，原本天地之數，以著天地之象，以通神明之德，以類萬物之情，非數則無以見《易》，非數即無以見象，未有象不明而能明《易》者也。舍象以言《易》，故宋儒之言性理，往往流於禪說而不自知，舍《易》以言象，方士之鼎爐，每每陷於魔道而殺其身。唯之與阿，相去幾何？然方士之說，不足以惑人，尚爲害之小者也。〔註25〕

杭辛齋之《易》學特色，在融鑄象數、義理、圖書、科學於一爐，宋儒說《易》側重義理，甚有援引禪說者，是其所病。杭辛齋引方士煉丹之弊，陷魔殺身

---

〔註24〕《學易筆談·二集》，卷1，頁48～49。
〔註25〕《學易筆談·初集》，卷3，頁129。

為小，婉言宋儒說《易》入禪，蠱惑人心，其弊益大矣！可見杭辛齋對宋人以性理說《易》而略象數者，實揚少抑多。

至於宋《易》發展之概況，杭辛齋〈宋人之《易》學〉言：

> 宋人講《易》，自司馬溫公以至程夫子，大抵皆不出王弼範圍。《周子通書》，發明〈太極圖〉，為理學之宗，與《易》學尚無甚關涉也。自邵康節創為先天之說，……立說與漢人完全不同，不啻在《易》學中另闢一新世界。至朱子撰《周易本義》，取〈河圖〉、〈洛書〉與先天大小方圓各圖，弁諸卷首。又另著《易學啟蒙》以闡明之。而後邵子之先天學與《易經》相聯綴，歷宋元明清，皆立諸學官，定為不刊之程式。……朱子《本義》，頗能矯王弼以來空談玄理之弊，而注意於象數，故取用邵子之說頗多，顧未能會通全《易》，博采兩漢諸家之說，以明聖人立象之意，又泥於門戶之見，不敢暢所欲言，而以聖人以卜筮教人一言，為立說之本義，此何異以璇璣玉衡為定南北方向之用，不亦隘乎！〔註26〕

此為宋《易》作一簡史：自司馬溫公以至程夫子，大概同王弼之說。然周子《通書》，為理學之宗，杭辛齋以其與《易》學尚無關係。邵康節則另闢境界，以其創先天之說，獨樹一幟，而後朱子取其〈河圖〉、〈洛書〉與先天大小方圓各圖，為《周易本義》，宋、元、明、清立為學官，學者有以此圖為所固有。杭辛齋又以朱子之說，注意象數，然其只取邵子先天之說，未能博采兩漢諸家之說，僅言《易》為卜筮之書。杭辛齋以朱子未能貫通全《易》，亦可略杭辛齋之《易》學觀，兼采漢宋，規模宏大。

至於宋人經學特色之一，在疑經與改經，葉國良先生於《宋人疑經改經考》指出，宋人曾有辨卦辭爻辭非文王周公作、《十翼》非孔子作，及對古《易》嘗試復原，與考訂錯簡等疑經改經之學術活動〔註27〕，足以說明此一學術風氣之特色。杭辛齋對疑經改經之風，甚為不滿，以此為淆亂聖學之劣行，其於〈改經之遺誤〉言：

> 宋儒好擅改經文，貽誤後學實多，此特其一耳。至有明喬氏、黃氏，及清任釣台等，擅將〈繫辭〉顛倒錯亂，尤為無知妄作，要亦宋儒

〔註26〕《學易筆談‧初集》，卷1，頁10～11。

〔註27〕詳見葉國良：《宋人疑經改經考》（臺北：臺灣大學中國文學研究所碩士論文，屈萬里指導，1977年），頁1～41。

之有以開其先也。〔註28〕

此評宋人改經之風，貽誤明清後學。夫杭辛齋於其《易》學著作中，常以「聖經」稱《易》，蓋其以聖人作《易》、孔子作《十翼》，故經與傳之聯繫十分密切，經傳之一字一句，不得改易，亦不可錯置其序，故杭辛齋深非歷代學者疑經改經者：如明之喬行中、黃元御等，妄逞己見，將〈繫辭傳〉顛倒錯置，實爲瀆經侮聖，追本溯源，蓋自宋儒開先。亦可見杭辛齋尊經傳甚力，以經傳之一字一句，皆有深意，不可一字放過之《易》學觀，故杭辛齋亦有「无一字之閑文」之說經方式，其理亦同。

杭辛齋述評晉唐《易》學家，主以邵雍、周敦頤、程頤、朱熹四家爲主，其述評如下。

## （一）邵雍述評

杭辛齋評邵雍《易》學，著眼其先天《易》學之研究與開先，〈先後天八卦平議〉言：

> 不明先天、後天之義，……無以知六十四卦變化之序，與重卦名義，暨各卦爻位當名辨物之妙。〈繫傳〉、〈說卦〉一篇，言之甚詳，而天地定位，與雷以動之兩節，指陳先天卦位，更明白曉鬯。祇以唐宋以前，《易》家之傳授，均未有圖，至邵康節始悟一、二、三、四、五、六、七、八之恉，以乾、兌、離、震、巽、坎、艮、坤之次，繪爲〈先天八卦〉之圖，更依〈帝出乎震〉一章，指陳之方位，繪爲〈後天八卦〉之圖，而先天、後天之名，遂傳於世。〔註29〕

〈宋人之《易》學〉亦曰：

> 自邵康節創爲先天之說，取〈說卦〉天地定位一章，安排八卦，謂之先天卦，以帝出乎震之方位爲後天卦。又以乾一兌二離三震四巽五坎六艮七坤八，爲先天八卦數，更反劉牧九圖十書之說，以五十五數者爲河圖，四十五數者爲洛書，爲八卦之所自出。於是太極兩儀、四象八卦，而十六，而三十二，而六十四，立說與漢人完全不同，不啻在《易》學中另闢一新世界。〔註30〕

杭辛齋以先天卦位雖不出於邵子，然〈河〉、〈洛〉、先後天八卦之圖、先天大

---

〔註28〕《學易筆談·初集》，卷2，頁72。
〔註29〕《學易筆談·二集》，卷2，頁55～56。
〔註30〕《學易筆談·初集》，卷1，頁10。

小方圓之圖，則爲邵子所作。邵子創先天之學，杭辛齋以其畫諸圖非經傳之所固有，實爲後出。然觀邵子之說，亦有與經傳相涉者，如取〈說卦〉天地定位一章爲先天卦，〈帝出乎震〉之方位爲後天卦，又以乾一、兌二、離三、震四、巽五、坎六、艮七、坤八，爲先天八卦數，更反劉牧九圖十書之說，以五十五數者爲〈河圖〉，四十五數者爲〈洛書〉。杭辛齋以邵康節開宋《易》另一境界，較諸空言象數，於故紙堆中討生活之部份漢儒，又勝一籌。實爲宋《易》獨樹一幟，足與漢《易》相互抗衡。

　　至於邵康節先天之學來源爲何？杭辛齋〈河洛平議〉解釋如下：

　　　　邵子先天之學，實探源於此，云：傳自希夷，而希夷亦必有所受，
　　　　與傳周子之〈太極圖〉，皆出自道藏之祕傳。蓋自老子西行，爲關尹
　　　　所要，僅留道德五千言，傳於中土，其餘祕書法象，爲三代所傳，
　　　　而藏於柱下者，皆隨而西去，故道藏諸圖，皆出陝蜀。而蔡季通之
　　　　三圖，亦入陝始得。朱子所謂「本儒家故物，散佚而落於方外，得
　　　　邵子而原璧歸趙」，非無見而云然也。邵子之書，未確指何者爲圖，
　　　　何者爲書？朱子以蔡元定之攷訂，以五十五者爲〈河圖〉，四十五者
　　　　爲〈洛書〉，冠於大《易》之首，遂開是非之門。〔註31〕

其言邵子先天之學，其淵源與老子〈太極圖〉俱從老子西行後，留予關尹爲五千言之道德經，而三代所傳之祕書法象，則老子攜而西去，流落關外，故杭辛齋以《易》之圖書，多出自陝、蜀，殆以此故。而南宋朱子以邵康節取道家之圖書，乃拾回儒家故籍，完璧歸趙，杭辛齋是其說。其推崇邵子之說，以其開宋《易》之新格局，蓋杭辛齋以邵子《易》學遠源自三代，故崇其說，其來有自。

　　再者，邵康節所創之「加一倍法」，杭辛齋亦有介紹，如〈理〉言：

　　　　……邵子之加一倍法，亦即分析法之還原者也。物理數理，皆有迹
　　　　象可求，分而理之尚易，至理於義，則精微之至矣！〔註32〕

杭辛齋以爲《易》道廣大，必分而折之，分而又分，折而又折，而後其精微者，乃可得而見，並舉化學分析物質之例，以一物之體質，必分而折之，至於分無可分，折无可折，而所得者，即爲此物之原子，與邵子之「加一倍法」有逆用關係，即杭辛齋所重之「《易》，逆數也」之另一說《易》手法之展現，

---

〔註31〕同前註，頁70。
〔註32〕《易楔》，卷6，正辭第18，頁263。

同時可見杭辛齋善以新學說《易》之特色。

### （二）周敦頤述評

杭辛齋對周敦頤《易》學述評，乃不以其所傳〈太極圖〉為然，蓋其乃自道家而來，非經傳所固有者，如〈宋人之《易》〉言：

> 《周子通書》，發明太極圖，為理學之宗，與《易》學尚無甚關涉也。
> 〔註33〕

〈十字架〉亦言：

> 周子傳〈太極圖〉，道果在是矣！而器已無存，則道亦不亡而亡矣！
> 〔註34〕

〈太極圖新說〉又言：

> 宋儒之〈太極圖說〉，以說周濂溪之〈太極圖〉也。圖載周子《通書》。濂溪得自陳希夷，希夷得自《道藏》。唐《真元妙品經》，已有此圖，名〈大極先天圖〉，上一圓圖，分黑白三層，左右相錯，中分金、木、水、火、土，五行，下為兩圓圈，與周子之圖正同，可見此圖相傳已古，宋儒恐其出自道家，有異端之嫌，故諱希夷而不言，謂周子所發明。……今日濂溪之圖，僅存於《周子通書》，朱子於圖說，雖極推崇，而作《周易本義》，獨取邵子之九圖弁於經首，而不及此。故承學之士，未見《通書》者，亦莫辨此圖之作何狀矣！然則此圖，自道家傳出，已無疑義，周子但為之說，并將上下次序略有修改而已。首曰：「无極而太極」，終有語病。當時陸梭山已有疑義，與朱子往反辨論，累數萬言，朱子雖曲為迴（案：迴之誤）護，并於〈太極圖說〉注中申明，謂非太極之上復有无極，但其圖明明太極之上有無極，其說終不可通也。其作《本義》，取邵子先天諸圖，而不以此圖列諸卷首，殆亦有所悟歟？〔註35〕

杭辛齋以濂溪所傳〈太極圖〉，遠源道家，非經傳本有，如唐《真元妙品經》，已有此圖，名為〈大極先天圖〉。其傳承關係乃希夷得自《道藏》，濂溪又得自希夷。杭辛齋又以朱子推崇濂溪圖說，而於《周易本義》，獨取邵子之九圖弁於經首，而不載濂溪之圖，為其得自道家之另一證。杭辛齋又以濂溪於〈太

---

〔註33〕《學易筆談·初集》，卷1，頁10。
〔註34〕《學易筆談·初集》，卷4，頁193。
〔註35〕《學易筆談·初集》，卷1，頁74～75。

極圖〉之首曰：「无極而太極」，終有語病，其說難通。

　　濂溪此圖，雖取資道家，然其轉化而建構儒學形上體系，以明天人，此則濂溪此圖之大學問。況道家圖象，亦采諸家之說而以圖象展示耳，不能逕謂其與儒學無涉！杭辛齋此處於儒道之辨甚嚴，凡經傳所固有者即爲大道，若非故有者，則疑其「道果是哉」？縱其蘊含深理，則深恐其涉異端而弗取之，此則與杭辛齋自言「凡與象數有涉、足與《易》道相發明者，博采旁搜、不限時地、更無所謂門戶派別也」〔註36〕，有所出入，則不得爲之諱矣！

### （三）程頤述評

　　杭辛齋述評程頤《易》學處不多，其於〈男之窮〉嘗記程子於成都見箍桶叟而叩問之事：

> 程子於成都市遇箍桶叟，見其擔有《易經》，因舉此語問之，叟曰：「三陽失位，安得不窮。」程子甚爲心折，謂能發前人所未發。其實不盡然也。若以失位論，則〈未濟〉六爻皆不當位，不僅三陽之失位也。攷虞注曰：「否、艮爲男位。否五之二，六爻失正，而來下陰。〈未濟〉主月晦，乾道消滅，故男之窮也。」此以消息及納甲言之，與本傳之否、泰反類，意尚貫串，其餘注者雖多，均無甚發明。項平甫謂：「〈既〉、〈未濟〉皆主男言，水能留火故定，水不能留火故窮。陰陽不交，而陽獨受窮者，生道屬陽，死道屬陰也，終與窮不同，終者，事之成，窮者，時之災云云，說亦蕪雜。此男之窮三字，正對女之終言也。《易》之道，天地男女而已。〔註37〕

杭辛齋評箍桶叟之說不盡爲是，而程子服之，以爲發前人所未發，杭辛齋不以爲然，若如箍桶叟之說，則三陰亦失其位，何以釋之？杭辛齋以「男之窮」三字，正對「女之終」言，又舉虞翻、項安世之說爲證，以證程子折服之說，尚不到家。

### （四）朱熹述評

　　杭辛齋述評朱子《易》學，著眼於其與《易》學與道家學術之關係，及其與邵康節《易》學之關係，終論朱子《易》學之地位與影響。首先，朱子《易》學與道家學術之關係，杭辛齋〈太極圖新說〉言：

〔註36〕《學易筆談‧初集‧述恉》。
〔註37〕《學易筆談‧二集》，卷1，頁21～22。

> 朱子晚年，頗信道家之說，旣注《參同契》，而悟其功用，知源流悉
> 出於《易》，必尚有祕傳之圖錄，爲世所未見者，故囑蔡季通入陝蜀
> 以求之。季通於蜀得三圖，珍祕之甚，其一即今世俗習見之〈太極
> 圖〉。〔註38〕

朱子晚年與道家關係益深，故注《參同契》，明其源流自《易》，並派蔡季通
入陝、蜀求祕傳圖錄，其一即爲〈太極圖〉，乃明《易》學圖書來源。

至於朱子與邵康節之《易》學關係，杭辛齋〈宋人《易》學〉言。

> 至朱子撰《周易本義》，取〈河圖〉、〈洛書〉與先天大小方圓各圖，
> 弁諸卷首。又另著《易學啓蒙》以闡明之。而後邵子之先天學與《易
> 經》相聯綴，歷宋元明清，皆立諸學官，定爲不刊之程式。後之學
> 者，幾疑此圖爲《易經》所固有矣！雖漢學家抨擊非難，不遺餘力，
> 而以其理數出自天然，推算又確有徵驗，終非討生活於故紙堆中者，
> 空言所能排斥也。故宋之《易》學，能有所發揮，獨樹一幟，與漢
> 學相對峙者，自當首推邵氏。〔註39〕

杭辛齋以邵子《易》學中先天之學，〈河圖〉、〈洛書〉與先天大小方圓各圖
等，本非經傳所固有，然朱子亦託名於希夷所傳授，易置其名，以五十五爲
〈河圖〉，四十五爲〈洛書〉，至明太祖以程《傳》朱《義》課士，刊諸太學。
明、清兩代學者，皆宗朱子，此說幾成定說。朱子之取諸邵子諸圖弁於《周
易本義》之首，又著《易學啓蒙》以闡之，後世學者有習焉不察者，以河圖
洛書與先天大小方圓各圖爲《周易》所固有，遂生淆亂，此則杭辛齋批朱子
者。蓋杭辛齋以經傳中一字一句，皆不可改，況〈河〉、〈洛〉與先天大小方
圓諸圖，乃後出者，本不該以之言《易》，唯邵子之說有源有本，故又錄諸，
杭辛齋於此特申明之。

至於朱子《易》學之影響與地位，杭辛齋〈宋人之《易》學〉言：

> 朱子《本義》，頗能矯王弼以來空談玄理之弊，而注意於象數，故取用
> 邵子之說頗多，顧未能會通全《易》，博采兩漢諸家之說，以明聖人立
> 象之意，又泥於門戶之見，不敢暢所欲言，而以聖人以卜筮教人一言，
> 爲立說之本義。此何異以璇璣玉衡爲定南北方向之用，不亦隘乎！

杭辛齋評朱子《易》學，言及象數，能矯王弼之空言象數之失，此其一。然

---

〔註38〕《學易筆談·二集》，卷1，頁 74～75。
〔註39〕《學易筆談·初集》，卷1，頁 10。

朱子象數觀，多取邵子，杭辛齋以其未能貫通象數，此其二。再者杭辛齋以朱子身處宋世，時賢多以漢儒之說蕪雜，乃多以義理解《易》，故朱子不敢昌言漢《易》之象數，此其三。杭辛齋此說，未必全爲實情，亦可隱約見得，杭辛齋以漢《易》爲正宗之《易》學觀。朱子以學《易》須用兩節工夫，其以《易》之性質本爲卜筮之書，後人援諸說以入《易》，則非《易》本義，此爲朱子之《易》學觀，其心殆無漢《易》、宋《易》之截然二分概念，杭辛齋言其泥於門戶之見，不敢暢所欲言，不無過度想像與引申之嫌。

朱子《易》學，以卜筮爲主，然其論《易》亦括含象數及義理，徒研究次序有本末先後之別，朱子非謂唯習卜筮即可，亦須及象占、義理，乃可得全。吾人檢視杭辛齋《易》學，其以象數爲說《易》解《易》爲主體，然其心在推致《易》用，以期合人倫日用，括囊天地萬事萬物，此與朱子論《易》，相去幾何？故杭辛齋言朱子「以聖人以卜筮教人一言，爲立說之本義」，乃大材小用，拘執狹隘，則非持平之論。

## 五、元明《易》學

杭辛齋以元明兩代之《易》學，無甚發明，《易》說多類程朱，其於〈元明之《易》學〉言：

> 元明兩代之言《易》學者，無甚發明，著錄者大抵盤旋於程朱腳下爲多。元之熊與可、胡一桂、熊良輔、王申之、董真卿，明之黃道周、喬中和，皆其傑出者也。然皆有所依傍，不能成一家之言。〔註40〕

其中杭辛齋較常引述評論者，爲吳澄、來知德二家，今分述如下。

### （一）吳澄述評

吳澄（1249～1333），字幼清，晚號伯清，同門程鉅夫題其所築之草房爲草廬，學者稱之「草廬先生」，諡文正。究心於理學，尤精於《易》學，爲有元一代大儒，著《易纂言》融會象數、圖書、義理之學，兼采各家之長，欲綜羅古今之《易》學，以彰明《易》道。可謂集兩宋《易》學之大成。《易》學著作主要有《易纂言》、《易纂言外翼》等。〔註41〕杭辛齋評吳澄之《易》學，可見於〈卦別第五〉：

---

〔註40〕《學易筆談·初集》，卷1，頁12。
〔註41〕詳參涂雲清：《吳澄易學研究》（臺北：臺灣大學中文研究所碩士論文，何師澤恆先生指導，1998）。頁6、238～239。

吳草廬曰：自昔言互體者，只言六畫之四畫互二卦而已，未詳其法
象之精也。今以〈先天圖〉觀之，互體所成之十六卦，皆隔八而得，
縮四而一。圖之左邊，起〈乾〉歷八卦至〈睽〉、〈歸妹〉，又歷八卦
而至〈家人〉、〈既濟〉，又歷八卦至〈頤〉、〈復〉，圖之右邊，起〈姤〉、
〈大過〉，歷八卦至〈未濟〉、〈解〉，又歷八卦至〈蹇〉、〈漸〉，又歷
八卦至〈剝〉、〈坤〉，左右各二卦互一卦，合六十四卦互體所成十六
卦，又合十六卦互成四卦，即〈乾〉、〈坤〉、〈既〉、〈未濟〉，學《周
易》始〈乾〉、〈坤〉，終〈既、未濟〉，以此歟？〔註42〕

屈萬里曰：「互體之說，濫觴於《左傳》，而成於京房。其說初不過以二至四
爻，三至五各互一三畫之卦耳。鄭玄以後，已漸繁賾。下逮虞翻，類例滋紛。」
〔註43〕關於吳澄互卦之說，涂雲清言：「草廬互體之說，當係祖於《左傳》之
遺意，與京房之說相近，皆以卦中二、三、四爻或三、四、五爻互另一體以
爲說，而於虞翻之引申諸說，則無取焉！」〔註44〕是則杭辛齋之評吳澄互體
之說，可謂得其情。

## （二）來知德述評

杭辛齋述評來氏《易》學，著眼其象學之研究，〈讀《易》之次序〉言：

至於象數，宜從漢學，但兩漢《易》說之存於今者，幾無一完本，
李氏《集解》雖搜羅宏富，然東鱗西爪，初學每苦其不能貫串，則
宜先閱瞿塘來知德氏《集注》，其於象也較詳，且處處爲初學說法，
反覆周詳，唯恐讀者不能了解，與貌爲艱深，故意令人無從索解者，
殊有上下牀之別，唯來氏僻處巫峽，僅憑自力之研究，於古人之著
述，未得遍覽，故其間有自以爲創解者，實早爲昔人所已言，如用
九、用六之類，不勝枚舉，而其錯綜之說，尤爲後人所攻擊。……
然來氏於象，亦僅得十之五六，而於數尤未能辨晳。蓋數雖原本於
〈河〉、〈洛〉，但《易》有體數、有用數、有五行數，有納甲數，各
有不同，來氏不辨於此，故遇言數之卦，開口便錯，是則其所短矣！
〔註45〕

---

〔註42〕《易楔》，卷3，頁98。
〔註43〕屈萬里：《先秦漢魏易例述評》（臺北：學生書局，1969），頁127。
〔註44〕同註41，頁58。
〔註45〕《學易筆談·初集》，卷1，頁47～48。

杭辛齋推許來知德《易》學，於象數處可爲初學者提供一隅三反之效，其用在貫串李氏《集解》之東鱗西爪，以上求漢《易》諸家之說，其中尤以《易》象更詳，且處處爲初學說法，反覆周詳，此其所長。

又來氏僻處巫峽，自力獨學，於古人之著述，未得遍覽，諸多說法如用九、用六之類，先賢已明，而來氏乃以爲自創，此其不足。其錯綜之說，尤爲後人所攻擊，亦無可奈何。來氏長於《易》象，然自杭辛齋審視，其言《易》象，僅得十之五、六，於數則未能辨明，如《易》有體數、有用數、有五行數，有納甲數，各有不同，來氏未及辨斯，此其所短。

## 六、清代《易》學

清朝《易》學著作甚豐，遠邁前代，可謂歷代《易》學總結時期。有闡明程朱《易》學者；有復言漢《易》象數者；有攻擊、倡導圖書者；亦有調和融通者。杭辛齋〈勝朝之《易》學〉〔註46〕提到清代《易》學發展之概論，乃謂其學風鼎盛，逾宋、明兩代，碩彥雲蒸，如刁包、李光地、胡煦、胡渭、任啓運、惠士奇、惠棟、萬年淳、姚配中、張乘槎、彭申甫，顧炎武、毛奇齡、錢大昕、王引之、江永、段玉裁、王昶、焦循、紀大奎、端木國瑚，咸爲研治《易》學名家，亦足見杭辛齋對《易》學涉獵之廣，其自言《易》說不主一家，唯善說是從，要非虛言。

杭辛齋評論清代《易》學，約可分爲清初、清中、清末三期。清初《易》學概況，主要以文獻考證，辨明宋《易》圖書之眞僞爲主，〈先後天八卦平議〉載明：

> 朱子采之以弁於《本義》之首，後之讀《易》者，遂無不有圖書與先後天八卦，犛然於心目之中，幾以爲《周易》之所固有者，而漢學家之排斥攻擊，亦由此而生。元明以來，聚訟紛紜，尤以清初之顧亭林、王（案：黃之誤）梨洲、毛西河，及胡東樵、王引之諸氏爲甚。毛之閱覽旣博，又雄於辨論。〈河〉、〈洛〉先天，旣爲駁斥無遺，而胡東樵又廣毛意，更著《易圖明辨》，全書十餘萬言，專爲攻擊朱、邵，幷推及納甲、納音。自謂掃蕩一切，擴清僞學，爲《易》學之功臣矣！〔註47〕

---

〔註46〕《學易筆談・初集》，卷1，頁13。
〔註47〕《學易筆談・二集》，卷2，頁56～57。

批評清初顧亭林、黃宗羲、毛奇齡、胡渭、王引之專事攻擊圖書、先後天八卦、納甲、納音等象數《易》學。杭辛齋以圖書源自道家，非如象數本在經傳當中，不可析離。杭辛齋以象數本經傳所有，故先天之圖可駁，先天之象數終無可易。〈河〉、〈洛〉之名義可改，而天地之定數不可變，此其對清初圖書辨析之評述。

　　清代中葉，文字獄漸息，朝廷欲廣文崇學，加以阮元等學者提倡，《易》學有復興之象，杭辛齋〈讀《易》之次序〉言：

　　　　至有清中葉以後，居然上及馬鄭。而道咸之際，且盛行虞義者，則以阮儀徵輩之提倡，而朝廷欲博右文之虛名，故爲之網開一面耳。〔註48〕

杭辛齋論及清代中葉之《易》學發展，主要以漢《易》爲研究重心，如李道平著《周易集解纂疏》，張惠言作《易學十書》，皆善治漢《易》者，杭辛齋以《易》學復興，乃清廷欲馳文網，與阮元提倡之功有關。

　　至於清末民初之《易》學發展概況，經學陵夷，《易經》尤爲晦盲，儒學掃地之時，當世學者目眩於泰西聲光電學，反而研求老學、墨學，乃以其與哲學、科學有關。杭辛齋傷《易》學將亡，故不辭衰病，以說《易》廣《易》爲職志，此爲清末民初《易》學之大概。然則最壞之時代，亦爲最好之時代。杭辛齋以爲民國建立之後，學術之風自由，乃大明《易》學之千載一刻，〈讀《易》之次序〉又言：

　　　　今政體旣革，讀書尚得自由，則《易》道之昌明，更無其他之阻力，學者宜致力於全經以立其本，然後廣求祕藉（藉之誤），旁及科學，凡有與吾《易》相發明者，無不可兼收並蓄，旣會其通而徵諸實，然後由博反約，以擷其精英，而仍縮千里於尺幅，《易》之大用，庶乎其可見歟？〔註49〕

其勉同人齊心戮力研究《易》學，並且以開放心胸平心研究，凡有可與《易》道相發明者，皆可援以立說，無論傳統典籍之經、史、子、集或當時泰西傳入之聲光電學，皆可證《易》道之廣大精微，亦可見杭辛齋欲以《易》籠統一切學術之企圖。

　　杭辛齋述評清代《易》學家，主以黃宗羲、毛奇齡、江永、錢大昕、焦循、萬年淳、紀大奎、端木國瑚八家爲主，其述評如下。

〔註48〕《學易筆談·初集》，卷1，頁53。
〔註49〕同前註。

### （一）黃宗羲述評

杭辛齋述評黃宗羲《易》學，主要見於〈爻徵第十六〉：

> 按甲己子午九，乙庚辛未八，丙辛申寅申七，丁壬卯酉六，戊癸辰
> 戌五，巳亥四，黃黎（梨之誤）洲先生《象數論》所評隮者，頗多
> 未當，其謂甲子乙丑金者，甲九子九，乙八丑八，積三十四，以五
> 除之餘四，故爲金，其數則是，其術則非也：故於丙寅山卯，丙七
> 寅七丁六卯六積二十六，以五陰（案：除之誤）之餘之一，故爲火，
> 便不成文矣！金四爲一當爲水，何以爲火？而猶曰：「餘準此。」將
> 無一能合者矣！蓋納音得數之算法，當以大衍爲本，以大衍之數五
> 十去一，除去甲己子午之積數，餘則以五除之，之一則屬水，水生
> 木，其納音爲木，丙寅山卯之爲火，當以積數二十六，除大衍五十
> 去一，餘二十三，以五除之餘三，屬木，木生火，故納音爲火，甲
> 子乙丑之積三十四，以除大衍去一餘五，五屬土，土生金，非三十
> 四餘五餘四之謂也。〔註50〕

言黃宗羲《象數易學論》所論多非，若其數則是，若其術則非。又杭辛齋以
《象數易學論》，雖多其排斥〈河〉、〈洛〉先天及《皇極經世》諸說，實則梨
洲違心之論，乃因大儒身分，不宜言術數小道。其反對象數，深意在保存象
數，蓋反之適足以存之。杭辛齋〈河洛平議〉言：

> 餘姚黃氏《易學象數論》，其排斥〈河〉、〈洛〉先天及《皇極經世》
> 諸說最力，爲毛西河、胡朿（案：東之誤）樵諸氏之先驅，實則皆
> 梨洲先生違心之論焉！蓋先生非不知象數者，少壯之時，泛濫百家，
> 於陰陽禽遁等學，實有心得，至晚年學成而名亦日高，恐平曰（案：
> 日之誤）之研求術數，近於小道，足爲盛明（疑爲名之誤）之累，
> 故撰有此書，極力排斥，以存大儒之身分，是以言之甚詳。斥之正
> 所以存之也，即毛氏、胡氏之書，雖極端辨駁，然所斷斷以爭者，
> 亦僅於名稱，而其援引之博，攷據之詳，且適足爲〈河〉、〈洛〉、先
> 天之疏證。〔註51〕

評黃宗羲《易學象數論》之排斥〈河〉、〈洛〉、先天《皇極經世》之內容，乃
違心之論，蓋以少壯之時，泛濫百家，其駁斥者，僅及名稱，而援引之博，

---

〔註50〕《易楔》，卷5，頁229。
〔註51〕《學易筆談・初集》，卷1，頁72～73。

可知梨洲非不知象數，杭辛齋以此援引內容，適足以證成其深知象數。

鐘義明之說暗合杭辛齋，其言：

> 我國科學時代，崇經尚儒，士林宿學，十之八九擯斥術數。如清初大儒黃宗羲著《易學象數論》，書中即力斥邵康節之〈河洛理數〉、〈先天易學〉、《皇極經世》。海頜（案：甯之誤）杭辛齋《學易筆談‧河洛平議》云：「實則皆黎（案：梨之誤，以下逕改）洲（黃宗羲別號）先生違心之論焉」……姜垚《從師隨筆》載：「梨洲自卜壽藏，我師（蔣大鴻）時在餘姚，遣其子百家持圖請我師鑒定。師即信手書數千言，反覆論其地之不合時宜。梨洲見之曰：『何蔣生之深於《易》哉！』次日訪師於寓次，堅請卜地。時欲歸雲間（江蘇松江），固辭焉。」按：黃宗羲卒於康熙三十四年（一六九五），葬於浙江餘姚化安山陸，墳墓遵其遺囑，遺體就穴而葬，不用棺木（軟葬法）。可知黃氏非不治術數，特為維護大儒之名於不墜，故作違心之論耳。〔註52〕

可為杭辛齋說法佐證。

杭辛齋此說固有其見地，然可疑者有二：其一，梨洲深知象數，然不可逕謂其批評象數乃違心之論。其二，杭辛齋言梨洲之學術性格與時俱移，其不言象數，乃有苦衷，是則難以確知。杭辛齋此說，亦見於其評朱子《易》學，其善為賢者諱，然恐非得其情。

### （二）毛奇齡述評

杭辛齋評論毛奇齡之《易》學，主要見於〈先天卦位不始於邵子〉：

> 然先王制禮，推本於《易》，固漢學家所公認焉！……河出〈圖〉，洛出〈書〉，明見於〈繫傳〉，是否即今所傳之〈河圖〉、〈洛書〉，誠不敢必，但天地之數五位相得而各有合，既為孔子所明言，一六二七三八四九之位數，又為鄭康成、揚子雲所列舉，而兩數之經緯錯綜，加減乘除，又極盡陰陽變化之妙，悉出造化之自然，非人力所能造作，乃亦以經所未載，訾議駁斥不留餘地，毛西河改〈河圖〉為〈天地生成圖〉，〈洛書〉為〈太乙九宮圖〉。夫此二名詎為經文所載乎？鄭康成之爻辰，所謂子寅辰午申戌，亦經所未載，乃一則據

---

〔註52〕鐘義明：〈中國堪輿名人小傳記‧序〉（臺北：武陵出版有限公司，1996 年 4月）。

爲典要，一則斥爲異端，豈得謂是非之平？黨同伐異之見，不能爲
賢者諱矣！〔註53〕

杭辛齋舉數例以證成〈河〉、〈洛〉之名，乃經傳固有，並以此評毛西河改〈河〉、
〈洛〉之名爲〈天地生成圖〉、〈太乙九宮圖〉，其行實爲不當。蓋杭辛齋以西
河所改之二名，經傳不見，誠畫蛇添足。於是可見杭辛齋尊崇經傳，謂其不
可改一字，移一句之《易》學觀。

### （三）江永述評

杭辛齋評述江永，見於〈讀《易》之次序〉：

> 《易》註之言數者，宜閱何書？曰：《易》之言數，皆根於孔子〈繫
> 辭〉之天一、地二，至天九、地十，《河》、《洛》實數之淵源，雖漢
> 學家盡力辨駁，而數理實有徵驗，非空言所可掩也。朱子《啓蒙》，
> 演繹頗詳，宋人丁易東氏之數衍，及近人江慎修氏之《河洛精蘊》，
> 更推闡盡致。〔註54〕

其評江永之《河洛精蘊》，較諸前賢論〈河〉、〈洛〉者，更加細微。杭辛齋所
以重〈河〉、〈洛〉者，乃以其爲《易》數淵源。又杭辛齋《易》學思想，時
有以數統《易》之意圖，無怪乎其重〈河〉、〈洛〉，是亦杭辛齋推崇江永《河
洛精蘊》之另一原因。

### （四）錢大昕述評

杭辛齋評論錢大昕之《易》學，主要見於〈象義一得〉：

> 〈乾〉爲圜，圜者，渾圓，非平圓也。故《易》道之圜象，直四而
> 凌空，不能僅觀其一面，而響之言象者，目光不出於書外，泥於紙
> 上之一圖，以爲圓，錢竹汀至以地勢北高南下，駁〈乾〉南〈坤〉
> 北之圖，具此目光以觀象，何異鄉愚觀李思訓山水，雖尺幅千里，
> 以爲不如〈春牛圖〉之得情，豈不辜負良工心苦？〔註55〕

此評錢大昕以地勢北高南下，駁〈乾〉南〈坤〉北之圖，則過於拘泥圖象，
並舉常人觀李思訓山水與〈春牛圖〉之別，喻其失之拘泥，而未得其實。

---

〔註53〕《學易筆談・初集》，卷2，頁76～77。
〔註54〕《學易筆談・初集》，卷1，頁48。
〔註55〕《學易筆談・初集》，卷3，頁132。

## （五）焦循述評

杭辛齋述評焦循《易》學，主要見於〈半象與兩象〉：

> ……焦理堂之《易通釋》，亦能貫串全經，確有心得，非一知半解、人云亦云者比，乃亦有此似是而非之論，可見解人難索，象學之發明，正未易言矣！焦氏所指駁者，驟觀之似極有理，而實於象學茫然未辨也。〔註56〕

〈象義一得〉亦言：

> 至先天八卦，更為言漢學者眾矢之的。焦氏之《易通釋》，亦祇以旁通貫串各卦，終不承認八卦之有先天也。〔註57〕

其稱譽焦循《易通釋》能貫串全經，確有心得。然又評焦氏《易》學認知太淺，於象學、圖書茫然未辨，如其不承認「八卦之有先天」云云。

〈半〉又言：

> 千年來精算術者，不知《易》，言《易》者，又往往不精算術。焦理堂雖悟《九章》之術與《易》通，以比例釋旁通，作《易通釋》，惜其於《易》理所知太淺，仍不外望文生義，以解經，然已為一時言《易》所望塵莫及矣！〔註58〕

上評焦循《易》學之特色，在悟《九章》與《易》學之相通之處，以數學中之「比例」說《易》之「旁通」，遂有《易通釋》之作。杭辛齋以為研《易》學者，能兼得《易》學、數學之精華者最佳，故其惜焦循雖明數學，然於《易》學認知太淺，有不免望文生義之病。然則焦循足為《易》學碩彥〔註59〕，可謂獨步當世，此處遽言焦循《易》學認知太淺，杭辛齋之評，或失公允！

## （六）萬年淳述評

萬年淳，字彈峰，嘉慶時華容人。學《易》三十餘年，殫精竭慮，成《易拇》一書，全書分〈圖說〉、〈經說〉、〈通說〉、〈附說〉、〈例說〉等十五卷。其說闡發河洛之秘，且涉堪輿、天文推步、奇門遁甲，能道其所以然。萬氏

---

〔註56〕同前註，頁121。

〔註57〕同前註，頁130。

〔註58〕《易數偶得》，卷1，頁24～25。

〔註59〕關於焦循《易》學研究，何師澤恆：《焦循研究》（臺北：大安出版社，1990.5）、賴師貴三撰《焦循年譜新編》（臺北：里仁書局，1994.3）、《焦循雕菰樓易學研究》（臺北：里仁書局，1994.7），俱有精闢詳盡之研究成果，可供參考，甚利後學。

說《易》，逐卦逐爻，示其大義，深入淺出，言簡意賅。〔註60〕杭辛齋述評萬年淳《易》學，主要介紹其萬氏〈河圖〉、〈洛書〉，其於〈河圖洛書〉言：

> 萬氏彈峰《易拇》，更正〈河圖〉、〈洛書〉說，曰：「〈河圖〉、〈洛書〉，邵子朱子闡發無餘蘊矣！但後人所傳，不無少差，如舊〈河圖〉一六居北，二七居南，三八居東，四九居西，五十居中，其點皆平鋪無兩折者，而十在中間，分二五對置，便失其旨。蓋〈河圖〉外方而內圓，一、三、七、九爲一方，其數二十也。二、四、六、八爲一方，其數亦二十也。中十五共五十五數，中十點作十方圓布，包五數在內，此外方內圓，而五數方布在中者。中一圈，即太極圓形，外四圈分布四方，爲方形，十包五在內，仍然圓中藏方，方中藏圓，陰中有陽，陽中有陰之妙也，而十五居中，即〈洛書〉縱橫皆十五之數，是又〈河圖〉包裹〈洛書〉之象，〈河圖〉點皆平鋪，無兩折，〈洛書〉亦然，舊〈洛書〉圖，二、四、六、八皆兩折，不知〈河〉、〈洛〉本二、四、六、八，亦宜平鋪。〈洛書〉外圓而內方，圓者黑白共四十數，圓布於其外，一、三、七、九爲一方，二、四、六、八爲一方，仍然〈河圖〉本體，此又圓中藏方，〈洛書〉包裹〈河圖〉之象，而中五又有方中藏圓之妙，〈河圖〉已具〈洛書〉之體，〈洛書〉實有運用〈河圖〉之妙，因將圖書奇偶方圓交互表之以圖。。
> 〔註61〕

可知杭辛齋推崇萬氏〈河圖〉、〈洛書〉，於舊圖改良之，可顯示〈河〉、〈洛〉兩數之體用分合，固極明晰，蓋杭辛齋以〈河圖〉爲體，〈洛書〉爲用，〈河圖〉即先天，〈洛書〉爲後天，〈河圖〉爲體，而體中有用；〈洛書〉爲用，而用中有體，此即萬氏圖中分圓分方，方含圓，圓又含方之意。杭辛齋《易》學中，言及圖書之體用關係，詳見第四章第三節〈圖書易學〉。

### （七）紀大奎述評

紀大奎，字愼齋，清臨川人，少習《易》學，於陰陽、曆算、壬遁之學，皆有洞見。著有《雙桂堂易說二種》（《觀易外編》、《易問》）、《地理末學》、《壬遁聚類考》、《河洛理書便覽》、《周易參同契集韻》、《老子約說》等。其中《觀

---

〔註60〕詳參萬年淳：《周易圖經廣說》（原名：《易拇》）（臺北：老古出版社，1983.5），出版說明。

〔註61〕《易楔》，卷1，頁28～31。

易外編》於天地摩盪、〈河〉、〈洛〉理數、卦象、卦變、參伍錯綜、幽明生死、
鬼神卜筮，均有精義。〔註62〕杭辛齋述評紀大奎之《易》學，主要見於〈勝
朝之《易》學〉：

> ……紀氏大奎慎齋之《易問》與《觀易外編》，一則宗漢學，而能串
> 合六十四卦之爻象，無一辭一字不相貫通，一則講宋學而能闡發性
> 理，與六十四卦之爻象變通化合，尤爲歷來講《易》家之所未有。
> 〔註63〕

〈讀《易》之次序〉又言：

> 曰：諸家之註釋，浩如煙海，宜先閱何種爲最善？曰：易有四道，
> 辭變象占，尚辭者莫備於程《傳》，深有得於絜淨精微之旨。然其所
> 短者，往往離象數以言理，而有時不免於鑿空，是宜參以紀慎齋之
> 《易問》及《觀易外編》，庶可以補其闕失矣！〔註64〕

杭辛齋盛讚紀大奎之《易》學成就，足見杭辛齋以紀大奎說《易》而不離於
象數，能會漢宋兩派之說而擷其精華，乃其當世《易》說諸家之極善者，並
推薦爲初學者研《易》之善注。

## （八）端木國瑚述評

杭辛齋推許端木《易》說，爲清代《易》學之殿軍，其於〈勝朝之《易》
學〉言：

> 端木國瑚鶴田後起，更冶漢宋於一爐，一一以經傳互證，無一辭一
> 字之虛設，視焦、紀二氏爲更上一層，允足以殿全軍而爲勝清一代
> 《易》學之結束矣！〔註65〕

足見杭辛齋之推重端木國瑚《易》說，言其能冶漢宋於一爐，甚至推爲清代
《易》學殿軍。觀杭辛齋《易》學中，時引其說，如〈佛教道教之象數備於
易〉言：

> 天地南北子一陽物出有，爲〈恆〉有象，午一陰物入无，爲〈咸〉
> 无象，咸无，佛教也。午一陰生，午而戌亥，萬物歸无，爲後天西
> 北〈乾〉象，〈咸〉无反〈恆〉有。《春秋》莊七年夏四月夜，恆星

---

〔註62〕詳參閻修篆：《觀易外編》（紀大奎原著，臺北：老古出版社，1994.11），出版説明。
〔註63〕《學易筆談・初集》，卷1，頁13。
〔註64〕同前註，頁47～48。
〔註65〕同前註，頁13。

不見，爲周莊王甲午，即佛誕生之日矣！佛誕生，天地咸象感，而
星不見，而《易》已早徵其兆於先後天卦矣！……《易》備萬物萬
象，此佛教於西北一偏象，不可不知者也。以上據端木鶴田氏之說
而推衍之。其義尚多未盡，然亦可見其大概矣！〔註66〕

端木國瑚之《周易指》四十五卷，堂堂巨構，杭辛齋惜其罕見於世，不忍失
傳，故時引其說，今可見於《四庫未收書輯刊》〔註67〕。杭辛齋之《易》學
觀，解《易》之手法，頗受國瑚影響，如以象數說《易》爲主、以經傳中無
一字虛文、援佛道諸家與《易》證成、融鑄象數、義理、圖書一爐且大量紹
述國瑚《易》圖等等〔註68〕，故杭辛齋時於其《易》說中，引述其說並稱譽
有加，一則可推廣端木《易》說，二則不掠其美，足見心胸之坦蕩。

　　觀杭辛齋自三代、兩漢、晉唐、宋代、元明、清代論其《易》學發展，
可窺杭辛齋之《易》學史觀，亦可據其評論，知其《易》學認知與思想。

## 七、今後世界《易》學

　　杭辛齋不啻對歷代《易》學提出批評，並對今後世界之《易》學發展，
提出其洞見，先引《易》學「時」觀分析，今時之《易》學特色有：五洲交
通，天空往來，萬物皆相見，此其一。物質文明極盛，轉求精神文明，此其
二。值此世運決續之際，必須承先啓後，此亦杭辛齋《易》學史上之地位與
貢獻。〈今後世界之《易》〉言：

---

〔註66〕《學易筆談・初集》，卷4，頁216～218。

〔註67〕端木國瑚：《周易指》，收錄於《四庫未收書輯刊》（北京市：北京出版社出版，
　　　　2000），第6輯之1。

〔註68〕杭辛齋有部分《易》說，乃上承端木國瑚，林琬茹整理出十餘處：1. 易有太極，
　　　　「是」生兩儀與「是」爲日正之概。見《周易指》p581。2.「文言」一詞之解
　　　　析。見《周易指》p5、27。3. 咸與感。見《周易指》P269、270。4. 三代（連
　　　　山、歸藏）易學本源。見《周易指》P662。5. 先天後天概念。見《周易指・易
　　　　例》p2。6. 觀《易》象之法。見《周易指》p677～678。7.《易》之有無、《易》
　　　　與佛教。見《周易指》P671～673。8.〈中孚〉生、〈大過〉死卦。見《周易指》
　　　　p499、435。9. 論神鬼之情狀。見《周易指》p26。10. 陰陽上下往來。見《周
　　　　易指・易例》p2～3。11. 對中爻、互體之重視。見《周易指・易例》p5。12. 參
　　　　伍錯綜。見《周易指》p624。13. 杭氏《易楔》卦名之闡析亦多見於端木氏之
　　　　法。14. 聲應卦與命卦。見《周易指》p9～11。15. 杭氏《易楔》中引用許多端
　　　　木氏易圖。以上爲林君細細對照二家說法所得，可更深入了解端木國瑚對杭辛
　　　　齋影響之深，彌足珍貴，詳諸林琬茹：《端木國瑚易學研究》，國立臺灣師範大
　　　　學國文研究所碩士論文，賴師貴三先生指導，2004。

今之時何時乎？五洲交通，天空往來，百廿並興，地寶盡發，所謂萬
物皆相見，其重明繼照之時歟？離火之功用，徧於坤輿，極則為災，
或致突如、其來如、焚如、死如、棄如之占，果能神而化之，變通盡
利，則將由物質之文明，而進於精神之文明，是明出地上，火地為晉，
受茲介福之時矣！《易》道於此，必有大明之一日。〔註69〕

未來時代發展，杭辛齋作一預測，以示《易》道無窮：泰西之學，形學發達，
物質文明至為發展，強侵弱，眾暴寡，偏於物質文明，若此趨勢發展至極端，
當轉為精神文明之發展，《易》學之重光，計日可待，故杭辛齋願以一己之力，
奉獻於說《易》講《易》之事業。

理數一如，離則弊生：舍道言器，則器為虛物；離器言道，道多空談。
杭辛齋批評西人物質文明發達，然流弊如歐戰之殺人盈野，不若反求形上之
學，此乃杭辛齋為當時西方文化尋一出路。又吾國傳統文化，杭辛齋以其早
受理學空疏之害，故國人宜思師西人物質文明之長，故杭辛齋《易》學中，
援引當世新名詞、新概念以說《易》，為其《易》學開創性特色。杭辛齋其中
西文明，能取彼長，補己之短，裒多益寡，稱物平施，終有大同之日，此杭
辛齋孜孜習《易》說《易》之目的。

# 第二節　國外《易》學述評

杭辛齋不但留心歷代《易》學，亦注意國外《易》學研究，如日本《易》
學之高島《易》。蓋日本明治維新之後，饜飫物質文明之利，但不流西方之弊，
乃其尚有探原精神文明之故。如東京有習《易》講《易》之學社，杭辛齋曾
購其《易》學講義，內容大抵取資於李鼎祚《周易集解》。其中意象、影象，
乃日本《易》學新名詞，似吾國之伏象。又杭辛齋自友人江亢虎得知，美國
國會圖書館所藏之《易》學圖書種類，較《四庫》所載兩倍有餘，令其生知
也無涯之嘆。可見杭辛齋《易》學之取資，不論東西，凡有足與《易》道相
證成者，杭辛齋咸納之，故其氣象可謂博大。

## 一、日本之《易》學

日本《易》學，與我國甚有淵源，故我國已佚之書，可徵諸日本，或可
得焉！杭辛齋〈日本之易學〉言：

〔註69〕《學易筆談・初集》，卷1，頁21～22。

日本既屢飫於物質文明之利，更反而求諸精神，雖舉國喧囂於功利
競爭之途，而學術之研究，尚不忘初祖，仍有多數之學子，從事於
《易經》：東京有《易》學會，有《易》學演講，所有《易》學講義
之月刊，其占筮亦尚用古法。我國二千年來失傳之撲著法，經學鉅
子所未能決其用者，彼中隨處可購得撲著之器也，唯著不產於日本，
則以竹代之。禮失求諸野，不僅維繫《易》學之一助也。……杭辛
齋曾購其《易》學講義，其取象悉宗漢學，大抵取資於李氏《集解》
者為多，有所謂影象意象者，則為彼所擴充之者也。而近出之高島
《易》，斷於明治維新以後五十年間，內政外交諸大事，均有占驗論
斷，亦可覘彼國之所尚矣！〔註70〕

其中之高島《易》，陳雪濤有所介紹，其言：

這是日本《易》學泰斗於明治三十四年，即1901年時，將舊著《易
斷》與《易占》二書，經過整理重訂，定名為《增補高島易斷》。高
島嘉右衛門，宇吞象，是日本神奈川縣之士族。……高島嘉右衛門
經營木材業的家族生意，幾經周折起落，生意仍失敗。於安政六年
十二月，即1859年，當橫濱開放港口之初，高島因犯禁下獄。獄中
得《周易》上下經二卷──如獲至寶，日夜展讀，乃至爛熟貫通。
約七年後出獄，自言唯奮勇行善改過而己！……書內所述，每卦皆
有其真實占斷紀錄。……中國易占學在中國本土沉淪，反而在日本
卻大放光采！所謂「禮失求諸野」。〔註71〕

觀陳氏之說，可知高島《易》重占筮論斷，則杭辛齋所言不虛。又杭辛齋與
高島，其均曾下獄，並於其中潛心學《易》，豈不巧合！杭辛齋於獄中奇遇老
者受京氏《易》，張躍龍以「神秘主義的氛圍」解釋之，認為老者特質有三：
「神秘淋漓」、「占驗精絕」、「忍死傳道」，大致具備「神道設教」〔註72〕條件，
此說為杭辛齋奇遇提供一較合理之說解，值得參考。

　　吾人不禁懷疑，是否杭辛齋乃利用「文王幽而演《易》」之傳統說法，加
強自己習《易》之神秘性與說《易》之權威性？

---

〔註70〕《學易筆談‧初集》，卷1，頁15～17。
〔註71〕陳雪濤：《高島斷易》簡介。未出版，僅得見於其網站：〈玄空斗數學會〉
　　　　（http://www.zewei.com/InterestView/InterestView15.html）。
〔註72〕詳參張躍龍：《杭辛齋易學研究》（臺北：政治大學中文研究所碩士論文，呂
　　　　凱先生指導，2004），頁29～31。

〈意象、影象〉亦載：

> 意象、影象者，日本《易》學之名詞也。經學諸書，自唐開元時傳
> 入日本者爲多，故日人講《易》，多宗李鼎祚《集解》，其占筮亦用
> 唐人之揲法，卦象取用，有所謂「意象」者，如以震爲船，巽爲鸇，
> 離爲鏡，艮爲亭，類取形似，無甚深意義，我國雖無意象之名，而
> 京、焦、管、郭之占象，見於《本傳》及《易林》、《洞林》諸書者，
> 其以意廣古人之象者，固不勝指數，故特著之，爲初學擴其心胸之
> 一助焉！……影象之說，當本於吾國相傳之卦影，卦影之術，始於
> 晉唐，而盛於南宋，嚴君平亦即其儔，今已失傳，而日本之所謂「影
> 象」，類似吾國之伏象，惟不限以震伏巽，艮伏兌，大概與意象略同，
> 說詳東京《易》學討論會，丁巳年發行之《易》學雜誌，亦足供學
> 者之參攷也。〔註73〕

足見杭辛齋非但熟稔日本《易》學概況，且於其來源，皆能詳細言之，誠爲
善學《易》者，亦足助初學者開拓眼界與心胸。

## 二、美國國會圖書館所藏《易》學

杭辛齋亦曾透過友人江亢虎之關係，得知美國國會圖書館所藏《易》學
著作之概況，其於〈美國圖書館所藏之《易》〉指出：

> 美國國會圖書館，以四十萬金鎊，專爲購買中國書籍之用，除前清
> 殿板各書，爲清政府餽送外，其餘所采購中國書籍，亦有數千種
> 之多，皆爲日本人所販運，直接購自中國者無幾也。友人江亢虎君，
> 現爲其漢文部之管理員，丁巳復間回國，邂逅於滬上，云：彼中所
> 藏《易》部，亦幾有四百種。因囑其將目錄鈔寄，以較杭辛齋所藏
> 者未知如何？然彼以異國之圖書館，而其所藏，視本國四庫所有，
> 至兩倍有半，殊足令人生無窮之感也。〔註74〕

可見杭辛齋不徒關心歷代之《易》學學者及其著作，凡能力可及者，必盡力
蒐集、閱講，足見其拳拳赤心，唯以推廣《易》學爲志業。其不拘一家一時
之說，亦不分東西古今之學，若可資說《易》廣《易》者，皆廣徵博引，足
見其治《易》之開闊格局。

---

〔註73〕《易楔》，卷3，頁135～137。
〔註74〕同前註，頁17。

# 第四章　杭辛齋《易》學內涵

　　杭辛齋《易》學之內涵，可分就象數、義理、圖書、科學四方面探究。蓋杭辛齋《易》學特色，氣象宏大，能融鑄象數、義理、圖書、科學於一爐，自民國以來，斐然成一家之言。究杭辛齋習《易》說《易》之用意，有其時代背景，乃在昌明重光《周易》，恢復國人自信，並期冀能國人師法《周易》蘊含之義理，如制器尚象，用以改善生活，提昇國力，進而與世界文明融合接軌，此則杭辛齋說《易》之深意。

　　欲觀杭辛齋之《易》學內涵，必先言象數《易》學與義理《易》學：蓋杭辛齋之《易》學認知，可以「象數為體，義理為用。」言詮，其受師傳京氏《易》之影響，《易》學觀近似清儒惠棟，以漢人去古未遠，所傳諸說較近《周易》原貌，故得周秦諸子一章一節，勝得漢人之書一卷，益勝得唐後之書百卷〔註1〕。因此杭辛齋治《易》，不自覺以漢《易》之說為深究重點，其說《易》之法，亦以象數說《易》為大端，此亦其說《易》之一大特色。然杭辛齋以象數說《易》，徒一過程與手段，不宜拘執，去象者妄，執象者鑿，其目的乃在闡明經傳義理，切合人倫日用，一則可免漢《易》支離牽合之流弊，一則能濟宋《易》空言心性之無徵，出入漢宋，盡取菁華，〈再說乾坤為易之門〉言：

　　　三代以前，《易》道陰陽，必有其書。孔子贊《易》，多取材於是，

---

〔註1〕《學易筆談·二集·參同契》云：「古人文字單簡，非薈萃各家之說，參觀互證，往往不能喻其意義所由來，及其精妙之所在，故得宋後之書百，不如得漢人之書，雖單辭隻義，首尾不完，亦必有所取證，足為引伸充類之助。況其首尾完備如《參同契》者，可不寶哉！」

—93—

> 故立言皆有統繫，一一與象數相合，非如後儒之言陰陽，談性理者，
>
> 信口任意，茫無涯涘也。〔註2〕

可知《周易》經傳之一字一句，皆與象數相合，杭辛齋以爲理數一如，不可離黜，離數言道，則爲空談。其《易》學之終極關懷，仍是以切合日用生活爲主，是故其《易》學內涵與精神，可謂「義理爲體，象數爲用。」

圖書之學，興於北宋，迄今已爲《周易》研究重要部分，其中以先天、後天、〈河圖〉、〈洛書〉、〈太極圖〉等爲主要論述內涵。杭辛齋以圖書爲承載經、傳之器，言《易》亦須參照圖書，則可更爲全面，其於〈河洛平議〉言：

> 夫河出〈圖〉，洛出〈書〉，聖人則之。孔子〈繫傳〉固明言之，而
>
> 河不出圖，又見於《論語》，天球河圖，亦陳於〈顧命〉，是〈河圖〉、
>
> 〈洛書〉之非妄，與聖人作《易》之取則於〈河〉、〈洛〉，雖蘇張之
>
> 辨，不能蔑其說也。〔註3〕

上引〈繫辭傳〉、《論語》、〈顧命〉之記載，以〈河圖〉、〈洛書〉本已有之，唯漢後不傳，至宋自道家出，非如清儒黃宗羲、胡渭、毛西河所駁。杭辛齋言聖人作《易》之取於〈河〉、〈洛〉，可知其以爲圖書之與《易》學，關係密切，不可棄圖書而言《易》，是故圖書者，亦爲杭辛齋《易》學之重要內涵之一。

杭辛齋說《易》，不主一端，凡足與《易》道相發明者，皆博采旁搜、不限時地，以資說《易》。杭辛齋所處之世，西學東漸，加以其青年時期遊學同文館，涉獵數學、物理、化學、天文等中西學術，又嘗受張之銳《易象闡微》〔註4〕啓發，故其說《易》，常援引新知識、新名詞、新概念，以會通《易》學，此爲杭辛齋《易》學之一大特色，並爲二十世紀以來所謂「科學《易》學」作一先導。故科學《易》學，亦爲杭辛齋《易》學內涵之一，並爲最具特殊性者，足於使杭辛齋於《易》學史上留名。

今就象數、圖書、義理、科學四部份探索杭辛齋之著作，以了解其《易》學內涵。

---

〔註2〕《學易筆談‧二集》，卷3，頁125～126。

〔註3〕同前註，卷2，頁68～69。

〔註4〕張之銳：《易象闡微》（臺北：成文出版社，1976年，嚴靈峰編《無求備齋易經集成》第123冊。據清宣統2年排印本）。

# 第一節　象數《易》學

　　象數本《易》之一端，杭辛齋不滿學者有言《易》而遺棄象數者，殆因
王弼掃之流弊所致，〈十字架〉言：

> 自王弼以玄理說《易》，後世畏象數之繁，因靡然從之，創掃象之說，
> 自是象數與《易》，又離爲二。周子傳〈太極圖〉，道果在是矣！而
> 器已無存，則道亦不亡而亡矣！〔註5〕

杭辛齋以王弼掃象之後，後世學者主其說者，乃辟其玄談，是買櫝還珠。象
數與《易》爲二，則《易》之內涵不復全矣！又以周敦頤傳〈太極圖〉，後學
多以此圖本《易》之所有，反而限制學者思考，所謂「道亦不亡而亡矣」！
是則杭辛齋所痛者。

　　〈先後天八卦平議〉亦言：

> 正王弼所謂「得意忘象」，惟得其意，乃可忘象，後人誤會王說，未
> 窺其意，即曰：「掃象。」又何《易》之可言乎？〔註6〕

未得《易》意、先棄象數，此乃王弼《易》學末流之弊，亦杭辛齋所疾，故
重《易》之象數。夫杭辛齋實非惡王弼《易》學，而惡後學之投機取巧，未
明象數即高談弼《易》，後遂以象數艱瑣而避言之，難免有疏空之嫌，是則杭
辛齋所畏者。

　　〈讀《易》之次序〉又言：

> 自王弼掃象，後之言《易》者，以性理爲精微，凡陰陽五行、九宮
> 星象，皆目爲蕪穢而絕口不談，不知《易》道廣大悉備，況占筮本
> 術數之一端，陰陽乃《易》道之大綱，旣言《易》，而屏除陰陽，旣
> 不明術數，而仍欲言占卜，豈非至不可解之事乎？故余以爲欲明象
> 占，宜求諸術數，更由術數而求諸經義，方可謂技焉而進於道，必
> 有超出尋常而爲術士所不及者。蓋此正吾輩之責耳。〔註7〕

其謂說《易》不能空談心性，必須求諸象數，方不蹈虛空，進而以象數會
通全《易》之一卦一爻，然自王弼一出，學者或畏漢《易》象數之瑣雜，
故弼說一出，景然宗之，陰陽五行，九宮星象諸說逐漸式微，杭辛齋深惜
之，以象數之不可棄。蓋因《易》者，原爲卜筮之書，卜筮爲象之一端，

---

〔註5〕《學易筆談‧初集》，卷4，頁193。
〔註6〕同註4，頁62。
〔註7〕《學易筆談‧初集》，卷1，頁52。

陰陽爲《易》道大綱，豈可廢棄象數而不言？故其講《易》，特重象數，然亦不盡言象數。杭辛齋以象數爲說《易》之主要方式，終以義理爲依歸，是乃詳人所略，略人所詳，故不宜盡以象數《易》學概括杭辛齋《易》學，亦不宜以尋常術士視之。

象數於《易》學中，究有何用？杭辛齋〈鬼神之情狀〉言：

> 季路問事鬼神。子曰：「未能事人，焉能事鬼？」問死。子曰：「未知生，焉知死？」此即原始反終之說，言之所不能盡者，聖人以象顯之，以數明之，精氣爲物，游魂爲變，於六十四卦之象數推衍，皆合乎物理之自然，或有或無，各依其類而未可概舉也。〔註8〕

道之不可見，然言又不能盡，故聖人以象顯之，以數明之，因《易》之立言，無一不倚於象數，乃明道之憑藉，故杭辛齋以爲切不可因其精微幽深而棄之，反當細細思索，以悟其貫通經傳，故明道之憑藉，乃象數之大用。

杭辛齋以爲象數乃《易》之本有，萬不可離象數而言《易》，其於〈卦數第七·八卦成列數〉言：

> 宋後言《易》，先別門戶，爭道統，宗宋者以老莊之說爲異端，宗漢者以先天卦位爲不經，而《易》遂無從言矣！程《傳》號爲《易》學正宗，而程子自序，謂予所傳者，辭也。冀學者由辭以得其意，然〈彖〉、〈象〉、《十翼》之辭，無一辭一字，不由象數而來，舍象數而言辭，辭烏從得哉！〔註9〕

可知杭辛齋以〈彖傳〉、〈象傳〉、《十翼》之一字一辭，皆自象數而來，故萬不可廢棄象數而言《易》，此其立說根據。

至於《易》象與《易》數之關係爲何？〈象義一得〉言：

> 「然則象之倚於數者如何，可略舉其例歟？」曰：「《易》之爲書，參天兩地而倚數，三畫成卦，參天也。因而重之，兩地也。六畫而分三才，又參天也。三才才而迭用柔剛，又兩地也。用九、用六，又參天而兩地也。故《易》之立言，殆無一不倚於數，詳言之，非短辭所能罄，當別論之，象之倚數，亦不能離乎陰陽，陽數參天，陰數兩地，參兩之數，無不原本天一至地十之五十五數，而折爲五行，分寄於象，故象之言數，以根於五行及九宮之數爲多，而五行各有

---

〔註8〕《學易筆談·初集》，卷2，頁101。
〔註9〕《易楔》，卷4，頁152～153。

始有壯有究，數又有別也。《易》窮則變，窮於數也。是故欲明象之
數，必先別其時位，時有三候，位有三等，明乎此於象倚於數之理
思過半矣！〔註10〕

杭辛齋以爲，漢代以後象數原理失傳，後世學者《易》學注疏，多爲象自爲
象，數自爲數，甚少合而言之者。如《皇極經世》，以言《易》數爲主，《來
氏易注》以明《易》象爲主，杭辛齋以爲觀象必倚數，否則舍數而言象，而
象茫如捕風矣！蓋因象之與數，皆經傳所本有，言象必須倚數，言數亦須合
象，象數不可相離而全，更上一層，言《易》亦不可離象數，此則可於杭辛
齋《易》學著作一再得證，亦杭辛齋《易》學觀要目之一。

　　《易》象與數之關係，不可相離，然則究竟象先數後？抑數先象後？由
「象數」一詞，似應象先於數，是否必然？〈象數瑣言〉言：

或問：「象與數孰先？」曰：《左氏傳》物生而後有象，象而後有滋，
滋而後有數，漢學家據此以駁宋儒由數生卦之說，謂象先而數後，
理固然也。然此以論生物之始則可；若專以論象數，則固無確定之
先後可言，且象與數，亦與有未易分析矣！如一畫開天，一即數也。
畫即象也。即象即數，何從分析？更何有先後？若執以推數，似乎
先有象而後有數。然未推之即，數已即象而具，非至旣推以後而數
始生也。若揲著求卦，謂象由數生，亦未始不可。執片面之辭以攻
擊非難，已爲學人之通病，象數先後，未有一定，強詞辨之無當也。
〔註11〕

杭辛齋以「一畫開天」證明象數爲一，不分先後，其論：一者，數也；畫者，
象也。數即象，象亦即數，故不須分其先後。此說則與觀象必倚數，言數必
須合象可相合，亦可與其氣、理、象、數三者體用一如之說，互相印證。

　　杭辛齋何以特重象數《易》學？其動機可由〈六合三合〉得知：

五行災祥，本諸一身，其道皆出於《易》，孔子上下〈繫傳〉取〈中
孚〉、〈咸〉、〈履〉各卦，反覆丁寧，示人以立身立德之道，其精義
皆合於卦日月之法象，無一用虛設者，後儒空言釋之，致《十翼》
盡等具文，無由徵實其所用之所在，反目五行家言爲小道，斥爲象
數者爲蕪穢，學者畏難而喜易，遂以空談爲《易》學之正軌，《易》

〔註10〕《學易筆談・初集》，卷3，頁148～149。
〔註11〕《學易筆談・二集》，卷4，頁237。

於是乎不亡而亡矣！〔註12〕

學者畏難尚簡，先以象數雜瑣爲難，即逕謂術家象數爲蕪穢小道，不屑言之，久而久之，象數幾近失傳，賴清代乾嘉學者努力復興漢《易》，而杭辛齋振其瀾，《易》之象數方不致失傳。故以象數說《易》，實爲杭辛齋說《易》之大端，今吾人列「象數《易》學」爲杭辛齋《易》學內涵之首，蓋因於此。

# 一、論《易》象

## （一）《易》象之觀法

《易》象如如何觀之？《愚一錄易說訂‧卷一》之案語曰：

> 杭辛齋按：此所謂模稜之論也。夫既知《易》之有象矣，求之不得，而又不欲深求，此《易》象之所以終不能明也。孔子曰：「《易》廣矣！大矣！」豈僅本卦、互卦、變卦所能盡？并此而不求，則無殊學算者，但求加減，而不問乘除，尚侈語於人曰：「自一至十，吾已盡識。」天下之數，孰能外此？彼乃求之加減不已，更求諸乘除，乘除不已，更求諸少廣微積，是亦不可以已夫。朱晦菴以後之言象數者，大率類是。〔註13〕

《易》本有象，故須求象，方能明《易》。求象不得，必復深索。杭辛齋以爲，如求本卦不得，復求互卦；不得，再索變卦，則可得之，《易》象方有重明之日。就本卦、互卦、變卦，此似焦、京說《易》。杭辛齋舉其習數學之歷程與經驗，蓋求一數，先求之加減。不得，更求之乘除。又不得，再索之微積分，方可謂之習數。今舉杭辛齋觀〈鼎〉象爲例：

> 〈鼎‧象〉曰：「〈鼎〉，象也。」舊說謂象即象形，合離、巽上下六爻，即象鼎之形；下巽之初，偶爻象鼎之足，巽之上二爻，與上離之下爻，三奇象鼎之腹；離中之偶爻，象鼎之耳；離上之奇爻，象鼎之鉉，合之宛然全鼎也。嗚呼！是眞兒戲之言矣！夫象有形亦各有理，故有相似之象，有相通之象，而決無相反之象，言象者，除取證於經文外，當以〈說卦〉爲宗，即荀九家與孟氏及諸家增廣之象，亦無不取則於經文，非可臆造也。〈說卦傳〉明明曰震爲足矣，而今乃以巽爲足，不適相反乎？〈說卦傳〉明明曰坤爲腹矣，而今

〔註12〕《易數偶得》，卷1，頁44。
〔註13〕《愚一錄易說訂‧卷一》，頁35。

－98－

以三奇爻之乾爲腹，不又相反乎？〈說卦傳〉明明曰坎爲耳、離爲
目矣，而今乃離之中偶爲耳，有是理乎？或曰：「此但取各爻之畫以
象形耳，非以卦論也」。然鼎必三足，今乃以巽初之偶爲足，幾見有
兩足之鼎乎？以模糊形似爲象，而不問卦理，且顯悖於〈說卦〉，而
不顧，豈非兒戲？〔註14〕

杭辛齋以爲言象，除取證於經外，當以〈說卦〉爲宗。杭辛齋不以舊說〈鼎〉
象☲乃鼎之象形爲然，其證成之說有三：

其一，以巽爲足，〈說卦〉則以震爲足。

其二，以乾爲腹，〈說卦〉則以坤爲腹。

其三，以離爲耳，〈說卦〉則以坎爲耳。

以上三象之取，皆不合於〈說卦〉，且鼎之足多爲三足，如何以陰爻爲三
足之象耶？此則杭辛齋所謂「以模糊形似爲象，而不問卦理」，且明顯悖於〈說
卦〉。吾人可知杭辛齋觀象，當以〈說卦〉爲宗，且不得違背卦理，此其觀象
之理。

然則〈象義一得〉言：

巽爲雞，離爲雉，雉俗呼爲野雞，亦雞類也，巽既爲雞，何不足以
概雉，又特著於離，似近煩複矣！乃細察象義，則巽二陽在上，陽
以象雞之翅，二陽重疊不分，故雞不能飛，離則兩陽在外，兩翅開
張，故雉能飛，取象之妙，其細微不遺如此。兌爲羊，說者謂羊性
外柔內剛，故《陰符》曰：「猛如虎，狠如羊。」羊見死，絕不畏避，
且不號呼，切齒瞪目以就刃，剛狠極矣！而外極柔順，故以象兌之
外柔內剛，是也。猶未盡焉！兌，正秋也，五行屬金，土能生金，
兌金爲羊，故土可種羊，而土之怪，亦曰「羵羊」。象理物理之妙合，
實不可思議！〔註15〕

杭辛齋〈鼎象〉一文中，不以學者以「鼎之象形」說〈鼎〉卦之象爲然，其
以象數彌縫，另立一家之言。然此處又以「象形」辨巽爲雞、離爲雉爲別，
乍視之，杭辛齋說象標準恐有前後不一之嫌。復思之，杭辛齋觀之法則，
先以聖人觀象取乎自然，且須合於經傳。蓋經傳亦聖人之所作，亦不違自然，
必合此二者，方可謂合於自然，此乃杭辛齋取象之原則。

---

〔註14〕《學易筆談·二集》，卷2，頁114～115。

〔註15〕《學易筆談·初集》，卷3，頁133～134。

〈血卦乾卦〉亦言：

> 而〈說卦〉言象，尤往往舉甲以概乙，又或對舉相互以見意者，如
> 乾爲圓，則坤之爲方可知。巽爲臭，則震爲聲可知。此以離、〈乾〉
> 卦，以與坎之血卦相對，貞者，事之幹也。乾貞在坎，而著幹之義
> 於離，離其類爲血，而存血之文於坎，交互見意，錯綜成文，可謂
> 極天下之至精至變者矣！故《易》之爲書，廣大悉備，孔子贊《易》
> 之文，悉與相稱，一名一字，於形聲訓義，均鉤深致遠，無不各有
> 精義存乎其間，非言語所能形容也，舉一三反，是在讀者之神而明
> 之。〔註16〕

觀上文可知：杭辛齋以各卦之象交互見意，可謂極天下之至變。如見乾象爲圓，
可知坤象爲方。蓋其因《易》之爲書，廣大悉備，孔子作《十翼》，於一名一字
中注入深意，故可以形聲訓義，互相鉤貫經傳之一字一句，即杭辛齋所謂「无
一字之閑文」。此則杭辛齋揭示觀象之法，即互見其義，或以形聲鉤貫。

此外，杭辛齋〈觀象之方法〉〔註17〕、〈讀易之次序〉〔註18〕亦詳細揭示
《易》象之觀法，因原文過長，以下歸納整理出六步驟，並作一簡表以明杭辛
齋觀象之法：

| 杭辛齋觀象之步驟 | 說明、例證 |
| --- | --- |
| 1. 觀卦序之次與本卦之命名。 | 《周易》之卦序，與《連山》、《歸藏》不同，《周易》之象辭、爻辭，皆一依〈序卦〉之義，如〈乾〉〈坤〉後繼之以〈屯〉，〈屯〉後次之以〈蒙〉。 |
| 2. 觀〈象〉、六爻、本卦之名義相發揮。 | 如〈睽〉之六爻，曰：「喪馬勿逐，自復」、「見惡人无咎。」曰：「遇主於巷。」不觀卦名之義，其爻辭即無從解釋。蓋〈睽〉有乖舛違戾之意，故其辭爻無不乖違。夫喪馬，宜逐者也，乃勿逐自復；見惡人，宜有咎者也，乃无咎；遇主應於朝廟，今乃遇之於巷者，皆乖異之極者也。蓋當〈睽〉之時，禍福顛倒，見爲禍者或且爲福，見爲福者或反得禍，以下爻辭，亦皆類此，若不明〈睽〉之義，又何從而測之？ |
| 3. 讀其辭，玩內外之卦象。 | 如水火相息，水上火下爲〈既濟〉☲，二女同居爲〈睽〉☲爲〈革〉☲之類，皆合兩卦之名義而取象者，不可不察也。 |

〔註16〕同前註，頁114～115。
〔註17〕《學易筆談·初集》，卷1，頁54～57。
〔註18〕同前註，頁45～54。

| 4. 分六位觀之，以驗爻辭與〈象傳〉是否與所觀之象合，若否，以中爻、互卦、反卦、對卦，與上下交易之卦，必求之合。 | 如山風〈蠱〉☶☴，六爻皆取父母之象，反覆推求不能得，考之各家註釋，亦均無發明，故以下一驟觀之。 |
| --- | --- |
| 5. 詳玩先後天八卦，以本卦之方位相合。 | 承上例，最後求之先後天方位，乃恍然矣！蓋艮、巽在〈先天圖〉中，巽西南而艮西北，卽後天干、坤之位，乾父坤母，故〈蠱〉卦之父母之象，卽由此而來。 |
| 6. 以假借虛字反覆求之。 | 聖人彖、象之辭，皆根於卦象，無一字之虛設，無一義之虛懸，卽假借之虛字，亦均與卦象有關，而〈象傳〉之韻，更字字分陰分陽，或雙聲疊韻，或一字兩音，則必陰陽相二，而以一字兼絡二卦之義者也，精細緻密，剖析毫芒，故讀《易》必須字字咀嚼，字字反覆推求，方能得聖人之意於萬一也，一卦旣明大意，然後推之於類卦，以及六十四卦，證之以〈繫辭〉、〈雜卦〉，更參之以數理，準之以天時，《易》之道庶幾其可通矣。 |

　　除上述六步驟外，杭辛齋言觀象之法則，亦可見於〈象義一得〉〔註19〕所揭示之另外七項法則，其中引《論語・為政》，孔子觀人之法來言觀象之法，甚為切合有理，尤為精彩！足見杭辛齋認為觀象亦須合於人情事理，象數、義理，誠為一也。唯原文亦長，今作表以理其端緒：

| 觀象法則 | 說　明 | 例　證 |
| --- | --- | --- |
| 1. 存其義 | 凡言象者，不可忘《易》之義，《易》義不易者其體，而交易、變易者其用，故八卦之象，無不交錯以見義。 | 乾為圜而形著於坤，離為日而光被於月，正秋者西也，而日行東陸，出震者東也，而日行西陸，執片面以言象，象不可得而見，泥一義以言象，象不得可而通也。 |
| 2. 合其數 | 凡言象者，不可忘其數，天一、地二、天三、地四、天五、地六、天七、地八、天九、地十。黃帝而後，皆以干支紀之，卦有定位，即有定數。 | 《易》數〈乾〉元用九，乃天一不用，用地二至地十，數定而象之無定者，可因數而定，故觀象必倚數，如體物者，必準諸度量，測遠者必察其角度，自舍數言象，而象茫如捕風矣！ |
| 3. 明其體 | 凡言象者，不可不明其體，體者，用之主也。故卜筮者亦曰：「取用」，以所用者為主，而後察他爻 | 如乾也，大則為天，小則為木果。如坤也，大則為地，小則為布、為釜。坎為大川，小則為溝瀆。 |

| | | | |
|---|---|---|---|
| 援引孔子觀人之法 | | 之或從、或違、或動、或靜、爲利、爲害，吉凶可得而斷焉！用有大小，象則因其小而小之，因其大而大之。 | 離日大明，小亦爲螢火，小大無方，各隨其體，明體以達用，象之用乃無窮矣！ |
| 援引孔子觀人之法 | 4.視其所以 | 凡言象者，不可不視其所以，以者與也。及也。卦因而重之，重爲六畫，實具兩象，兩象必以其一爲主，則必有所與，而六畫之二、三、四、五中爻之象，其變動所生之象，無一而非與也，所與者而善，乃吉之幾，所與者而不善，乃凶之兆，而善惡又有大小之殊，所與者又有遠近之別。 | 〈繫傳〉曰：「遠近相取而悔吝生。」又曰：「凡《易》之情，近而不相得則凶，或害之，悔且吝。」故必觀其所與者之善惡之大小，及情僞遠近，然後吉凶生而悔吝著，庶乎可得象之用焉！ |
| 援引孔子觀人之法 | 5.觀其所由 | 凡言象者，不可不觀其所由。〈繫傳〉曰：「辭也者，各指其所之，此有所之者，即彼有所由。」〈文言〉曰：「臣弑其君，子弑其父，非一朝一夕之故，其所由來者漸矣！」蓋於〈坤〉之入一爻「履霜堅冰」，爲三百八十四爻之所由來者，舉其例焉！觀象者先明定其體象之所在，而更觀其所由來。 | 如〈乾〉之〈姤〉，若用乾爲天，下巽爲風此風所由來爲乾，乾爲西北之卦，即西北風也，乾爲冰爲寒，若用乾爲木果，則巽不取象於風，當取象於蠱，因巽所由來爲乾，既用爲木果矣！則木豈能生風？自應作蠱斷焉！舉其一例，餘可類推，不觀所由，象烏乎定哉！ |
| 援引孔子觀人之法 | 6.察其所安 | 凡言象者，不可不察其所安，安者，位也。〈繫傳〉曰：「君子安其身而後動」，觀象者既定其主體之所在矣！必察其所在之處，能否得位？位得矣！必察其位之能否得時得用，而後其象始可得而言。 | 如用巽爲木，則必察其所處之位爲甲乙，或爲丙丁、壬癸，或爲庚辛：爲甲乙則當，爲丙丁則相，爲壬癸則生，而庚辛則死，既當或相與生矣！則更應察衰旺，並視所與者及所由者之如何，則象之情可畢見矣！如巽木處甲爲剛木，所由來爲乾，必爲堅強之果木，所與者爲艮，必是園林，爲坤而壯者，爲廣土，其衰者，則爲盆缶，其他可準此。 |
| 7. 明消息盈虛 | | 凡言象者，不可不明消息，消則滅，息則滋，消息之大焉者也！言象者必先明乎消息盈虛，而象始可明。凡一卦本體之消息，或因時言之，或以位論之，當其消焉！象雖吉而未可言福，當其息焉！象若凶而益長其禍，其時值消而位當息，或位據息而時見 | 乾息坤，坤消乾，陰陽之大義，造亡之橐籥，物理之所莫能違，人事之所莫能外。故物無大小，事無巨細，嚮之言《易》者曰：「吾治經，非以談休咎。奚用此術數爲？」而不知《易》以道陰陽，原本天地之數，以著天地之象，以通神明之德，以類萬物之情， |

消，則須辨其重輕，而異而分劑，或可亭毒均處而劑其平，或雖截短補長，終莫齊其數，則又勢爲之，未可泥於一端也。蓋勢之所趣，每善不敵惡，福不著禍，一薰一蕕，十年尚猶有臭，一朝失足，而畢生之功盡棄，此君子之所以戒惡念之萌，而《易》道所以扶陽而抑陰，嚴堅冰之防於履霜之始也。言象之大要如此，故夫陰陽之順逆，五行之休廢，氣數之盛衰，均不可不辨焉！

非數則無以見《易》，非數即無以見象，未有象不明而能明《易》者也。舍象以言《易》，故宋儒之言性理，往往流於禪說而不自知，舍《易》以言象，方士之鼎爐，每每陷於魔道而殺其身。唯之與阿，相去幾何？然方士之說，不足以惑人，尚其害之小者也。

視上二表，可知杭辛齋析言觀象之法，條理井然，說贍徵詳，足可成一家之言。尚秉和評《學易筆談》言：

卷三中之〈象義一得〉，尤精微奧妙，合易理與數術，揉而爲一，發前人所未發，爲近代罕有之易家。〔註20〕

所言不虛，實爲善評，可謂杭辛齋知己。

### （二）《易》象之作用

《易》之象於《易》學中有何作用，致使杭辛齋不辭煩瑣，戮力闡明？〈畸象〉言：

> 聖人作《易》，以言之不能盡意，而立象以盡意者，正以言難兩歧，
> 而象可通變，但通變而得其當，無悖於聖人立象之恉，斯可矣！

〔註21〕

杭辛齋以聖人作《易》，有言之不可盡者，故立象以盡意，蓋象者，可通神明之德，可類萬物之情也，乃因象可通變，不似文字之侷限性爲大，可較全面籠絡聖人作《易》之深意。杭辛齋言《易》象之作用，殆本於〈繫辭傳〉。

〈星曜神煞繹義〉亦言：

> 蓋陰陽五行之氣不可見，藉其行度之數，以覘其順逆往來，及盈
> 虛消息，故推算首重在數，但數能無誤，雖立法各異，而收效亦
> 同。象以代數，已可更易。若神煞星曜諸名，則更以補象之不足，
> 而藉（案：藉之誤）以爲符號耳。陰陽者，如代數之負與正也，

---

〔註20〕尚秉和：《續修四庫全書總目・經部上・易類提要》（北京：中華書局，1993.7），頁177。

〔註21〕《學易筆談・二集》，卷1，頁30。

五行者，加減也。但加減與正負不誤，其代數之名詞符數，不妨以意為之也。惟代數為單純之數，故方式尚簡，而此則數與象兼，且五行又各有其氣，是不啻於正負之外又有正負，加減而後又有加減，且互相加減，而順逆生克，又生吉凶，是以不能不設種種之名稱以為符號，而名稱亦不能不含意義，以辨吉凶，此星曜神煞之名所由來也。〔註22〕

《易》象之作用，在於明《易》。杭辛齋以聖人作《易》，以言不能盡意，故立象以盡意，蓋「象」之涵括性，較文字為大，故以象詮《易》之意蘊，較文字更加周全。此則《易》象之大用。

然則，若象尚不足全意，如何裨補？杭辛齋以為陰陽五行、神煞星曜諸名，咸可補強。蓋杭辛齋以「氣」為萬物創生之本體，然不可見焉！聖人先以其行度之數，覘其順逆及盈虛消息。再者，象以代數（案：於斯則見杭辛齋以數先象後，與前言「象數不分先後」有所矛盾）。不足，再以陰陽五行、神煞星曜諸名，以補象之缺失。

再者，杭辛齋藉代數之「符號」，以明上述之理。其以正負言陰陽；加減言五行：如五行之「相生」者，可以「加」比之；「相克」者，可以「減」比之。杭辛齋說《易》，欲以數兼象，然則象又可以陰陽五行細分，是則陰陽五行又各有其氣，更為複雜，故不得不設種種之名稱以為「符號」，方能層層上推，以明氣知《易》。可知杭辛齋以《易》之象、陰陽五行、星曜神煞諸名，其作用在上推聖人作《易》之深意，其性質可以「符號」理解。而《易》象之作用，在明《易》之義蘊。

### （三）《易》象與卦義

杭辛齋以聖人作《易》，有言之不可盡者，故立象以盡意，蓋象者，可通神明之德，可類萬物之情，由象可較聖人作《易》之深意。《易》象之大用，在闡明卦義。〈繫辭傳〉曰「聖人設卦觀象繫辭焉」、「立象以盡意，設卦以盡情偽」，亦言《易》象乃在闡明卦義，關係甚密。以下試舉二例以明《易》象與卦義之關係。

例一，杭辛齋〈平等〉言：

〈謙·象〉曰：「君子以裒多益寡，稱物平施。」言平等之義，莫精於此者也。然多寡之數，終莫能齊，平施之道，即無止境，聖人體

---

〔註22〕《學易筆談·二集》，卷4，頁230～231。

察陰陽，亭毒萬彙，因象顯義，聊示其端。〈坎〉曰：「祇既平。」
緣物性之平，莫平於水，故後世求物之平者，皆取準於水，然河海
之水，曾無一刻之平，一波未平，一波又起，舉世物情亦復如是。
〔註23〕

此以物性之平，莫平於水，故〈坎〉爲水，曰：「祇既平。」乃以其卦象爲水，
故〈坎·九五〉之爻辭有「平」之義。由《易》象上推卦義，乃聖人立象以
盡意之證。

蓋一卦之象可謂無盡矣！取象觀象之原則爲何？杭辛齋以聖人取象必出
乎自然，雖極其精深微妙入神，然不至委曲比附。故杭辛齋觀《易》象，必
取自然之象，以此推求卦義，較合聖人之意。〈畸象〉言：

夫《易》之象爻，無一不根據於卦象而演繹者也。有象所有，而象
爻或略而闕者有之矣！未有象所本無，而象辭爻辭憑空增入者也，
故全《易經》文，無一字虛設。無論爲虛字，爲助辭或假借字，斷
無不與卦象相關，況明明爲物象，豈可因其假借之義，而置其本象
於不論哉！……社過則无燕，故有不燕之象，其釋經之當否？茲姑
不論，即燕之取象，亦曲折附會之甚，不知聖人之象，雖極其精深
微妙入神，但必出於自然，斷無如此之委曲比附也。〔註24〕

上言「象爻」、「象辭」者，即言「卦爻」、「卦辭」。又畸象者，乃謂《易》象
只見於一卦或一爻，而他處不再見者。杭辛齋舉〈中孚·初九〉：「有它不燕」
之「燕」象爲例，言聖人取象，必出於自然，不至委曲比附，所以不宜再以
假借義訓燕爲安，應逕以社燕之燕解其象，較自然直捷。此其取象原則之一。

再者，杭辛齋以〈中孚〉☱☴之互卦，初之四互雷澤〈歸妹〉☳☱，三之上
互風山〈漸〉☴☶，〈漸〉☴☶全卦以鴻取象，鴻與燕俱有「信」義；又以〈泰〉☷☰
二至五互爲〈歸妹〉☳☱，而〈泰·六五〉與〈歸妹·六五〉俱有：「帝乙歸妹」
之爻辭，故杭辛齋以〈泰·六四〉：「翩翩不富以其鄰，不戒以孚。」其中「翩
翩」爲燕翔之貌，以言其取燕不取安之證之，杭辛齋以象數證成，必須「極
深研幾，逐字衡量而剖皙之」，且顧全《十翼》，方可下其判斷，此其取象原
則之二。

然上段論證，又與杭辛齋自言：「聖人取象，必出乎自然。」互相矛盾。

〔註23〕《易數偶得》，卷1，頁26～27。
〔註24〕《學易筆談·初集》，卷2，頁28～29。

如此迂曲，實不可謂之自然。再者，舊說如鄭玄注燕爲安，亦合文理，蓋杭辛齋未言「有它」與「不燕」之關聯，亦有所不足。帛書《周易》此爻言：「有它不寧」〔註25〕，可爲訓「燕」爲「安」提供另一證據，鄭玄之注，實亦言之成理。

### （四）《易》象與理、氣、數

〈繫辭傳〉曰：「《易》者，象也」、「聖人設卦觀象繫辭焉」、「八卦成列，象在其中矣」、「立象以盡意，設卦以盡情僞」，乃言《易》象於《易》之重要性。究竟《易》之理、象、氣、數四者之之淵源爲何？〈蓍圓卦方〉言：

> 蓍圓卦方，遂以合天地之文而成天下之象，圓象天、方象地，而所以度此圓方者，則惟三角，故〈洛書〉以三、五、七在中，爲人之數以象三角，以人秉天地之氣以生，其心則圓之心，其邊則方之邊也。蓋以等邊之，三角形三分其中垂線，二分在心上，一分在心下，積數數十，則心在三，積數二十八，則心在五，積數五十五，則心在七，說詳《周易折中》，茲不贅述，義蘊宏深，實爲理、象、氣、數之淵源，初學不可忽也。〔註26〕

其以《易》之理、象、氣、數乃淵源於〈繫辭傳上〉言「蓍之德圓而神，卦之德方以知。」蓋蓍圓卦方，遂以合天地之文而成天下之象。此聯繫《易》之占筮性質與《易》象。又以〈洛書〉三、五、七之三數在中，爲人之數，以象三角，《易》以人秉天地之氣以生，聯繫《易》數與《易》理。

再者，《易》以人秉天地之氣以生，其心則圓之心，其邊則方之邊。蓋以等邊之，三角形三分其中垂線，二分在心上，一分在心下，積數數十，則心在三，積數二十八，則心在五，積數五十五，則心在七，此則融合《易》理、《易》象與《易》數。蓋杭辛齋以《易》之氣爲創生天地萬物之本體，實不可見，故《易》之理、象、數三者，其用在顯《易》氣之依據。是故《易》之理、象、氣、數，應合而觀之，方可明《易》。

復析言之，《易》之象究與理、氣、數有何關係？杭辛齋〈讀《易》之次序〉言：

> 曰：氣者，即天地陰陽之數。故一曰氣始，二曰形始，氣居於形之先，形包於氣之中，流行不息，運化無窮，大無外而細無間，皆氣

---

〔註25〕 張立文：《周易帛書今注今譯·下》（臺北：學生書局，1991.9），頁709。

〔註26〕 《學易筆談·二集》，卷4，頁198～199。

之所周也。然氣之不可見，故顯之以象，而節之以數，析之以理，

言理、言數、言象，皆所以言氣也！〔註27〕

其以《易》之氣爲創生天地之本體，有氣然後有形。然則氣不可見，故顯之以象，而節之以數，析之以理。即理、象、數爲氣之表相與作用。故杭辛齋以爲：《易》象之作用，近似《易》理、《易》數，同爲氣所顯現之憑藉，此四者關係之總論，可知《易》象與氣之關係。

　　杭辛齋將「氣」提至本體之高度，其下一層，則爲理、象、數，三者同爲顯「氣」之憑藉。上段已探求《易》象與氣之關係。以下旨在理解杭辛齋之《易》象對應同層其餘二者之關係，即《易》象與《易》理、《易》象與《易》數之關係。

　　先論《易》象與《易》理之關係：《易》象之大用，在闡明卦義。〈繫辭傳〉曰：「聖人設卦觀象繫辭焉！」、「立象以盡意，設卦以盡情僞。」即言《易》象乃彰顯《易》理之憑藉。上一小節〈易象與卦義〉已舉例論述之，復可參照。

　　再論《易》象與《易》數之關係：蓋杭辛齋以觀象必先倚數，則「合數」爲取象觀象之重要標準，即象數不可離而全者。杭辛齋善會通《易》象與《易》數者，其於〈象義一得〉言：

　　　象之倚數，亦不能離乎陰陽，陽數參天，陰數兩地，參兩之數，無不原本天一至地十之五十五數，而折爲五行，分寄於象，故象之言數，以根於五行及九宮之數爲多，而五行各有始有壯有究，數又有別也。《易》窮則變，窮於數也。是故欲明象之數，必先別其時位，時有三候，位有三等，明乎此於象倚於數之理思過半矣！〔註28〕

《易》之象數原理於漢後失傳，後儒言《易》，常《易》象自爲《易》象，《易》數自爲《易》數，甚少合而言之者。若《皇極經世》，以言《易》數爲主；《來氏易注》以明《易》象爲主，是二書之論，各詳《易》之一端，杭辛齋皆不以爲足。其以爲觀象必倚數，蓋因天地萬物皆可以入《易》象，若舍數而言象，則失一重要判斷標準，如此則象將何由取之，亦從何觀之？蓋因象之與數，皆經傳所本有，言象必須倚數，言數亦須合象，象數不可相離而全，更上一層，言《易》亦不可離象數，此乃明《易》象與《易》數之關係。

〔註27〕《學易筆談‧初集》，卷1，頁49。
〔註28〕《學易筆談‧初集》，卷3，頁149。

是故杭辛齋以《易》之象與《易》之氣、《易》之理、《易》之數關係如下：

1.《易》象與《易》氣：

近似《易》理、《易》數，同爲氣所現之憑藉。

2.《易》象與《易》理：

《易》象之大用，在闡明卦義之理。

3.《易》象與《易》數：

觀象必先倚數，則「合數」爲取象觀象之重要標準，即《易》象與《易》數，不可離而全焉！

以上三條，爲杭辛齋言《易》象與理、氣、數關係之大旨。

### （五）《易》象進化之序

杭辛齋善假天地萬理之理以昌明《易》學，其受友人嚴復翻譯英國博物學家赫胥黎之《天演論》（Evolution and Ethics）之啓發，引其中「進化」（evolution）之概念以說《易》，杭辛齋首先就對《易》下了「進化之書」的定義，〈進化新論〉言：

> 易者，進化之書也。進化者何？隨時變易，以從道也。〔註29〕

杭辛齋認爲進化之理，於《易》中已有，只是後學習焉不察，故開宗明義曰：「易者，進化之書也。」並引〈繫辭傳〉爲證，其又言：

> 觀〈繫辭傳〉制器尚象之十三卦，由游牧以佃以漁取諸〈離〉而進
> 於農商末耜取〈益〉，日中爲市，取諸〈噬嗑〉，由穴居野處而進於
> 宮室。由衣薪葬野而進於棺槨，由結繩而治而進於書契。上古演化
> 之跡，因歷歷可考焉。〔註30〕

聖人制器尚象之事，已明於〈繫辭傳〉，其中有對於人類上古進化之記錄。杭辛齋殆結合卦象、進化等理，倡發此一學說，實言之成理，甚有可觀之處。此亦杭辛齋說《易》方法之一：「以新學說《易》」之另一證據。

杭辛齋《易》學中之進化思想，綰合其著作，體系弘密，請參見第五章第二節之一：〈杭辛齋《易》學之進化思想〉，茲不詳述。本段乃著眼杭辛齋《學易筆談二集・卦象進化之序》中，自《易》象中鉤玄提要，見其蘊含進化之理，以明其卦象進化之端。蓋此說法〈序卦傳〉或已發其端，然杭辛齋

---

〔註29〕《學易筆談・二集》，頁77。
〔註30〕同前註。

用力益深且說法精絕，巧妙融合西方新說「進化」之論，與傳統象數「互體」之法，將〈乾〉至〈隨〉分成十六期，從天地初分直至當時最流行的社會主義，無不括囊其中，甚至預測後世：「必將以柔勝剛，以弱制強，而女權亦必擴張，此則可斷言者也」，足明其《易》象進化之理。唯原文甚長，故作表以明其緒：

| 期別 | 卦名 | 狀態（合於進化理論） | 卦象與其變化（多用互體） |
|---|---|---|---|
| 1 | 〈乾〉☰<br>〈坤〉☷ | 上天下地、天地初分。 | 乾上爲天，坤下爲地。 |
| 2 | 〈屯〉䷂ | 〈乾〉、〈坤〉以後，首繼以〈屯〉。見天地之初分之後，地中純陽鼓動如雷，發生地氣，爲四周天空之冷所激，氣皆化水。 | 坎上爲水，震下爲雷。 |
| | | 徧地之上皆水，而山亦淹沒水中，與西史所述情狀，悉相符也，此乃地球初成，水陸未分。 | 中爻二至四爲坤，三至五爲艮，坎爲水，艮爲山，坤爲地，震爲雷。 |
| 3 | 〈蒙〉䷄ | 〈屯〉後受之以〈蒙〉。山已高出地上，地已高出水面。 | 艮上爲山、坎爲水，中爻二至四爲震，三至五爲坤，震陽上升。 |
| | | 草木茂盛蓬勃之象焉！此則水陸既分，萬物滋長。 | 坤爲萬物，在震起艮止之中，有生有成 |
| 4 | 〈需〉䷄ | 〈蒙〉後受之以〈需〉。〈需〉者養也，萬物既生，各得所養，燧人火化，民已知飲食之道。 | 其卦坎上乾下，中二至四爲兌，三至五爲離，兌金離火。 |
| | | 在〈蒙〉之時，萬物皆天地自生未假人力，進化至〈需〉則有火有水有金，而人工之製造，漸已創始，雖有製造，未盡合用，於是聖人發明數度以前民用，而後民始知有生之樂矣！其先後之次可見。 | 中二至四爲兌，三至五爲離：兌金離火，上至四互水火〈既濟〉䷾，五至二互火澤〈睽〉䷥，上至五互水澤〈節〉䷯，二至初互火天〈大有〉䷍。 |
| 5 | 〈訟〉䷅ | 〈需〉後繼之以〈訟〉。〈訟〉者爭也。制作既興，民知有利，利者爭之媒也。而爭者，即進化之漸也。 | 上至四互天風〈姤〉䷫。〈姤〉者遇也，天地相遇，品物咸章也。爭息則相遇相合。其卦乾上坎下，中爻二至四爲離，二至五爲巽，四至初互火水〈未濟〉䷿，五至初互風水〈渙〉䷺，惟爭則渙。 |

| | | | |
|---|---|---|---|
| | | 〈巽〉以齊之，爲工爲長，百物以興，乘木有功，舟楫以通，是天下之事，因競爭而進步者也。 | 渙則〈既濟〉䷾亦爲〈未濟〉䷿，上至二互天火〈同人〉䷌，通其志，則爭息。 |
| 6 | 〈師〉䷆ | 〈訟〉後繼之以〈師〉。師者，眾也。人物之滋生日眾，則爭之途益廣。於是師旅以興，本至順之事也，以見古人之師，容民畜眾，以防民之爭，非以戮民也，以衛民之生，非以殘民也。故曰：能以眾與者，能以眾正，眾非以眾暴寡也。 | 爲卦坤上坎下，水由地中行。 |
| | | 夫天地之心，於何見之？即見之眾人之心而已。故曰：「天視民視，天聽民聽。」〈坤〉爲民，〈坎〉爲法，此民眾立法之時代也。 | 上至二互〈復〉䷗，〈復〉見天地之心。 |
| 7 | 〈比〉䷇ | 〈師〉沒受之以〈比〉。〈比〉象地中之水，泛濫於地之上，乃至不祥之事也。蓋生民日眾，占地日廣，以氣候之不齊，原隰之不同，而好惡利害，不能無異，民法雖立，便於此者，或不便於彼，利於甲者，或不利於乙，〈兌〉、〈師〉、〈旅〉之制已興，兵革之禍難免，於是有強者興焉！ | 坎上坤下。 |
| | | 力足以服眾，智足以用眾，一人首出，君臨萬邦，運會所至，亦有不期然而然者，卦象以〈坎〉、〈坤〉擬之，不得已而爲之辭曰：「比」、曰：「親」，其垂訓於後世之君者，至且切矣！後之學者，不求象義，以顯〈比〉之吉，媚茲一人，而忘「无首」之凶，皆《易》之罪人也。今觀〈比〉之象，而玩其辭。先聖之心，固昭然若揭焉！ | 上至四互水山〈蹇〉䷦。〈蹇〉者，難也。險在前也。五至二互山地〈剝〉䷖。〈剝〉曰：「上以厚下安宅。」〈象〉曰：「君子得輿，小人剝廬。」 |
| 8 | 〈小畜〉䷈ | 〈比〉後繼之以〈小畜〉，以開國之君，能比賢而親民，所謂顯比日月，猶有光明磊落之心，無自私自利之見。」故能致〈小畜〉之治，猶有都俞吁咈之象。 | 〈小畜〉䷈：巽上乾下，中爻二至四爲兌，三至五爲離，上至二互風澤〈中孚〉䷽，二至初互火天〈大有〉䷍，上至四互風火〈家人〉䷤，皆佳象也。 |

| | | | |
|---|---|---|---|
| | | 堯之庭有四凶，舜之家父頑母嚚象傲，亦美中不足。然不爲郅治之害也。象曰：「君子以懿文德。」 | 二至四互火澤〈睽〉☲。 |
| 9 | 〈履〉☱ | 〈小畜〉後承之以〈履〉，上天下澤，君道愈尊。臣道愈卑，積習所致，亦有不期然而然者。與〈小畜〉類同，皆君主極盛之時代。 | 上乾下兌，中爻二至四爲離，三至五爲巽，上至二互天火〈同人〉☲，二至初互風澤〈中孚〉☲，二至四互風火〈家人〉☲，三至初互火澤〈睽〉☲，與〈小畜〉☲大略相同。 |
| | | 以禮持之，所以防尊者愈尊，卑者愈卑之漸，故曰：「以辨上下定民志。」辨者，分，分者等也。上下懸隔則〈睽〉，於是絀彼伸此以劑其平，使上對各有所守，此之謂禮。非尊上抑下之謂也。後儒不解辨字之義，以爲天澤之分，天愈高，澤愈下，謂禮所本，去聖人制禮之意相隔河漢矣！ | 三至初互火澤〈睽〉☲。 |
| 10 | 〈泰〉☷ | 〈履〉而安，然後〈泰〉，故受之於〈泰〉。蓋自〈比〉而〈小畜〉而履，積功累仁，而始能臻〈泰〉之一境，所謂「上以禮下人，下以禮奉上。」上下交而其志同，承履之道。殆繼體守文之令主歟？ | 爲卦坤上乾下，乾本尊也。而虛已以下人，坤本卑也。而守禮以奉上。 |
| | | 象之參差，似已不及〈小畜〉與〈履〉之世矣！蓋〈泰〉伏爲〈否〉，盛之極，已伏衰之機，是以君子持盈保泰，不敢稍忽焉！象曰：「財成天地之道，輔相天地之宜。」盈虛消息，其道甚大。 | 中爻二至四爲兌，三至五爲震，上至二互地澤臨，二至五互雷澤〈歸妹〉☳，五至初互雷天〈大壯〉，☳四至初互澤天〈夬〉☱，上至四互地雷〈復〉☷。 |
| 11 | 〈否〉☷ | 〈泰〉極則〈否〉，故〈泰〉後受之以〈否〉，亦物極之必反也。若以舊說，上天下澤例之，非天地定位之當然乎？而作《易》之聖人，命之爲〈否〉，其憂天下後世也至矣！ | 乾上爲天，坤下爲地。 |
| | | 複象均與〈泰〉相反，蓋尊者愈尊，卑者愈卑，與〈履〉有同况焉！然履承比親之後，親則易 | 中爻二至四爲艮，三至五爲巽，上至二互天山〈遯〉☶，上至四互天風〈姤〉☴，五至二互風山 |

| | | | |
|---|---|---|---|
| | | 曒，故可以禮節之，而否則非其時矣！繼〈泰〉之後，已不勝禮繁文過之弊，在上者以自尊爲當然，在下者以卑諂爲能事，於是小人道長，君子道消，天下事不可問矣！然物無終〈否〉，天心有厭亂之機，人心有悔禍之日，〈否〉極則〈泰〉來，亂極之世，正致治之機也。此爲天地不交，萬物不通時代。 | 〈漸〉☶，四至初互山地〈剝〉☷，五至初互風地〈觀〉☷，複象均與〈泰〉☷相反。 |
| 12 | 〈同人〉☰ | 〈否〉之極轉爲〈泰〉，〈泰〉之極又終爲〈否〉，〈否〉、〈泰〉反類，循環無已。孟子所謂一治一亂，其機相爲倚伏者也。吾國數千年以來之歷史，皆顚倒往復於〈否〉、〈泰〉，如牛之轉磨，盤旋不已，始終不離此一圈之地，無進步之可言者，則以不悟《易》理進化之道，未能變易其方式以求之也。今值世運日新，環球大通，當午運離明，萬物皆相見之會，雖深閉固拒而有所不能，即不欲自變其方式，亦必有強迫而爲之者，於是國中知幾之士，猛然覺悟，力求改革，此乃由〈否〉而進於〈同人〉，不反於〈泰〉，庶可免歷來一治一亂之覆，以求日進於文明，此其義作《易》之聖人已昭示於千載於上，即物不終〈否〉，而受以〈同人〉之深意也。而九五猶當陽正位，此其象實現世君主立憲之政體也。 | 乾上爲天，離下爲火〈同人〉☰，陰卦多陽、陰卦多陽，此卦以陰爲主。 |
| | | 乾乾夕惕，君無失德，此政權雖歸諸民，故君位仍未失也。而利涉大川，仍爲〈乾〉行，如各國之海陸軍大元帥，及對外代表全國，仍在君主，此濟〈否〉過渡之時代。 | 上至二，五至二，皆互〈姤〉☰，四至初互〈家人〉☲，而上至四互重〈乾〉☰。 |
| 13 | 〈大有〉☲ | 〈同人〉後繼以〈大有〉，則民主正位，順天休命，剛健文明，君子道長，小人道憂。 | 上離下乾。 |

| | | | |
|---|---|---|---|
| | | 以剛決柔，以柔濟剛，則君子小人，各得其所，故曰：「遏惡揚善。」又曰：「自天佑之，吉無不利。」也。此民主政治之時代。 | 上至三互〈睽〉☲，上至二仍互〈大有〉☲，四至初互重〈乾〉☰，五至二至初皆互〈夬〉☱，〈夬〉☱剛決柔。 |
| 14 | 〈謙〉☷ | 主政者志易驕，驕必敗，富有者氣易盈，盈必虧，故受之以〈謙〉，而後〈大有〉之休命可久。 | 上坤下艮。 |
| | | 天道下濟，地道上行，有〈泰〉之象，而不居〈泰〉之名。故〈泰〉終則〈否〉，而〈謙〉則可以持盈而保泰也。曰：「裒多益寡，稱物平施。」曰：「勞謙終吉。」，皆今世社會主義之所主張，而《易》象已著明於數千年以前矣！蓋〈大有〉之極致，非此為以劑其平也。 | 中爻二至四為坎，三至五為震，上至三互地雷〈復〉☳，上至二互地水〈師〉☵。五至二互雷水〈解〉☵，四至初互水山〈蹇〉☵。 |
| 15 | 〈豫〉☷ | 承〈大有〉與〈謙〉之後，雖盈虛消息，善劑其平，亦不免有極盛難繼之勢，蓋日中則昃，月盈則虧。數理如是，故雖能避〈否〉、〈泰〉之循環，終不越盛衰之定理。是非〈豫〉以防之，無以泯其遺憾，故〈謙〉後繼之以〈豫〉，〈謙〉以坤順艮止，或近於退守，〈豫〉則雷出地上，人人皆有震興奮發之象。 | 震上坤下。 |
| | | 順以動者，舉國之人，皆能順其軌則，奮發有為，則利無不興，弊無不去，〈大有〉之業，不致失墜，故〈序卦傳〉曰：有大而能〈謙〉必〈豫〉，聯之卦為一氣，皆相因而至者也。〈謙〉以制禮，〈豫〉以作樂，禮明樂備，萬象休和，在〈大有〉尚在法治時代，至〈謙〉而繼之以〈豫〉，殆風醇俗美，人人能陶淑其身心，各優於自治，雖有法律，幾無所用之矣！ | 中爻二至四為艮，三至五為坎，上至四互雷水〈解〉☵，上至五互雷山〈小過〉☶，五至初互水地〈比〉☵，四至初互山地〈剝〉☶，〈象〉曰：剛應而志行。順以動〈豫〉☷。 |
| 16 | 〈隨〉☱ | 繼〈謙〉、〈豫〉之後曰：〈隨〉。古聖序卦之妙，真不可思議矣！ | 為卦上兌下震，震動兌說，自然相隨。 |

| | | 而〈隨〉於六十四卦中，又爲特例，他卦皆有二五之位，獨〈隨〉卦無之。〈隨〉之爻位，但以初隨二，二隨三，三隨四，四隨五，五隨上，依次相隨，故卦名曰：〈隨〉。蓋承〈謙〉、〈豫〉禮明樂備之後，法律久成虛設，人人優於自治，已事無不舉，更無庸設政府以治之。近世所流行之社會主義、無政府主義，聖人於〈隨〉卦之象，已備舉而無遺。 | |
| --- | --- | --- | --- |
| | | 蓋〈隨〉雖無貴賤之位，而各爻各自有本位，陰陽相隨而不相忤，仍各守其位，各盡其責，不相越、不相瀆，所以謂之〈隨〉。今也社會之精義，其能有過於是哉！孔子作《春秋》，隨時也。孟子言仁義，隨時也。《春秋》者，震春兌秋也。故《春秋》張三世，至太平世而隨時之義著矣！仁義者，震仁而兌義也。孟子則本於震仁兌義言性善，而不言故，即不言利，〈隨〉爲故也。蓋至〈隨〉之世，人人各守其位，各事其事，無有餘，亦爲不足，無利己利人之見，更有何利之可言？人人率其天性，即盡人道以合天地之道，〈說卦傳〉：「立天之道曰陰與陽。」乃人道之中正，人治之極功。故九五曰：「有孚在道。」自天地開闢，人治之由漸進化至此，而生人之道，始見完備。 | 中爻二至四爲艮，三至五爲巽，上至四互澤風〈大過〉䷛，上至五互澤山〈咸〉䷞，五至二互風山〈漸〉䷴，四至初互山雷〈頤〉䷚，一卦全備八卦之用，故元亨利貞而天下隨時。 |

　　觀上表可知，杭辛齋分〈乾〉、〈坤〉以後至〈隨〉，世界進化之序爲十六期。其理論依據於象數方面爲：「陰陽氣化，數備於十六。」義理方面爲：「隨時之道，仁至義盡，已臻人治之極功。」然則進化僅止乎此？非也。下一〈蠱〉卦爲變化之卦，乃啓無窮進化之卦，猶〈既濟〉之後又有〈未濟〉。杭辛齋又言：

　　　　物極則變，遞演遞進，又將更易維新之局，故聖人序卦，於〈隨〉
　　　後繼之以〈蠱〉，〈蠱〉者，變也。《易》數十有八變而成卦，八卦而

> 小成。自〈乾〉至〈蠱〉，計十八卦，爲爻一百零八，已備陰陽之數，
> 除〈乾〉、〈坤〉各爲一卦，自〈屯〉至〈蠱〉十六卦，反覆僅得八
> 卦，與〈乾〉、〈坤〉幷計，則爲十卦，故分言之〈乾〉、〈坤〉至履
> 爲十卦，陰陽爻各得三十，合言之〈乾〉、〈坤〉至〈蠱〉，亦爲十卦，
> 陰陽爻仍各三十。是以至〈蠱〉卦而象數更生變化，自〈蠱〉以後，
> 又從〈乾〉、〈坤〉另起一局，別開生面矣！〔註31〕

杭辛齋時時不忘以象數證成其理：何以謂自〈乾〉至〈蠱〉，計十八卦，爲爻
一百零八，已備陰陽之數？其以爲備陰陽之數陰陽之數備於一百零八，全《易》
六十四卦，共三百八十四爻，扣除〈乾〉、〈坤〉、〈坎〉、〈離〉、〈頤〉、〈大過〉、
〈中孚〉、〈小過〉之八卦外，一卦覆爲兩卦，上下二篇，實祇三十六卦，共
二百一十六爻，合純〈乾〉一卦之策數，以陽包陰，內含陰爻一百零八，全
《易》卦爻總數，陰陽爻各得一百零八，即所謂陰陽之數備於一百零八之說。
杭辛齋此說嘗試以數統《易》，實杭辛齋《易》學之一大特色，委曲細密，其
縫合氣、理、象、數爲一，實令人歎爲觀止。

　　或有問杭辛齋未來之變化者，杭辛齋答曰：「今日物質之文明，已偏勝於
一時，則此後必將由物質而更求精神官治之痛苦，已偏喻於人民，則此後必
將由官治而進於自治，此可得而言也。」「自〈蠱〉以後，〈臨〉、〈觀〉、〈噬
嗑〉、〈剝〉、〈復〉六卦，皆〈乾〉陽潛伏，則此時之世界，必將以柔勝剛，
以弱制強，而女權亦必擴張，此則可斷言者也。」「蒸氣之用，或將代以電力，
輪軌之用，或將益以飛行，鎗礮必歸廢棄，金銀不爲易中，晴雨不盡聽諸天，
寶藏不復蘊諸地。」〔註32〕今日證之，其說不誣，足見杭辛齋學說有其至理，
非一時一世之言。

　　杭辛齋分〈乾〉至〈隨〉共十六期，縱向而視，可知杭辛齋援引達爾文
的〈物種原始〉中有關進化論之部份，比附〈乾〉至〈隨〉所敘之象，此可
謂「格義」。其中雜用互體，且八卦本象即涵蓋天地萬物之理，故收攝言之，
天地萬事萬物無不彌綸其中，可見杭辛齋之聰明。卦象、卦序本身即蘊含至
理，唯吾人習焉不察，杭辛齋特深掘之爾。又以卦象與進化論相比附，言之
成理，其功有二：一則介紹西學予國人認識；一則恢復國人自信心，以達推
廣《易》學之效。

---

〔註31〕《學易筆談·二集》，卷4，頁217～218。
〔註32〕同前註，頁219～220。

## （六）《易》象與科學之關係

杭辛齋廿一歲時，肄業同文館，修習曆算、理化及法國文學。有此一學術背景，故其常以科學之名詞、概念說《易》，下啓本世紀風行之科學《易》一系之說。

《易》之象者，概括意涵之能力較文字爲高，故用於說解所欲表達意念，指涉較爲周全，亦方便援以各種學科以說解《易》學，諸如數學、物理、化學、生物、考古、地理、新式教育、近代政治等等，凡若有可與《易》會通者，杭辛齋咸引之說《易》，不遺餘力。然則新式教育、近代政治等等屬於新概念之範疇，與科學相涉較遠，已於第二章第八節〈以新名詞與經義相發明〉舉例論述，敬請參照。此節重點乃就杭辛齋將《易》象與科學會通之部份，就其著作所示，依卦序分述之：

### 1、坎、離象與物理

杭辛齋〈象義一得〉言：

> 坎爲水，離爲火，其單象也。而陰陽既合，而離又爲電、爲光、爲熱，物理之作用，非水不能溶解，非光熱不能融合，無論動物之生，不能離水火與光力、熱力，爲循環之挹注，即礦物諸質，其凝結之初，亦無不由此，故以電光熱之力，無物不可化分，亦無物不可以化合，故《易》以坎、離爲六十四卦之中樞，而殿之以水火〈既濟〉、火水〈未濟〉。〔註33〕

上文以水、火爲物理作用之關鍵與坎、離之象會通。

### 2、震象與分娩

杭辛齋〈反生〉言：

> 〈復〉由〈剝〉反，〈剝〉上一陽碩果，下反爲〈復〉，故之萬物之生，其初無不向下，植物爲天地之最初生之物，故最顯見。人物後起，首雖居上，然在母胎之初，首仍向下。舊日醫書，謂嬰兒母腹，女向外，男向內，至將臨盆，始轉生向下，男仰而女俯。近據西醫之實驗，則殊不然：孩在胞中，無轉身之餘地，初受胎時，其臍帶懸系於子宮，至三閱且以後，頭重腳輕，首在下而腳向上矣！產生之際，無分男女，皆俯而出，有仰面者，則難產矣！〔註34〕

---

〔註33〕同前註，頁134～135。
〔註34〕同前註，頁120～121。

其以西醫婦產科學之說，與〈震〉爲反生之象（案：〈說卦〉：「其於稼也，爲反生。」）會通。

### 3、〈大有〉象與人口論

杭辛齋〈大有〉言：

> 夫天下之地土有限，而人口之生殖無窮，據最近推算之率，以二十五年輒增一倍，如以五百萬人口之國，苟無癘疫兵災諸意外，則百年以後，可增至八千萬，約爲十六倍，更越百年，則爲十二萬八千萬，又加十六倍，以此遞推，其增加之率，殆不可思議，故世界百年無災害，輒有人滿之患，衣食不足供求，而爭攘擾亂因之以起，必經一度之大亂，人口之死亡過半，地力之休養經年，於是消費減而生產轉饒，家給人足，乃復睹治平之世，故自有歷史以來，一治一亂，循環往復，幾若恆例。《春秋》所書之〈大有〉年，固偶一遇之，至《周易》大有之象，則大世之世，曠世難逢，古今中外所未觀也。〔註35〕

所謂「近世推算之率」殆爲英國學者馬爾薩斯《人口論》之說：人口每二十五年增加一倍，唯因戰亂、天災、糧食等因素，限制其增加速度。以此說與〈大有〉豐登之象作一會通。

### 4、〈家人〉象與大氣

杭辛齋〈風自火出〉言：

> 近今西學家之論風，謂因地上冷熱之度不勻，熱以漲而輕，輕則上升，他處之來氣來補其缺，故動盪成風，此其說與《易》理正合，故風之出，實出於動，乾之初動爲震，震動成離，則動極而生熱生光，即爲電，是以震爲動爲雷，離爲火爲電，合而觀之，則風自火出之火，非專指火水之火，蓋可知矣！〔註36〕

其以西方大氣科學與〈家人〉風火之象作一會通。

### 5、〈小過〉象與飛機

杭辛齋〈象數瑣言〉言：

> 〈小過〉之象，今日之飛機，得其義矣！夫雷在山上，何以曰「飛鳥遺之音」？而孔子又曰「飛鳥之象也。」曰「飛鳥之象」，則非飛

---

〔註35〕《學易筆談・二集》，卷4，頁185～186。
〔註36〕同前註，頁192～193。

鳥可知矣！曰「遺之音」，則似乎鳥而非鳥之音又可知矣！震得乾金
之初氣，故輕而能舉震之體數與輕氣分劑之數相合。今飛機雖取材
於金類，仍無礙其飛也。〔註37〕

此以飛機補〈小過〉之象。

### 6、〈既、未濟〉象與輪機

杭辛齋〈象數瑣言〉言：

〈既濟〉、〈未濟〉兩卦，經皆曰：「曳其輪。」是明示水火有曳輪
運機之功用，而離又爲電，是不啻於電機之用，亦明白言之矣！
〔註38〕

此以輪機之象與〈既濟〉、〈未濟〉兩卦之象作一會通。

以上六例，僅就杭辛齋《易》學中，其對《易》象與自然科學有明顯會
通處，作一初步揭示。再者，如乾象與金剛石、乾、坤與南北冰洋、〈井〉象
與植物、〈蠱〉象與微生物等《易》象與自然科學之關係，則較爲細密，待第
四節〈科學易學〉再加詳論。

杭辛齋大力以科學會通《易》學，有其時代背景，其〈大有〉云：

今幸西學東漸，物質昌明，日有進步，以證《易》象，若合符契，
而後古聖人垂教之深心，皎然大白於世，且於西人所未發明者，亦
得循塗索徑，以究其恉歸。〔註39〕

可知杭辛齋以其時西學東漸，援以會通《易》之象，則若合符契，提示諸多
道理、聖人已垂教於《易》矣！如西方之工業革命之發展，其主要要素乃水
與火之交互作用，機器多爲蒸氣機牽引之故。杭辛齋以〈既〉、〈未濟〉兩卦
卦辭中有「曳其輪」之卦辭，明白顯示有「水火有曳輪運機」之用，加以離
又爲電，故杭辛齋以爲中國早已有工業革命發生之要素。然則何以讓西人後
發先至？蓋國人多不能「制器尚象」，故杭辛齋勉勵國人重新以「制器尚象」
之精神，務實奮進，剛健不息，發揮聖人遺留之智慧，以富強當時積弱不振
之中國，人民皆能安居樂業，此則杭辛齋說《易》之深意。

---

〔註37〕同前註，頁 246～247。
〔註38〕同前註，頁 247。
〔註39〕同前註，頁 187。

## 二、論《易》數

　　《易》者，本以卜筮爲大用，其中卜以象示，筮以數告，故《易》之數者，本身性質實較抽象，用以推論天地萬物之無窮變化，較爲適切。故《易》數者，經傳本有之，如〈蠱〉：「先甲三日，後甲三日。」〈復〉：「七日來復。」〈巽・九五〉：「先庚三日，後庚三日。」可知《易》之數，於經本有之。

　　《十翼》論《易》數，以〈繫辭傳〉爲主，如〈繫辭傳上〉：「極數知來謂之占。」「天一、地二、天三、地四、天五、地六、天七、地八、天九、地十。天數五，地數五，五位相得而各有合。天數二十五，地數三十，凡天地之數五十有五，此所以成變化而行鬼神也。」「大衍之數五十，其用四十有九。分而爲二以象兩，掛一以象三，揲之以四以象四時，歸奇於扐以象閏。五歲再閏，故再扐而後掛。乾之策，二百一十有六；坤之策，百四十有四，凡三百有六十，當期之日。二篇之策，萬有一千五百二十，當萬物之數。是故，四營而成易，十有八變而成卦。八卦而小成，引而伸之，觸類而長之，天下之能事畢矣。」〈繫辭傳下〉：「參伍以變，錯綜其數……極其數，遂定天下之象。」〈說卦〉亦言：「參天兩地而倚數。」可知《易》數與占筮關係密切，並可以與占筮所涉之人事天理作一聯繫，實不可輕忽。

　　然則自漢以來，《易》數晦盲否塞久矣！此爲杭辛齋說《易》，特重《易》數之動機。杭辛齋推論《易》數晦盲之因，乃學者以爲小道，致遠恐泥，故咸不重之。然杭辛齋以爲孔子乃利用學者此一心態，反以象數寄託大道，同《春秋》之微言大義。唯後人不察，不知象數精妙，反以文字解《易》，故難解孔子憂天憫人之苦心。不啻孔子，後世以象數名世之學者，如邵康節，如劉青田、黃姚江等，皆未敢昌言其說。是則杭辛齋所痛者，然自民國以來，學風自由，正爲戮力重光《易》學象數之良機。可見杭辛齋重視《易》之象數，以其爲闡明《易》道之重要憑藉，亦可知其習《易》講《易》之重心所在。

　　至於杭辛齋何以能深明《易》數，並以數言《易》？試觀〈著圓卦方〉言：

　　　　蓋邵子之說，非空言其理，於算法無不密合，圓之必以六包一而爲七者，以一大圓函七小圓，則其邊乃相切而無罅隙，以一函七，而七之中各以一函七，則爲七七四十有九，幷外包之大圓，仍爲五十。此所謂「天地自然之形象也。」……故但曰「圓方」。祇爲形學與數學之起點，著圓卦方，遂以合天地之文而成天下之象，圓象天、方象

地，而所以度此圓方者，則惟三角，故〈洛書〉以三、五、七在中，
爲人之數以象三角，以人秉天地之氣以生，其心則圓之心，其邊則
方之邊也。蓋以等邊之，三角形三分其中垂線，二分在心上，一分
在心下，積數數十，則心在三，積數二十八，則心在五，積數五十
五，則心在七，說詳《周易折中》，茲不贅述，義蘊宏深，實爲理、
象、氣、數之淵源，初學不可忽也。〔註40〕

其引邵子與《周易折中》論述《易》數之說，言圓、方、三角等形學與〈河〉、
〈洛〉之三、五、七等數學，推衍至《易》之理、象、氣。其因應爲杭辛齋
早年遊學同文館，嘗習天文、曆算、代數、微積等新學，故吾國固有之〈九
章〉、〈十書〉，西來之《幾何原本》，杭辛齋皆嘗習之，且引入說《易》，此則
「以數統《易》」之先備條件，其來有自。

　　然則杭辛齋以數統《易》，其理論依據爲何？《學易筆談・述恉》又言：

卦因敷衍，數緣象起，象由心生，易準天地，廣大悉備，雖人事遞
演，世變日繁，要不能出乎此象數之外，故洲殊種別，文字語言，
萬有不齊，維數足以齊之，宗教俗尚，各有不同，惟數足以同之，
兩千年來，數學失傳，宋後言《易》者，往往以邵子先天數爲《易》
數，數理繁賾，固非短札所能盡，然於舊說之顯然牴牾者，不能不
援據象數以爲商榷，非敢故翻成案也。

可知杭辛齋以數緣象起，象由心生，以此牽合數與心，且杭辛齋以數具超越
語言、文字、宗教、風俗隔閡之特性，甚爲重視《易》數。是亦可爲杭辛齋
「以數統《易》」之理論依據。

　　今就〈易數起源〉、〈易象之觀法〉、〈易數之性質〉、〈易象與理、象、氣
之關係〉、〈易逆數〉、〈易數與自然科學之關係〉分別述之，以明杭辛齋《易》
學中《易》數之內涵。

### （一）《易》數之起源

　　觀杭辛齋《易》學著作，有一重要特徵：「因數明《易》」、「因數明道。」
《易》數於杭辛齋《易》學中，占極重要之地位，若以《易》氣創生萬物，
則《易》數則乃《易》氣所現之所循度者，乃可一一與天地法象相參證。故
《易》數之起源，不可不察，杭辛齋〈五幹六支〉言：

---

〔註40〕《學易筆談・二集》，卷4，頁198～199。

甲、乙、丙、丁、戊、己、庚、辛、壬、癸，天干凡十，而陰陽各
五，天數五，五位相得而各有合，五五相合，故二十五。子、丑、
寅、卯、辰、巳、午、未、申、酉、戌、亥，地支凡十二，陰陽各
六，地數五，五位相得而各有合，以五合六，故三十也。十干十二
支相合，得六十，皆本於日月三五往來之象。……而納甲納音，其
數與象，皆出於是。黃帝造甲子，以配八卦，布五行，分四時，定
中星，推策迎日，置閏成歲，實為伏羲畫卦以後之大發明，三代之
文明，其禮樂政治，無不以此法象，為節文度數之根本。〔註41〕

其以畫卦者為伏羲。再者，黃帝造甲子以八卦、布五行，分四時，定中星，
推策迎日，置閏成歲。三代之文明，禮樂法度，皆以此前者法象依循。然則
黃帝之世，《周易》未出，故杭辛齋以黃帝造甲子，為《易》數之遠源。

〈讀易之次序〉言：

《易》之言數，皆根於孔子〈繫辭〉之天一、地二，至天九、地十，
《河》、《洛》實數之淵源，雖漢學家盡力辨駁，而數理實有徵驗，
非空言所可掩也。〔註42〕

杭辛齋以《易》數之本源，為〈繫辭傳〉：「天一、地二、天三、地四、天五、
地六、天七、地八、天九、地十。」故杭辛齋以《易》數之本源在孔子所作
之〈繫辭傳〉。

然則〈數由心生〉言：

有天地，然後有萬物，盈天地之間惟萬物，萬物之數，皆天地之數
也。然萬物之數，非人不明，故參天兩地而生人，人即參天兩地而
倚數，是惟人心之靈於萬物，心動而數以生，物無窮盡，數無窮盡，
而人心之限量，亦無窮盡。〔註43〕

杭辛齋以心動而數以生，即數由心生，故《易》數之另一源為心。須留心者，
杭辛齋此一說法，亦提供《易》數與《易》理、氣、象貫通之憑藉。

〈五音六律〉又言：

故音出於律，律出於數，數出於陰陽之自然。聲之不具陰陽者，不
能成音。〔註44〕

---

〔註41〕《易數偶得》，卷2，頁56。
〔註42〕《學易筆談‧初集》，卷1，頁48～49。
〔註43〕《易數偶得》，卷1，頁4。
〔註44〕《學易筆談‧二集》，卷2，頁152。

杭辛齋以《易》數出於陰陽之自然。由上諸文可知，杭辛齋以《易》數之淵源有三：其一源自〈繫辭傳〉。其二源自心，數由心生。其三源自陰陽自然。

## （二）《易》數之觀法

《易》數至要，然則如何諦觀？杭辛齋〈讀《易》之次序〉指出：

> 朱子《啓蒙》，演繹頗詳，宋人丁易東氏之數衍，及近人江慎修氏之
> 《河洛精蘊》，更推闡盡致，餘如宋末朱元昇氏之《三易備遺》，於
> 五類數尤有獨到之處，至邵子《皇極》先天數，雖自成一家，然於
> 卦義發明實多，朱子《啓蒙》，采用其說十之八九，自爲言象數者不
> 可不讀之書也。揚子《太玄》，演數甚精，足與《易》道相證，學者
> 果有餘暇，不妨涉獵及之，以廣理趣。若溫公之《潛虛》，更不逮《太
> 玄》遠矣！〔註45〕

杭辛齋推薦先賢論《易》數者，計有揚子《太玄》、朱子之《啓蒙》、丁易東之《數衍》、朱元昇之《三易備遺》，至於邵子《皇極》先天數，自成一家，卦義發明實多，乃不可不讀之書。再者，江慎修之《河洛精蘊》，尤推闡盡致，是皆論《易》數之要籍，學者可以爲觀《易》數之階。

〈數之體用〉又云：

> 圓方周徑之合數，勾股弦冪之積數，皆大衍之數五十，即數之體也。
> 因而開方，則不盡一數，而止於四十九，即大衍之數之用也。故大
> 衍之數五十，其用四十有九，亦維七足以盡之。此皆天地理數之自
> 然，非人力可以增損其閒者也。〔註46〕

杭辛齋此以數學中，圓方周徑之合數與勾股弦冪之積數，皆大衍之數五十，繫聯數學與《易》數，故可知欲觀《易》數者須明數學，且須明《易》理。三者甚有關聯、相輔相成，亦即《易》數、理、象三者，須視爲一體，不可相離而全。

由以上諸文，可知杭辛齋以爲欲觀《易》數，須曉明《易》理與數學，再參照大家之說，則所觀得《易》數，較爲眞確。

## （三）《易》數之性質——體用

《易》數在杭辛齋認知中，其性質究竟爲何？致使其以《易》數以統《易》？《易》數於《周易》，究有何大用？致使杭辛齋《易》學著作，常見其以「因

---

〔註45〕《學易筆談·初集》，卷1，頁48～49。
〔註46〕《學易筆談·二集》，卷2，頁160～161。

數明《易》」、「因數明道。」之概念說《易》？《易》數於杭辛齋《易》學中，誠居要位，故《易》數之性質，不可不明。以下就杭辛齋《易》學中，觀其《易》數之性質，嘗試分別以其本體義與作用義闡述之。

《易》數於杭辛齋《易》學，有本體義存焉。如〈數由心生〉言：

> 有天地，然後有萬物，盈天地之間惟萬物，萬物之數，皆天地之數也。然萬物之數，非人不明，故參天兩地而生人，人即參天兩地而倚數，是惟人心之靈於萬物，心動而數以生，物無窮盡，數無窮盡，而人心之限量，亦無窮盡。管子曰：「心生規，規生矩，矩生方。」規與矩，皆生於心。天地萬物之情，莫能越乎此規矩之外，所以範圍天地而不過，曲成萬物而不遺者，惟《易》，而《易》實具於人心。孟子曰：「萬物皆備於我。」又曰：「求其放心而已矣！」皆誠善言《易》者也。〔註47〕

杭辛齋以「心動而數以生」而主張「數生於心」，蓋因萬物之數，非人不明，人之異於禽獸者，唯心，故杭辛齋連結心與數，言數生於心。又引《管子‧輕重己》：「清神生心，心生規，規生矩，矩生方，方生正，正生曆，曆生四時，四時生萬物。」言心生規矩，杭辛齋並以此連結心與《易》。蓋因心生規矩，天地萬物之情，莫能越此規矩，而唯《易》可以範圍天地而不過，曲成萬物而不遺，故《易》實具於人心。並由此推論：《易》數生於心，是則《易》數與主體義有關。

〈數由心生〉又言：

> ……《易》數則根於心，心生象。有理有氣，非特表其數之多寡，象之繁簡而已。而吉凶情傳，醇漓善惡，莫不奇偶陰陽而判別之，故八卦不足，因而重之為六十四，又不足，益之以天干地支六十甲子，又不足，更益之以星宿神煞諸名，無非皆為代數之符號而已，五運六氣，相為經緯，八卦九章，相為表裏，於是物無遁形，事無隱情，燭照數計，執簡御繁，要皆出乎一心，……則以明乎數之本源，惟在於一心之運用，名辭符號，可不必泥也。太乙六甲，亦復如是，是故學者必能返求之心，明乎心之體用。然後可以言數，然後可以言《易》。〔註48〕

---

〔註47〕《易數偶得》，卷1，頁4。
〔註48〕同前註，頁4～6。

杭辛齋以心動而數以生，連繫心與《易》數，且人心靈於萬物，唯人能以參天兩地而倚數，《易》數之性質，於斯可見。再者，杭辛齋又揭示《易》象與《易》數之關係，其以為《易》數根於心，心生象，故《易》象之存在，在表數，《易》象之有辭，乃用以演數；《易》象以表《易》數，《易》數無窮，可以指涉天地萬事萬物，可見杭辛齋大大擴展《易》數之性質與範圍，如其以善惡是非、進退往來，亦與《易》數相關，可見一斑。杭辛齋此將《易》數與心相連，以貫注其本體義於其中，故可為其以《易》數統《易》，提供理論基礎。以上言《易》數具有本體義。

復次，杭辛齋〈星曜神煞繹義〉言《易》之作用：

> 蓋陰陽五行之氣不可見，藉其行度之數，以覘其順逆往來，及盈虛消息，故推算首重在數，但數能無誤，雖立法各異，而收效亦同。
> 象以代數，已可更易。若神煞星曜諸名，則更以補象之不足，而藉（案：藉之誤）以為符號耳。〔註49〕

杭辛齋以為《易》數之作用，在為明《易》氣之憑藉。蓋因陰陽五行之氣不可見，藉其行度之數，以覘其順逆往來，及盈虛消息，是以為明《易》氣之憑藉，故推算首重在數，數若確立而象可易之無妨。可見杭辛齋此處以數先象後，與前言象數不分先後有所矛盾。然則亦可見杭辛齋重《易》數之一斑。

何以《易》數有如此大之作用？此須以上文所述《易》數之本體義，合而觀之，以明其體用如一。蓋杭辛齋以《易》道廣大精妙，《易》之用無窮無盡，杭辛齋又以《易》數為《易》之主要作用，故《易》數亦有如此大用，且杭辛齋賦予《易》數有本體義，如杭辛齋逕言數之五與十為心，可見其意在串聯心之與《易》數之關係，以作為以數統《易》，復以《易》統一切萬事萬物之先備條件，是則可知何以《易》數有如此之大用。以上言《易》數之作用。

合而觀之，杭辛齋《易》數之性質，可以其具本體義與作用義二層視之。此外，明杭辛齋《易》數之性質，亦可知其與《易》象、氣、數之關係。〈變理陰陽〉言：

> 故聖人觀變陰陽，以參天兩地，天地所缺憾者，惟人能補之，陰陽所乖戾者，亦惟人能和之，故執兩用中，消息以時，天地五十有五之數為體，以之入用，變為四十有五，則陽數得二十有五，陰數祇

---

〔註49〕《學易筆談·二集》，卷4，頁230～231。

二十，陽少而陰多者，一轉移間陰少而陽多矣！體不可變，而變其
用，數不可變，而變其象，理不可變，而消息之以時，此陰陽變化
之妙用，象數消長之綱領也。〔註50〕

觀杭辛齋之《易》數性質，亦可知其以理、象、數、氣之關係，大概以數顯
氣，以數明理，以象、辭表數。杭辛齋言《易》數之性質，超邁時賢之觀點，
並展現其以數統《易》，以《易》統天下萬事萬物之企圖。逯以《易》數根於
心，心生象，有理有氣，象數之用大矣！其言《易》數與象、理、氣之關係，
大體可見。

　　除《易》數以心為體外，杭辛齋更細以《易》數中之「一」，為《易》之
體。〈本一始一〉言：

積數無窮，莫不由一起，而一不成數，然一與二合，或積數至二以
上，則一亦諸數之一矣！故大衍之數有本一，有始一，本一者，大
衍之數五十，其用四十有九。虛其一不用，是即太乙，超乎兩儀之
上，無實無虛，目不可得見耳，不可得聞，而實碻有此一為諸數之
根。〈乾〉初九曰：「潛龍勿用。」潛龍者，隱而不見，伏於〈乾〉
初一爻之下，非即〈乾〉初之一爻也。〈文言〉云：「碻乎其不可拔」
者，即此一也，故謂之本一。始一者，天地成形之始，一畫開天，
在數積十還一，已屬成數之一，而非不成數之一矣！掛一以象三之
一，即此一也。老子曰：「天得一以清，地得一以寧。」即此一。一
生二之一，亦此一，在人本一惟心，心不可見，動念之始，即屬始
一，佛經謂之本覺始覺。本覺者，無念心體，《易》之無思無為，寂
然不動，是也。始覺者，一念乍起，《易》之感而遂通，不疾而速，
不行而至者是也。〔註51〕

杭辛齋引老子「道生一，一生二，二生三，三生萬物」之說，言「一」為《易》
之體，亦即以一為《易》數之體。蓋杭辛齋以數之無窮，莫不由「一」起，
並列大衍之數五十，其用四十又九，其一不用，乃以此「一」為體，故不為
用，此間又涉體用關係。此引經傳大衍之說以闡述「以一為體」之說。

　　杭辛齋又引佛經之「本覺始覺」之說，以明「一為體」之理。蓋其以佛
說「無念心體」之說，合於《易》之「無思無為，寂然不動」之理，一旦「始

〔註50〕《學易筆談・二集》，卷2，頁87。
〔註51〕《易楔》，卷1，頁7～8。

覺」，則一念乍起，「感而遂通」，即體顯用之瞬間。可見杭辛齋引諸說論《易》，不拘中西古今，唯能與《易》相證成者，咸引而說《易》，其心拳拳。

除以本體與作用論《易》數之性質外，於杭辛齋《易》學著作中，又可見其對《易》數之體用關係，詳加闡述，其言《易》數之體用關係又細分爲五類，分別爲本然之體用、體中之體、體中之用、用中之體、用中之用，更加細緻精微。

「本然之體用」，可見於〈數之體用〉言：

> 「天一、地二、天三、地四、天五、地六、天七、地八、天九、地十。天數五，地數五，五位相得而各有合，天數二十有五，地數三十。凡天地之數，五十有五。」此天地體用大數之全。凡言數者所莫能外也。五位相得，以示天數地數之各有定位，相得而各有合，以示天數地數之化合而各極其變也。故數有體用，互相交錯，舊說以生數一、二、三、四爲體，成數六、七、八、九爲用是也。然特以舉體用之一例。言其本然之體用如是耳。〔註52〕

杭辛齋引〈繫辭傳〉中大衍之數五十之文，爲其《易》數諸說之理論根據。其以「天一、地二、天三、地四、天五、地六、天七、地八、天九、地十。」爲天地體用大數之全。凡言數者所莫能外之。再者，杭辛齋不饜舊說生數一、二、三、四爲體，成數六、七、八、九爲用。杭辛齋以此乃天地自然生成之數，故此體用關係，乃本然之體用。此其一。

然則杭辛齋不以舊說爲足，若論運用之變化，則任舉一數，俱可爲體，而由體以生用，所謂體用一如。杭辛齋特重五之定位，其以爲惟五則介於生成體用之閒。故爲建中立極之數，乃陰陽變化之中樞。此五之重要性。再者，兩其五則爲十，合之爲三五，貫三才之中，備五行之全，而立其極，杭辛齋此爲〈洛書〉之排列縱橫所以皆合於十五之數。

至於杭辛齋再分《易》數爲體中之體，體中之用，用中之體，用中之用，可見於〈陽一陰四〉，其言：

> 蓋天地生數之一、二、三、四、五，既以二爲陰始，三爲陽始，二與三合爲五，則參天兩地，已合天地之中數，則一與四，當然在不用之數，以用者爲用，以不用者爲體，此陽一陰四之說所由來也。夫一之與四，猶九之與六也，一九皆爲太陽數，四六皆爲太陰數，

　　既用九用六，亦當然不用一與四矣！蓋生數爲體，成數爲用，一與四爲體中之體，二與三爲體中之用，七與八爲用中之體，六與九爲用中之用，一與四合，五也。二與三合，亦五也。七與八，九與六，合之亦皆五也，故五爲天地之中，而無乎不在，天地之數，虛十爲四十五，其爲五者九，爲九者五，參天兩地，參天三九得二十七，兩地二九得十八，十八以三分之得六。二十七以三分之得九，以五除十八則餘三，以五去二十七則餘二，二與三合則仍爲五，故五爲陰陽之共體，仍爲一與四合之等數，此一與四所以爲體中之體也，一者奇數之奇，四者偶數之偶也，奇數極於九，三分九數而得一奇，故奇者九之用，偶數極於六，二卉六數而得一偶，故偶者六之用，以畫言之，三分奇畫，較偶畫中多一分，故奇數三而偶數二，奇數三，而卦得一奇者，必交二偶，故三男之卦皆七，偶數二，而卦得一偶者，必合二奇，故三女之卦皆八。由一奇一偶而反之成用之始，得七八之數，由三奇三偶反之立體之始，仍得一四之數，故七八爲用中之體，而一四爲體中之體也。以一四爲立體之始，仍得一四之數，故七八爲用中之體也，以一四爲立體之始，故〈乾〉圓而〈坤〉方，圓者一而方者四也。七八爲成用之始，故著圓而卦方，著七而卦八也。一四爲二太之始，而九六爲極，奇交偶合，乃爻用之所以成，七八爲二少之始，爲三二爲極，《易》用生於卦，故統以九六，而不及一四，亦猶卦用主於爻，但別以奇偶，而不及七八也。〔註53〕

　　杭辛齋以「一、四」爲「體中之體」；「二、三」爲「體中之用」；「七、八」爲「用中之體」；「九、六」爲「用中之用」。杭辛齋論證之法如下：

　　　其一：論「一、四」爲「體中之體」

　　　杭辛齋先論「一與四不用」。蓋以二爲陰始，三爲陽始，二與三合得五，爲建中立極、萬物化成之數，有大用存焉！則二與三爲用。故一與四不用。復次，杭辛齋以一之與四，猶九之與六，一九皆爲太陽數，四六皆爲太陰數，既用九用六，當然不用一與四。再者，杭辛齋以一爲本體，數之無窮，莫不由「一」起，如大衍之數五十，其用四十有九，其一不用，乃以此「一」爲體，故不爲用。此其論證「一與四不用」。復次，若以生數「一、二、三、四」爲體，則「一與四」可重之爲「體中之體」。故杭辛齋以「一、四」爲「體中

〔註53〕《學易筆談・二集》，卷2，頁170～171。

之體」，於焉得證。

其二：論「六與九」為「用中之用」

論證惟〈乾〉、〈坤〉有「用九」、「用六」之爻。此可見於其它章節，如〈用九用六〉亦言：

> 今以天一地二之數推之，惟一與九不變，一不變者體也。九不變者，用也。故自九乘一以至十，其積數爲三百八十四，乃全《易》六十四卦之爻數也。而自一以後遞加至十，積數爲九十九，加至百爲九千九百九十九，而皆虛其一，故一不用，不爲首，而《易》之全數皆用九之數，〈坤〉之用六曰：「利永貞。」天下之道，貞夫一者也，則正與九對，由此推之，自二至八，其五位之相得相合，與卦位爻數之相得相合，均可次第而明，然後驗之於日月，徵之於四時，考之於聲音律呂，發而爲禮樂政治，人倫道德，皆一以貫之，而八卦、六十四卦、三百八十四爻，亦一以貫之，持論皆有實據，而非徒託之空言矣！〔註54〕

杭辛齋此段乃以算學方式論證《易》數之理。其言一爲不變者乃體。蓋以一乘十乘百，皆仍爲一，而乘三乘四仍爲三四，與二合則生三，而一之本數，其所運算之結果，一皆不見，故一不用。九不變者，用。杭辛齋蓋以九徧乘他數，其所得之數，個位數與十位數之和，無非九，如二八十八，一八之和九，三九二十七，二七之和亦九，至九九八十一，八一之和亦九，故自九乘一至十，其積數爲三百八十四，又恰爲全《易》六十四卦之爻數。然則杭辛齋言而自一以後遞加至十，積數爲九十九，吾人計之，其實爲五十五；加至百爲九千九百九十九，吾人復計之，其實爲五千零五十，則非如杭辛齋所言皆虛其一，故一不用，不爲首。案：若杭辛齋得正確之數，其又可言：五十五或五千零五十，咸五之數，五爲萬物生成、建中立極之數，乃極盡陰陽變化之妙，悉出造化之自然，非人力所能造作云云，實無妨其說。蓋數之加減乘除，微分積分，實可得欲得之數，故以無窮之數言無窮之理，焉得其窮？此亦見杭辛齋之聰明。

由上述論證可知「九與六」本爲用，若加以成數「六、七、八、九」爲用，則「九與六」可重爲「用中之用」，於焉得證！至於「二、三」爲「體中之用」；「七、八」爲「用中之體」，其證成方式亦類前二者所言，茲不復一一縷述。

---

〔註54〕《學易筆談·初集》，卷4，頁179。

### （四）《易》數與理、象、氣

杭辛齋《易》學之特色，在以數統《易》，並強調《易》數與象、理、氣之繫聯，吾人試就其《易》學著作中，《易》數之與理、象、氣之關係，闡述與說明如下。

《易》數與《易》理之關係為何？杭辛齋以〈洛書〉三、五、七之三數在中，為人之數，以象三角，《易》以人秉天地之氣以生，聯繫《易》數與《易》理。

再者，杭辛齋又以數學之形學解《易》，其以《易》以人秉天地之氣以生，故心則圓之心，其邊則方之邊。蓋以等邊之，三角形三分其中垂線，二分在心上，一分在心下，積數數十，則心在三，積數二十八，則心在五，積數五十五，則心在七，此則融合《易》理、《易》象與《易》數。蓋杭辛齋以《易》之氣為創生天地萬物之本體，實不可見，故以理析之，以象顯之，以數節之。故《易》之理、象、數三者，其用在顯《易》氣。

本節專論《易》數與理、氣、象各有何關係。杭辛齋〈讀《易》之次序〉言：

> 氣者，即天地陰陽之數。故一曰氣始，二曰形始，氣居於形之先，形包於氣之中，流行不息，運化無窮，大無外而細無間，皆氣之所周也。然氣之不可見，故顯之以象，而節之以數，析之以理，言理、言數、言象，皆所以言氣也！〔註55〕

由上文可知，杭辛齋言氣居形之先，故《易》之氣為創生天地之本體，有氣然後有形。然則氣不可見，故顯之以象，而節之以數，析之以理。故杭辛齋以為：《易》氣之作用，近似《易》理、《易》象，同為氣所顯現之憑藉爾，此四者之關係之總論。於是可知《易》數與《易》氣之關係。

再者，杭辛齋將「氣」提至本體之高度，其下一層，則為理、象、數，三者同為顯「氣」之憑藉與作用。以下旨在理解杭辛齋之《易》數對應同層其餘二者之關係，即《易》數與《易》理、《易》數與《易》象之關係。

首先言《易》數與《易》象之關係。杭辛齋〈變理陰陽〉言：

> 變理陰陽者，允執厥中，以五御十，即能握其要矣！故孔子曰：「五十以學《易》。」言五與十也。又曰：「言行者，君子之樞機，行言者，君子之所以動天地者也。可不慎乎？」言行出於〈中孚〉，〈中

---

〔註55〕《學易筆談·初集》，卷1，頁49。

孚〉、巽五而兌十，亦五與十也。所謂「體不可變，而變其用也。」
曷謂數不可變而變其象也。數者自一至九，無可更焉！《易》其位，
則象變矣！〈洛書〉變化之中樞在五，而握其要者，則在二與八，
二與八即十也。如〈洛書〉之位，若以二與八互相對易，則自下而
左上為一、二、三、四，自上而右下為九、八、七、六，即先天之
象數也。若二八不易而一與九，三與七，四與六，互相對易，則自
上而右下，為一、二、三、四，自下而左上，為九、八、七、六，
則與先天象相交錯也。今皆不然，而獨易二八兩位，所謂「數不可
變而象變。」〔註56〕

由上文可知，杭辛齋在同一層之《易》數與象與理中，復有體用之別，蓋以
數為體，以象為用，故其云：「數不可變而變其象者。」更甚者，數之序一至
九，亦不可變，並舉〈洛書〉之數，二與八易位則為先天之象數，亦可見其
重《易》之數，此段乃杭辛齋言《易》數與《易》象之關係。

再者，杭辛齋以數言工夫論，蓋五為天地生成極重要之數，若能以五御
十，則可變理陰陽者，允執厥中。杭辛齋又引孔子曰：「五十以學《易》。」
分別言五與十。又引曰：「言行者，君子之樞機。」以言行出於〈中孚〉，而
〈中孚〉而上巽五而下兌十，亦五與十。以《論語》、經傳等說解《易》數之
五與十，甚為重要。復析分之，杭辛齋以五則可為體可為用，十則為成數為
用，故此以五為體，十為用，杭辛齋言其關係即所謂「體不可變，而變其用。」
此段可知杭辛齋言《易》數之精細，亦可知《易》數與《易》理之關係。

既知杭辛齋將《易》數提至體之層次，則可知《易》數與《易》數有體
用之關係，杭辛齋又以《易》數必兼《易》象，《易》象必兼《易》數，所謂
二者恆相互而不相離，吾人亦可以體用不可相離之說法了解之，其於〈數之
體用〉言：

蓋《易》之為書，合象數而言，言數必兼象，言象必兼數，二者恆
相互而不相離。象也者形也，其不曰「形」而曰「象」者，形僅以
狀其物質，而象則並著其精神，形僅能備陰陽之理，而象則兼備陰
陽之氣也。《易》數既兼象，而又與陰陽之理，及天地流行之氣，無
不相合，故言數之體用者，亦必能與象及理氣相準，而後能融會貫
通，曲暢無遺，與《幾何原本》諸書之專言形數者，其根本實有不

---

〔註56〕《學易筆談・二集》，卷2，頁88～89。

同，故不曰「加減乘除」，而曰「盈消虛息」，如僅以數言，則仍不
能外加減乘除而別求得數之道也。〔註57〕

杭辛齋以《易》數兼象，且必合理、氣，而能融會貫通於天地流行，曲暢無
遺。蓋杭辛齋以《易》象兼物質與精神，否則即以形言之可矣！而《易》數
與《易》象恆相互而不相離，故《易》數亦兼精神，杭辛齋此處亦揭示《易》
數本身，又可分以體用，此說已於上段《《易》數之性質》詳述之，請參照。
故由上文可知，《易》數與《易》象之關係，為恆相互而不相離。

其它關於《易》數之與《易》象關係之論述，亦可見於〈盈虛消息〉，其言：

> 天地陰陽盈虛消息，坎盈則離虛，乾消則坤息，昔人多以象言之，
> 言數者，亦依像類推模糊恍惚，未知確定其數之可以盈與何以虛，
> 何由消更何由息也，而其量數之如何，更無有言之者矣！有以多寡
> 加減爲盈虛消息者，此僅就數言之則可，然象數相連。象根於數，
> 數亦寓於象，繁複奧衍，簡言之，殊未易明皙，茲假設一例以明之，
> 雖不知數者，固亦可一目了然矣！如一、二、三、四、五、六之六，
> 單數不動不交，數亦不變，無所謂盈虛消息也。交則動，動則變，
> 盈虛見而消息著矣！今世俗博具之骰子，每個爲立方之六面體，一、
> 二、三、四、五、六，各點一面，若以單骰擲之，則每次祇得六數
> 之一數，無可變也。若用雙骰，則有兩個六數，共合十二，兩數相
> 交，似應有十二數可得，實則不然，祇有十一數，自兩點至十二點
> 是也，因其一數已隱而不見。此一數，即所謂虛與消也。然有虛必
> 有盈，五消必有息，十二數既祇存十一，而虛其一，而其所得之方
> 式。則得二十一，與得數相較，則盈者十，與本有之數相較，其息
> 者九，乃數虛而象盈，數消而象息者也。〔註58〕

由上文可知，杭辛齋言《易》數與象相連，象根於數，數亦寓於象，此其《易》
數與象關係之大要。

杭辛齋並舉日用常見之骰子爲例，若以二箇骰子言，共計十二箇面，
然則二者之和，自二至十二，僅十一種變化耳，是則其一，隱然不見，所
謂虛其一。此「一」，即所謂「虛」與「消」，若以逆用之，則反爲「盈」
爲「息」，乃化生萬物之根源，此則杭辛齋將《易》數與象、理結合並觀，

---

〔註57〕《學易筆談・二集》，卷2，頁158～159。
〔註58〕《易數偶得》，卷1，頁28～29。

又可與杭辛齋之《易》學觀合而視之。以上為杭辛齋論《易》數與《易》象之關係。

再者,《易》數與《易》理有何關係?杭辛齋〈半〉有言:

> 或又曰:「子言數生於心,今乃以半為數理之關鍵,豈人心亦可言半言歟。」曰:「善哉問也。數生於心,心不可見,所謂『本一』,即始即終,無在無不墜,數將於何徵之?數之起由於動,動則有對,半者,對也。正對心而言也。動則陰陽分。半者分也,皆由此心之一動而分者也。分則析,析則半,更有半數之半,生生更無窮盡,而其正負順逆,要無不以此半由對而動,動而分,分而有進退變化之用者也。言心言性,又烏可忽者。〔註59〕

杭辛齋以數生於心,「半」為數理之關鍵,其謂數生於心,而心不見,故以「一」為「本」,而「半」者,即為分析之歷程,此歷程可至無限,若依杭辛齋甚重之「《易》逆數」,以逆為用,則「分析」之逆為「積累」,即為萬事萬物化生不息之過程。故可知杭辛齋論《易》數與理之關係。

〈中數不變〉亦言:

> 兩數相乘,則成面而不必方,惟自乘則必方,故《書》(案:《詩》之誤)曰:「自求多福。」子曰:「君子求諸己。」自乘者,等於人之自修,身心合一,故必正必方,但得數,未必法實相同,如三自乘則九,四自乘則十六,八自乘則六十,九自乘則八一,皆不得其原數者也。惟五自乘為二十五,仍得五,其數不變,因五與六,為天地中合之數,惟中不變,即五六相合,其積十一,上一下一,數仍不變,故《易》道貴中,孔子之道,酌兩用中,天不變,道亦不變者,惟其中也。五六以外,惟一不變,一亦中也,十不變,十亦中也。學者可恍然而悟矣!〔註60〕

觀上文可曉杭辛齋《易》數與理之關係。杭辛齋與數學之例,以尋常兩數相乘,則成面而不必然成方,若欲成方,則必以某數之自乘,如三自乘三為九,四自乘四為十六,五自乘五為二十五等,然而若以一至十之自乘觀之,唯一、五、六、十之自乘,可得本數,分別一、二十五(五為本數)、三十六(六為本數)、一百(十為本數),杭辛齋以此特殊之法,繫聯以義理,其言自乘者,

---

〔註59〕同前註,頁25。
〔註60〕同前註,頁27~28。

猶如人之自修，可達身心之合一，故必正必方。杭辛齋又引《詩》：「自求多
福。」子曰：「君子求諸己。」作爲學說之理論佐證。又此間一、五、六、十
之自乘數得其本數，杭辛齋逐以五、六爲天地中合之數，又一之與十，皆不
變之數，不變之數亦爲天地中數。

　　杭辛齋此說牽合《易》數與《易》理，以一、五、六、十自乘所得之數，
含有原數，逐以此關聯言其爲天地中合之數，論證似嫌薄弱。再者，兩數之
自乘則必方，以《詩》、《論語》諸語佐證，二者關係應爲文詞上之類同，以
之彌合，則不甚合理。然亦可看出杭辛齋試圖綰合《易》數與《易》理之努
力，並揭橥《易》數與修養論之關聯。

　　〈時三位四〉又曰：

> 八卦六爻，三四反覆，因三四兩爻爲人位，天地之事皆人事，故中爻
> 三四，八宮游歸二變，仍爲三四，孔子（案：子之誤）贊《易》，特
> 重三四兩爻，所以明人道，立人極，參天兩地，中和位育，爲萬世則
> 者也。三陽位，四陰位，陽爲天，陰爲地，陽虛而陰實，陽氣而陰質，
> 天、地、人三才，變化無窮，皆不出乎天地陰陽之用，天之用見於時，
> 地之用在於位，陽三而陰四，故時三而位四三四之和爲七，大衍以七
> 七爲用，而六爻八卦之數盡之矣！六爻者，三之倍，八卦者，四之倍，
> 六六三十六，八八六十四，皆不出三與四之範圍，宇宙之大，時位二
> 字盡之矣！宇者，古往今來，皆時之積也。宙者，八方六合，皆位所
> 處也。人生天地中，無能〈離〉此時位者，即無能越此三四之數者也。
> 古往今來時無盡也，約之以三，則曰「過去」、曰「現在」、曰「將來」
> 無不可賅之矣！八方六合，位無定也。約之以四，則曰「左」、曰「右」、
> 曰「前」、曰「後」，無不可概舉矣！〔註61〕

杭辛齋以三、四兩數，言其有豐富義理蘊含其中。其一：三、四兩爻爲人爻，
唯人能參天兩地而倚數，故人爻之用者大矣！其二：杭辛齋以三者，時，可
分爲「過去」、「現在」、「未來」；四者，位，可分爲「左」、「右」、「前」、「後」，
推而廣之，可含括宇宙時位之大要。

　　杭辛齋又推闡三、四之數，其言三、四之和爲七，七自乘爲四十九，則
爲大衍之數五十，其用四十有九，其一不用。又分別乘二，可盡六爻八卦之
數。以上推闡，可感受杭辛齋闡發《易》數之用心良苦，亦可見杭辛齋言《易》

---

〔註61〕《學易筆談‧初集》，卷1，頁80～81。

數與《易》理之關係。

末論《易》數之與《易》氣之關係，杭辛齋以《易》氣乃天地生長之本
體，然氣爲絪縕，實難以見，故《易》數者，可準之節之，此其關係之大要。
杭辛齋〈七〉言：

> 《易》卦獨重中爻，中爻三四人位，三四七也，《易》說三位四，氣
> 變三，形變四，而佛氏說法，其綱要亦不外時三位四，而今之哲學
> 倫理學，亦胥莫能外此數，越此理，詢乎古今中外之所同，所謂「易
> 與天地準」，於何準之？準之數而已。〔註62〕

杭辛齋言「《易》與天地準」，乃以《易》數爲準，此則《易》數與《易》氣
之關係。如天地有時有位，何以準之，則《易》數乃有時三者，初、中、上；
有位四者，左、右、前、後即四方。此三、四者，又可對應卦爻中三、四兩
爻，人爻，又人心靈於萬物，唯人能以參天兩地而倚數，又可見杭辛齋言《易》
數與《易》理之關聯，往復迴環，杭辛齋以《易》數爲體，探求《易》氣、《易》
象、《易》理之關係，環環可扣，言之成理，足爲一家之言。

是故，杭辛齋以《易》之象與《易》之氣、《易》之理、《易》之數關係
如下：

1.《易》數與《易》氣：

近似《易》理、《易》象，同爲氣所現之憑藉，《易》數可準《易》氣。

2.《易》數與《易》象：

象根於數，數亦寓於象，二者恆相互而不相離。

3.《易》數與《易》理：

數生於心，心可生理，故數蘊含義理，尤以三、四、一、五爲豐。

以上三條，爲杭辛齋言《易》象與理、氣、數關係之大旨。

### （五）《易》逆數

〈說卦〉言：「《易》者，逆數也。」杭辛齋《易》學，特重《易》數，
故於斯言，極深研幾，通悟並發展「《易》逆數」之理，並以爲千古之大發明，
引爲研《易》之一快。杭辛齋並將「逆」獨析而成工夫論，以合於人倫日用，
以明《易》道廣大之理。故特立爲《易》數之一節，以究其賾。

《易》逆數之說究竟何來？其內容大要爲何？〈易逆數〉言：

---

〔註62〕《易數偶得》，卷1，頁15。

〈說卦傳〉：「數往者順，知來者逆。」是故：《易》，逆數也。邵子
以已生之卦、未生之卦言之，意義既不明晳，而所謂「已生、未生」
者，乃指其先天橫圖，二生四，四生八而言。孔子贊《易》時，未
必有此圖也。與朱子占例之前十卦、後十卦，同一不檢，殊不免賢
者千慮之一失焉！漢學家因此極力駁之，亦僅得「知來者逆」一句，
意義亦未完全，而於「逆數也」一句，皆忽略帶過。不知此三字，
最關重要，乃全《易》數理之關鍵所在，知來固由於逆數，而逆數
實不僅知來之一端，大《易》之道，無一非逆而用之者。蓋理順而
數逆，交相為用，非數之逆，無以濟理之順也。日月為《易》，日月
右行而左次，故《易》數隨天數逆行。〔註63〕

杭辛齋以〈說卦傳〉：「數往者順，知來者逆。是故，《易》，逆數也。」為理
論根據，杭辛齋並以「《易》逆數」為全《易》數、理關鍵之所在。蓋理與數，
相交為用。數之逆方能濟理之順。又如日月為易，日月右行而左次，右行為
逆，故《易》數隨天而逆行。

杭辛齋又於〈河〉、〈洛〉之數，其排列理則中，悟《易》逆數之所以為
逆之成因。其於〈辨納甲爻辰〉言：

杭辛齋按：陰從於陽，陰陽之體也。〈河圖〉一、三、七、九、二、
四、六、八皆左類者是也。陽左旋陰右轉，陰陽之用也。〈洛書〉之
一、三、九、七左旋；二、四、八、六右轉是也。非順行不能相生，
非逆行不能相合。《易》之體用無不如是。明乎此，則聚訟不決之懸
案，可片言而斷矣！〔註64〕

杭辛齋為合「五位相得而各有合」，〈河圖〉1、3、7、9、2、4、6、8 皆左類，
〈洛書〉1、3、9、7左旋，2、4、8、6右旋，如此排列，實不得「五位相得
而各有合」。

然則若以陽1、3、5、7、9順，陰4、2、10、8、6逆（2←4←6←8←10，
故逆也），則陰逆陽順，是則相合此 5 之倍數，即合「五位相得而各有合」，
即《易》者，逆數也，其逆之所以為逆之因。

《易》者，逆數也，其說早見於〈說卦〉，歷代學者或有著眼於此者，杭
辛齋錄之，並就前人研究成果，探賾索隱，成一家之言。以下為「《易》者，

---

〔註63〕《學易筆談·二集》，卷2，頁126～127。
〔註64〕《學易筆談·初集》，卷3，頁108～109。

逆數也」，此一論題之發展與簡史。杭辛齋〈陽順陰逆〉〔註65〕說明《易》逆
數發展之簡史，因原文頗長，故今分段整理如下，以清眉目：

1. 杭辛齋以天地之數，有體有用，體則一、三、五、七、九、二、四、
六、八、十，皆順數，而言其用，則陽順陰逆，乃一般學者之通說，其用在
釋〈河圖〉之陰陽進退，則皆以二、四、六、八、十順數，未嘗逆也。

2. 晉朝崔覲，早有「陰數起於四」之說，以其論八卦之數，然其說未能
充分發揮，後儒逐不甚注意此說，杭辛齋點明之。

3. 明朝來知德氏頗明逆字之義，因來氏無法解二、四、六、八、十之數，
而創陽由內轉外，陰由外轉內之論，以圓其說，然杭辛齋以其說中，二、四、
六、八、十，固內而轉外，與一、三、五、七未嘗少異，順逆之分，則無順
逆之分。

4. 清朝咸豐初嘉興方氏春水著《方生易說》，其《算數術》卷中，已發明
四、二、十、八、六之序，而後陰逆數之理，始得大明。方氏並繪九九與十十
兩圖，明陰陽順逆之數，出於奇偶圓方，皆天然之次序，閱者更易了解，杭辛
齋惜其書板久毀，流傳不多，學者罕得寓目，故今之言〈河圖〉者，仍不知方
氏四二十八六之用，未有取其說而一正之者，此則杭辛齋所深嘆者。其圖如下：

## 方　　氏

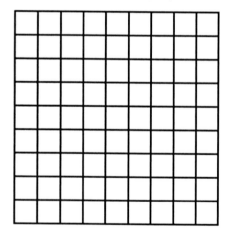

### 圖一始數奇

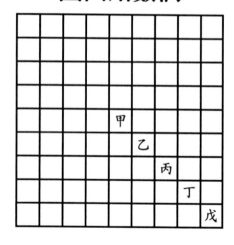

### 圖四始數偶

---

〔註65〕《學易筆談‧初集》，卷1，頁51～55。

5. 杭辛齋於丁巳除夕，因研求牙牌數二五交易之理，悟陽順陰逆，必在升降上下之中，而一、六、二、七、三、八、四、九、五、十之合，各有交互之用。其得方氏之說，與其所求者，果不謀而合，此言其說非傳承自方氏者。

然何以一、三、五、七之必合四、二、十、八、六，其數之推衍，方式如何，仍未能知，研索數月，迄未有得，亦姑置之。

壬戌春仲，杭辛齋玩索牙牌一六之數，忽有心得，枕上尋思，反覆推衍，忽以〈乾〉乘六龍以御天一語，悟乘六之法，不及待曉，披衣演草，而得陽順陰逆相乘之圖，較方氏之二圖，更爲明白曉暢，今後言〈河圖〉者，當可免暗中摸索！圖成而術家見之者，皆如獲拱璧，以爲千古疑團，一朝盡釋。其圖如下：

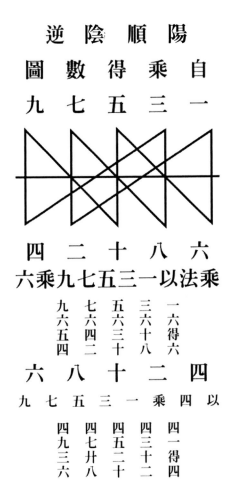

杭辛齋此陽順陰逆之發明，甚爲得意，其於〈先天八卦本數〉言：

> 余於庚申之秋，始由〈乾〉乘六龍一語悟得乘六之法，繪圖以明之，
> 始知極數定象，通變成文，參伍錯綜，皆在陽順陰逆，而千餘年來，
> 似是而非之注釋，均可一掃而空矣！〔註66〕

其所謂是而非之注釋，殆起因學者以邵氏之數，強解京、焦之《易》，紛紜糾結，陽數順由一始，爲一、三、七、九，陰數逆由四起，爲四、二、八、六，宋以後，皆以二、四、六、八爲陰數之用，此其根本之錯誤。蓋邵子先天數，乃獨悟《易》逆數也一語，故反用圖書而逆由〈乾〉位起一，藏九不用，兩數之對待，如〈洛書〉之藏十，其妙用在卦順則數逆，卦逆則數順，故仍不悖於陽順陰逆之天則，錯綜變化，而無不相通，與京、焦數術不同說法，二者不能一談，故杭辛齋特重「《易》者，逆數也」之研究，蓋善學《易》數者。

杭辛齋善體《易》數之精妙，然吾人前已論之，杭辛齋以象數說《易》，蓋手段耳，其終極關懷，乃人倫日用之提昇，故其言《易》數之餘，不忘推諸人事，如將《易》逆數與修養綰合，其於〈易逆數〉言：

> 一陰一陽之謂道，而一陽一陰則爲非道，皆逆也。聖賢克己之功，
> 丹家修煉之術，亦無一非以逆用，修德曰反身，君子必自反。反者，
> 逆之謂也。道書逆則生，順則死，又曰「逆則爲仙，順則爲鬼。」
> 陳致虛曰：「子南午北者，顛倒五行也。」仙聖云：「五行順行，法
> 界火坑。五行顛倒，大地七寶。」所以水火互爲綱紀，即〈既濟〉
> 之道，皆以著逆用之功焉！孔子特於八卦相錯之下，特示「數往知
> 來」，而以「逆數也」三字總結之意義深哉！〔註67〕

杭辛齋並引數入理，《易》謂一陰一陽之謂道，故一陽一陰則非道也，則爲逆。道者，反者，則爲修身養性之法，儒家言：「反身修德」、「反求諸己」、「反躬自省」、「克己復禮」。道家曰：「逆則爲仙，順則爲鬼。」老子曰：「反者，道之動」、「正言若反。」孟子曰：「君子恆存乎疢疾。」案：人生在世，若以杭辛齋之說則屬後天，爲邁入死亡之歷程耳。故人生於世，逆境者十之八、九，如何化逆爲順，實《易》理菁華所在。杭辛齋欲把金鍼度予人，故有斯作，此又將《易》數與理，以「逆」連結，亦見其聰明。

---

〔註66〕《易楔》，卷4，頁144。
〔註67〕《學易筆談·二集》，卷2，頁127～128。

現代學者李樹菁推闡此說，其言：

> 杭氏所論「正爲體，逆爲用。」的現象在現代科學中普遍存在。如數學加爲正，減爲逆，乘爲正，除爲逆，微分爲正、積分爲逆。在自然演化和科學研究方面，自然演化過程爲正，研究過程爲逆。現代地球物理學中的反演法極爲重要，因地球深部難以觀測。在聲音學方面，漢語音韻學原理爲正，則近來有人從漢字組合音（450 個）出發，設計製造成聲音識別計算機，用來把人們所說的話直接打印成中字，則爲逆過程。可以預料，今後在科學技術界所出現的新的發明創造无一不是以逆爲用的。由此可知，杭辛齋在其著作中著重指出以逆爲用的易學眞理是極有現實意義的。〔註68〕

李氏之說，以現代各類學科之說，如自然科學、地質學、聲韻學、電機學等等，說明杭辛齋《易》學中著重以逆爲用之理論，於今日各科學術之發展，乃極爲重要者，其發展正符節杭辛齋所重《易》逆數之說法，亦可見杭辛齋之說，有其超越時代限制之恆常性價值。

### （六）《易》數與自然科學

數學者，科學之母。杭辛齋素善數學，又以《易》數統《易》，此其《易》學特色之一。再者，杭辛齋長以當世泰西之學會通吾國《易》學，諸如數學、物理、化學、生物、考古、地理、新式教育、近代政治等等，凡若有可與《易》會通者，杭辛齋咸引之說《易》，不遺餘力，此其《易》學特色之二，故以《易》數言自然科學，乃杭辛齋《易》學中兩大特點之結合，爲前賢著述所罕言者。本段就《易》數與自然科學之關係，作一理解。今就杭辛齋《易》學典籍中，二者關係最顯著之〈化學之分劑與象數合〉，明其關聯：

> 西人物質之化分，譯之爲化學者，乃近世紀所發明者也。不謂地隔三萬里，時閱七千年，而吾《易》之象數，能與之一一脗合，無毫釐之差。嗚呼！是所謂「範圍天地而不過，曲成萬物而不遺」者，豈空談性理所能悉其奧旨哉！張氏之銳《易象闡微》，取氣之分劑性質，以卦位爻數乘除推衍，無不妙合，尤奇者，陽三而陰二，足證古聖參天兩地之數，固俟之萬世而不惑者也。〔註69〕

---

〔註68〕李樹菁：〈杭辛齋《周易》象數思想評介——兼述杭氏象數理論和自然科學的關係〉，《周易研究》1990 年第 2 期，頁 42～50。

〔註69〕《學易筆談・初集》，卷 4，頁 203。

杭辛齋此說，乃受河南張之銳〔註70〕之說啓發。以當世所傳入泰西化學之說，以化學分劑數（今稱原子量）絪合《易》象與數，謂其一一吻合。杭辛齋所取化分之物質，蓋大氣中重要成分，分爲輕、養、淡、綠、炭、喜六氣即爲今日之氫、氧、氮、氯、碳、笑（一氧化二氮），並以其即〈乾〉、〈坤〉二元所化生，〈震〉、〈坎〉、〈艮〉三少陽，〈巽〉、〈離〉、〈兌〉三少陰之六元象變化而成。蓋杭辛齋以氣爲化生萬物之本體，故其以氣作爲物質化分之對象，有其用心，並期以八卦對應化學六氣，以《易》數求合於分劑數（原子量），以明《易》道廣大，範圍天地而不過，曲成萬物而不遺。此有二效，一則可以介紹新學予當時國人，一則經由絪合新學與《易》學之同時，則重新讓國人認識《易》學，以重光《易》學。

　　《易》數如何推求化學之分劑量？吾人以杭辛齋以《易》數推求淡（氮）氣之分劑量爲例，其言：

> 淡氣者，愛力甚小，而其性安靜無爲，其作用但在節止養氣之太過，故知此氣必爲〈艮〉之卦氣也。如〈艮〉九三、上九二陽爻，皆爲淡氣，上九之陽由〈乾〉三來，九三之陽，由〈乾〉上來，以陽三與上位六相加則爲三三，以陽三加入三位，則爲二三，〈艮〉下體之卦位，其和數爲六，上體之卦位，其和數爲十五。六與十五之和數爲二十一，以三除之得七，後以二乘七得十四。爲淡氣一分劑數。
> 〔註71〕

杭辛齋先言淡氣之性質，以其性安靜無爲，愛力甚小，應指氮原子性質安定，不易與其他原子產生化合之作用，故以其性安靜。杭辛齋以〈艮〉連繫氮氣，取〈艮〉爲山乃安定之象。再者，推求其分劑量，杭辛齋以〈艮〉之九三、上九二陽爻，皆爲淡氣，其中〈艮〉之上體中上九之陽乃由〈乾〉三來，九三之陽，由〈乾〉上來，以陽三與上位六相加則爲三乘三得九，以陽三加入三位，則爲二乘三得六，故〈艮〉之上體，其和數爲九加六得十五。又〈艮〉下體之卦位，其和數爲六，上體之卦位，其和數爲十五。六與十五之和數爲二十一，以三除之得七，後以二乘七得十四。爲淡氣一分劑數。其他氣體之分劑數，求法大類如是，不一一說明。

---

〔註70〕 《學易筆談·二集》，卷2。
〔註71〕 同前註，頁205。

其他諸氣與卦象卦義之關係，因原文甚長，今作表以明之：

| 杭辛齋譯名 | 今日譯名 | 八　　卦 | 杭辛齋所言分劑數 | 今日原子量 |
|---|---|---|---|---|
| 輕氣 | 氫氣 | 震 | 1 | 1 |
| 養氣 | 氧氣 | 坎 | 8 | 16 |
| 淡氣 | 氮氣 | 艮 | 14 | 14 |
| 綠氣 | 氯氣 | 巽 | 36 | 35.5 |
| 碳 | 碳 | 離 | 12 | 12 |
| 喜氣 | 笑氣（一氧化二氮） | 兌 | 22 | 44 |

其中杭辛齋取卦象與各氣之繫聯時，多與其卦義有關，如輕氣之取〈震〉，乃因〈震〉動爲陽，陽氣輕清而上升，乃符節輕氣之特性。

綠氣之取〈巽〉，乃以綠氣能漂白物色，其臭甚烈，能傷人，此〈巽〉之象。〈說卦傳〉：「巽爲白，又爲臭。」又曰：「〈巽〉也者，言萬物之絜齊也。」皆綠氣之性能功用。

喜氣之取〈兌〉，乃因喜氣於〈兌〉象爲近，〈兌〉爲悅，悅喜意。皆有其取卦象之深意。

吾人細加尋思，杭辛齋殆已知泰西所傳入之分劑數爲何，後尋一卦象與此氣有關聯者，復以此卦之《易》數輾轉反覆，極盡牽合之能事，以合其分劑數。蓋數之加減乘除、微分積分可窮無盡之變化，以數合數，杭辛齋善數，故其能言詮無礙，自圓其說，然未必合於其情，如杭辛齋以養氣之化學分劑量爲8，其實爲16。再者，化學分劑數乃以碳之12爲基準，其他諸元素之分劑量乃與碳爲倍數之關係，如輕之分劑量爲1，乃爲碳之1/12，倍數與倍數不得以加減之算法得證，故其多端證成，然前提已誤，復以證成之方式亦誤，則令吾人有南轅北轍之嘆！故其論喜氣之原子分劑數亦誤。

然則吾人須就杭辛齋之時代背景與著書動機，詳加體察，其心在明《易》道，故凡與《易》道相證成者，皆爲其援以爲說之對象，其推論結果是否正確得當，非爲至要。其以向來說《易》者，以空談性理爲高，能精研象數者已不可多得，又欲顯明象數，必知物理，若離物理以言象數，亦與離象數而談性理者，弊正相等耳。故杭辛齋揭示此研《易》說《易》之法，其動機與其透顯之《易》學觀，吾人更須注意。以上言《易》數與自然科學之關係。

# 第二節　義理《易》學

　　義理《易》學，實爲杭辛齋《易》學內涵之本體。杭辛齋講《易》之宗旨，乃在繼往聖之絕學，其動機與其時代背景有關，當世之風頗似六朝五代：政綱墜失，士人多皈佛服道，故有韓、歐之重振儒學。杭辛齋所處時代，經學晦盲，更甚六朝五代，加以西學東漸，國人多喪自信，除信佛道外，更有託西教者，唯習《易》者少之又少，此則杭辛齋不辭辛勞，極力說《易》講《易》之因。如杭辛齋《學易筆談・述悑》言：

> 世道陵夷，聖學中絕，人慾橫流，罔知紀極，謹愿之士，苦身心之無所寄託，蒿目時艱，恆懷消極，或附託西教，或皈依佛門，而仙靈神鬼，導引修養，及飛鸞顯化之壇宇，遂徧於域中，影附風從，是丹非素，不知我國固有之學，貫徹天人，足以安身立命，保世滋大，概群籍而羅萬有者，悉在此一畫開天，人文肇始之《易經》，存人道、挽世運，千鈞一髮，絕續在茲，弘道救世，責無旁貸。惟我同人，自奮勉焉！

此揭示杭辛齋當世之經學晦盲之時代學氣，與其與同人互勉弘揚《易》學之動機，詳見第一章第三節〈時代學風與著書動機〉，此不復述。

　　杭辛齋講《易》，因其尊經思維，故極重象數手法以說解，觀其論及卦爻，最重三、四兩爻，即人爻。推其心，乃杭辛齋平素悲天憫人、仁民愛物，故其特重義理。吾人姑且稱此說《易》手法與《易》學觀爲「義理爲體，象數爲用」。如其於〈立人之道〉言：

> 「立人之道，曰仁與義」，實惟六爻中三四兩位。孔子贊《易》，藉以明人道而立人極，以參天地之化育，故特注重中爻。三五同功而三多凶，二四同功而四多懼，以見人生爲憂患始，畢生在多凶多懼之中，如作繭自縛而不能脫，於是本悲天憫人之心，不惜韋編三絕，闡發陰陽造化之機，明貞勝貞一之理，而示人以進德脩業人定勝天之道，皆在于三四兩爻盡之。

杭辛齋以孔子之贊《易》動機，在矜憫人之苦多樂少，故特重中爻，即三、四兩位，如〈乾〉之九三、九四，皆言人需常存戒愼恐懼之心，庶幾免於〈大過〉，至於〈乾〉如何與〈大過〉連結，乃至推出《易》爲聖人教人寡過之書之結論？杭辛齋以象數作爲連結手段：其一，〈乾卦〉☰六爻中四爻動成〈頤卦〉☲。其二，〈頤卦〉☲失道而口實自養則成〈大過〉☱。其三，〈乾卦〉☰

九三、九四兩爻本〈小過〉☷☷之中爻，能得其道，則〈小過〉☷☷亦可免而成〈中孚〉☷☷，〈中孚〉則合乎立人之道矣！故曰：「《易》者，聖人教人寡過之書。」，杭辛齋說法，乃以象數中卦變爲推論主要依據，而其論證之結論，乃及人生苦多樂少之解決之道，涉及義理《易》學，從以上杭辛齋說《易》之法，知其《易》學，大抵以義理爲其論說之依歸。此說亦可見於〈三反四復〉：「孔子贊《易》以垂教萬世，尤重在三、四兩爻。」〈明爻第十·八卦正位〉：「六爻三極，尤重在人，天地之氣以人而通，陰陽之道，以人而和。」等等，其理亦同，不復詳述。

復次，自杭辛齋言《易》之性質，可知其《易》學乃以義理爲依歸。杭辛齋以《易》之性質，非徒卜筮之書，其大用乃在裨益人倫日用。〈立人之道〉言：

> 孔子贊《易》以明道立教之旨，固已脈絡分明，先後次序，一線不亂，乃朱子〈本義〉，猶謂以卜筮教人，示人以避凶趨吉之書，不幾與感應篇陰騭文等量而齊觀耶？是何異以璇璣玉衡而僅爲指南鍼之用焉。〔註72〕

蓋謂《易》主要爲修德明道之書，不徒爲卜筮之書。若朱子以卜筮爲《易》之本義，則爲大材小用。可明杭辛齋《易》學內涵，對義理部份亦甚重視。案：杭辛齋評朱子之說，不甚公允，朱子以卜筮爲《易》之本義，非不重人倫日用，蓋學術有本有末，杭辛齋亦徒以義理爲《易》之大用，非不重卜筮，如其費心爲清光緒桐鄉沈善登所著《需時眇言》重新編定並作案語，名曰《沈氏改正揲蓍法》，可知杭辛齋亦深明卜筮可「通變化而行鬼神者」，故此杭辛齋是己非人，不可諱言。

卜筮爲《易》之重要部份，杭辛齋亦知之，更以卜筮須貫注精神，方可通天人，其於〈火珠林〉言：

> 蓋卜筮之道，非精神專壹，無以取驗，揲蓍之四營成《易》，十有八變成卦，事既繁重，而需時甚久，欲意志不紛，終此六爻，殊非易易，乃易之以錢，則以一錢代四營之用，三錢得一爻之象，減十有八而爲六，縮短時間三分之二，庶心志不紛，精神易貫，而陰陽變化，仍有合於大衍之數，而得〈乾〉元統天之義，是以後世習用不廢，間有好古者，遵用蓍策，而效反不著，豈蓍果有遜於錢哉！亦以素未習用，心手既不相應，精神自難專壹也。故卜筮實精神之學，

---

〔註72〕同前註，頁63。

> 未可盡以形式求之焉！〔註73〕

《易》者，爲卜筮之書，雖事繁重，需時甚久，用志不紛，乃凝於神，故仍爲精神之學，倘精神不能專壹，則亦無效矣！故即爲象數之學，仍需貫注全副精神爲之，精神之學，義理之學，杭辛齋以卜筮爲精神之學，在爲象數與義理作連結。

雖杭辛齋以《易》之大用，在聖人所闡明立人之道，故義理爲杭辛齋《易》學之重要內涵。然夫象數、義理、術數，三者爲《易》學之重要組成內涵，學者或有偏重，然杭辛齋以三者咸有其用。〈一生二二生三〉言：

> 聖人以《易》立教，其道亦有三，上焉者道也，中焉者德也，下焉者占卜也。老子取其上，孔子取其中，焦、京取其下，三者各有其用，而不相悖，且互相發明而不可離。後之學者，擇其一以爲宗，而嚴立界說以明系統則可，若入主出奴，不揣其本妄自尊大，而排斥異己，執一不化，欲求其通也難矣！〔註74〕

杭辛齋以《易》爲明天人之際之書。層次可再分上、中、下三層：上者爲道，老子取之；中者爲德，孔子取之；下者占卜，焦、京取之。三者互相發明而不可離。然後之學者，擇一而泥，遂起釁端，《易》遂支離難全。吾人於杭辛齋三分《易》學內涵之層次分別，可知其對義理內涵甚爲重視！

本節就杭辛齋說《易》之手法、論《易》之本質等爲切入點，論杭辛齋《易》學中之義理內容。蓋其說《易》方式，雖廣徵諸法，乃以象數爲主，然推究其目的，乃在闡明立人之道，故其《易》學中，義理《易》學亦爲其重要內涵，乃其習《易》講《易》之終極關懷。至於杭辛齋《易》學之重民、進化、憂患、寡過等思想，亦與義理《易》學相涉，乃其義理《易》學之推闡。關於其詳細內容，第五章第二節〈杭辛齋之易學思想〉有專文討論，請參閱之，茲不詳論。

# 第三節　圖書《易》學

圖書之說，始見於《尚書‧顧命》：「大玉、夷玉、天球、河圖在東序。」〔註75〕《周易‧繫辭傳上》亦曰：「河出〈圖〉、洛出〈書〉，聖人則之。」然

---

〔註73〕《學易筆談‧二集》，卷2，頁100。
〔註74〕《學易筆談‧初集》，卷1，頁88～89。
〔註75〕孔穎達：《尚書正義》，《十三經注疏》（臺北：藝文印書館，1983影印嘉慶二十年江西南昌府學本），第1冊，頁278。

則學術界大量出現圖書之說，殆始自趙宋。至於杭辛齋對圖書源流之看法，可見於〈老子之易〉：

> 孔子問禮於老子，志在明道立教，以濟萬世，故於陰陽卜筮之名象，僅取其綱領，無關宏旨者從略焉。〈說卦〉一篇，或為所節錄之原文，決非孔子所撰，亦非後人所能偽造也。〈繫傳〉法象莫大乎天地一節，更足證明漢人納甲卦氣之非誣。惟孔子既不傳圖譜，老子出關，必挾圖書以西行，故今日所傳《易》之圖象，皆出道家，皆得於川陝者為多，當為老子之所遺無可疑也。〔註76〕

杭辛齋以《易》掌於太卜，老子世為史官，故詳於陰陽象數，孔子問禮於老子，取其可明道立教者，遺其無關宏旨者，遂不傳圖書，然究竟圖書之作者何人？不得而知，老子徒傳圖書者。此可解釋何以三代至五代未見《易》圖。然何以今日有圖書存焉？杭辛齋以老子西出函關時，必挾圖書以西行，故中原未見之。有宋以來，《易》圖之出，多自川陝一帶，為老子之所遺。然杭辛齋言圖書乃宋時方出。此為圖書之源流。

朱震於《漢上易傳·表》言：「陳摶以〈先天圖〉傳种放，放傳穆修，修傳李之才，之才傳邵雍；放以〈河圖〉、〈洛書〉傳李溉，溉傳許堅，堅傳范諤昌，昌傳劉牧；修以〈太極圖〉傳周敦頤，敦頤傳程頤、程顥。是時，張載講學於二程、邵雍之間。故雍著《皇極經世》之書，牧陳天地五十有五之數，敦頤作《通書》，程頤述《易傳》，載造〈太和〉、〈參兩〉等篇〔註77〕。」據朱氏言，可知圖書《易》學自陳摶所出，後又分三派，其一為傳〈先天圖〉之邵雍，其二為傳〈河圖〉、〈洛書〉之劉牧，其三為傳〈太極圖〉之周敦頤。杭辛齋於三派咸有論述，分別如下。

## 一、先天後天

首論先天、後天之歷史觀：杭辛齋以為趙宋之前本有〈先天圖〉，後來散佚，道家得而傳之，宋後復還儒家，其說大抵依循朱子。其於〈先天卦位不始於邵子〉言：

> 朱子謂先天各圖，決非後儒所能偽造，必當初所本有，後來散佚，流入道家，至希夷傳出，得復還儒家之舊云云，殊非無所見而云然

---

〔註76〕《讀易雜識》，頁4。
〔註77〕朱震：《漢上易傳》，《通志堂經解》（臺北：大通書局，1969影印康熙十九年刻本），頁425。

也。後人或據劉長民之說，以九爲〈河圖〉，十爲〈洛書〉，或欲避
先後天之名，以先天爲伏羲八卦，後天爲文王八卦，或以先天爲〈天
地定位圖〉，後天爲〈帝出乎震圖〉，舍其實而騖於名，是更可以不
必矣！〔註78〕

觀上文可知杭辛齋之先天八卦歷史觀，殆依朱熹。先天各圖本有，後來散入
道家，決非後儒所能僞造，後來學者如劉牧、蔡沈等，復自道家尋回，此先
天圖之由來與流傳。再者，有關先後天圖之名稱，學者以先天圖爲〈天地定
位圖〉爲伏羲八卦，後天圖爲〈帝出乎震〉爲文王八卦，杭辛齋則以爲多此
一舉。又曰：

朱子以〈河圖〉、〈洛書〉及先天卦位方圓各圖，弁於《周易》之首，
爲後世言漢學所抨擊，幾於體無完膚。然趙宋以前，雖未有先天之
圖，而乾、坤、坎、離、震、巽、艮、兌之卦位，固早散見於漢人
之《易》注：荀慈明之升降，虞仲翔之納甲，細按之，殆無不與先
天之方位相合，卽以經文上下二篇之卦論之，上經首乾、坤終坎、
離，非四正之卦乎？下經首上兌下艮之〈咸〉。上震下巽之〈恆〉，
非四隅之卦乎？〔註79〕

杭辛齋論先天圖之出，雖不早於趙宋，然其卦位，早散見於漢人《易》見，
上、下經、〈說卦〉亦可見及，故先天圖雖於趙宋之前未見，然其實固有，學
者不宜一概抹去。

《易》圖出自何代？杭辛齋〈乾坤成列〉言：

攷古人簡策之制，皆狹而長，庖犧之畫卦，未必如後人八卦六十
四卦之方圓各圖，……而自秦漢以迄五代諸家之《易》，則均無八
卦六十四卦之圖。故邵子學《易》數年，未得要領，及師事李挺
之，挺之授以乾一、兌二、離三、震四、巽五、坎六、艮七、坤
八之數，始恍然大悟，先天之學，卽由是發明，一部《皇極經世》，
無非此一、二、三、四、五、六、七、八所推衍，可知邵子以前
之《易》，其八卦之排比，皆爲行列，而未有此八角形之方式也。
〔註80〕

---

〔註78〕《學易筆談・初集》，卷2，頁77。
〔註79〕同前註，頁75～76。
〔註80〕同前註，頁86～87。

杭辛齋以古人書寫之材料多爲簡策,其形式狹而長,故伏羲畫卦時,應難繪成現今傳世《易》圖,故杭辛齋以先天圖之出,不早於伏羲,實有其理。

　　杭辛齋以爲〈帝出乎震〉一章,雖明言八卦方位,而當時未必有圖,故漢人之言《易》者,無有固定可依循者,或以乾、坤列東,艮、兌列南,震、巽列西,而坎、離處中,無一定之方式。唯荀、虞升降消息納甲諸說,實已見先天八卦之端倪。

　　觀以上諸文可知,杭辛齋論先天圖之歷史觀,殆從朱子,以爲或三代已有,然杭辛齋更推論圖出不早於伏羲。自秦漢以至五代,亦無見先天之圖,然在此際,雖未必有圖之形式,然漢人之言《易》,以〈帝出乎震〉一章之記載,已合先天八卦之序。邵子之出,遂有先天之圖。

　　次論先天、後天八卦之名義:杭辛齋以爲二者名稱實不可改易一字,須細思其名義以說解經傳,方得確詁。如〈象義一得〉言:

> 今按六十四卦之象爻,其取象之所由,無不原本於先天、後天兩圖,苟明其例,則逐卦逐爻象義相合,如按圖而索驥,否則各爻之象,有決非本卦與互卦及旁通所有者,如山風〈蠱〉,六爻有四爻言父,一爻言母,而父母之象,從何而來?不於先後兩圖求之,雖輾轉穿鑿,終不能得。迨攷諸先後天,則知先天艮、巽之位,即後天干、坤之位,乾父坤母,其所由來瞭如指掌矣!又如〈象傳〉:「天火〈同人〉。九五曰:『〈同人〉之先,以中直也。』」先字從何而來?無從索解,攷諸先後天,則後天離位,即先天干位,更明晳矣!故先天、後天二圖,實闡發全《易》之祕籥,非但無可駁議,而先、後二字,亦決不可易,或改先天爲〈天地定位圖〉,後天爲〈帝出乎震圖〉,乃昧於先後之義者也。惟邵子以〈先天圖〉爲伏羲所畫,後天圖爲文王所定,則殊可議,蓋兩圖實體用相生,不能離拆,伏羲旣作先天八卦,決不能無〈後天卦〉以通其用,故先天、後天,與重卦六十四,皆一時並有其六十四卦之大圓圖與方圖,或爲邵子所發明,未必爲庖羲氏之所畫也。〔註81〕

杭辛齋以先後天之圖,爲六十四卦取象之所由,實爲闡發全《易》之祕籥,不可廢。且先後天不可易其名,如改爲〈天地定位圖〉、〈帝出乎震圖〉,蓋將失「先、後」之義。如〈同人·象〉:「同人之『先』,以中直也。」此「先」

---

〔註81〕《學易筆談·初集》,卷3,頁130～131。

須考先後天，方知其精妙，後天〈離〉即先天〈乾〉，即天火〈同人〉，吻合於先後天。此又可見「无一字閑文」之說《易》方式。

杭辛齋評邵子命名先天為伏羲八卦，後天為文王八卦，實為非當，蓋「先天、後天」，一體一用，同源共貫。伏羲畫卦，若有先天，則必有後天，若僅畫先天八卦，將何以施之於用？後天八卦豈為文王所畫？求諸經傳，實無依據。

杭辛齋亦不贊同學者改伏羲八卦為〈天地定位圖〉，文王八卦為〈帝出乎震圖〉者，杭辛齋按諸象數，證諸經傳，確有先天、後天之別，而〈天地定位〉與〈帝出乎震〉，只能表其方位由來，未能盡成象變化之義，與錯綜參互之妙，故杭辛齋以乾一兌二一圖，祗能正其名曰「先天卦」，震東兌西圖，只能正其名曰「後天卦」不必繫之曰「伏羲、文王」。以上言先天、後天八卦名稱之不可易。

終論先後天八卦之關係：杭辛齋以為二者同源一貫，體用一如，須合而觀之，不可相離，其功用在提供經傳象數之證據。杭辛齋〈先後天八卦平議〉言：

> 向之言先後天者，曰：先天為體，後天為用，固也。然體中有用，
> 用中有體，執一端以為體用，仍滯而不通也。曰：先天對待者也。
> 後天流行者也。此但卦位之形式則如是耳。〔註82〕

由上文可知，不必執著先後天以論先後天，如此方能盡先後天之義蘊。先後天之關係，杭辛齋以體用說之，以先天為體，後天為用，然體用相合，同源共貫，不可執其一端，否則泥而不通。蓋先天與後天，往復相循，如環無端，陰陽交錯，體用相互，且一動一靜，交錯互用，此杭辛齋論先後天關係之大概。

## 二、〈河圖〉、〈洛書〉

首論〈河圖〉、〈洛書〉之流傳：杭辛齋以《尚書》、《論語》、〈繫辭傳〉皆有〈河〉、〈洛〉之名載焉，故〈河〉、〈洛〉非妄。至於作者，杭辛齋疑則闕疑，未言其詳。至於〈河〉、〈洛〉之傳，其推論殆老子為史官，故藏〈河〉、〈洛〉，自其出關，挾帶而去，至西域傳其大道，影響羅馬文明，此說實為無稽，當為杭辛齋欲恢復民族自信心，故倡此說，以西學源於中土。如杭辛齋〈老子之《易》〉曰：

> 即今西人算學開宗之《幾何原本》，其形式數理，悉與八卦之數理相

---

〔註82〕《學易筆談·二集》，卷2，頁66。

合，與《易》同爲一源。西人之何由得此，考其時地，當亦爲老子
所傳，西人稱借根方爲東來法，實不僅借根方也。老子西出函谷，
蹤跡不明，然老子決不止於一隅，寂守空山以終老者，況其出關宗
旨，原在傳布大道，非爲無意之雲游也。其西去也，陸行直可達地
中海，即土耳其京士但丁，史稱東羅馬，爲歐洲文化之策源地。亦
數學形學所肇始之地也。羅馬今之譯音字，其拉丁文原音，實爲「老
孟」或「老門」，老子西行至此，講學布教，信仰者眾，遂地以人名
而曰「老門」。惟因言語不通，風俗不同，故不能盡傳《易》象，而
但傳數學，數具形立，而形學附焉。蓋象無定者也，俗尚旣異，象
難一致，而數則中外無異，形亦方圓有定，此所以不能傳八卦四象，
而只言點線面體也。然其進退變化正負乘除之理，與八卦無不相同，
非深通天地之數，明陰陽之理者，必不能造，精奧而簡易若此，所
以斷爲老子所傳者也。〔註83〕。

上文乃杭辛齋推論老子於羅馬傳《易》數（含〈河〉、〈洛〉及八卦六十四卦
之陰、陽、正、負），其言老子出關西去，可抵東羅馬之京士但丁，老子即於
彼講學布教，故西方之數學，遠源於老子所傳《易》之數。其中可疑甚多，
其一：老子出關西去之際，絲路未開，何以知其可至京士但丁？此說無據。
其二：杭辛齋以言老子既不可通羅馬語言，僅能傳數學，豈有「講學布教，
信仰者眾」之可能？其三：杭辛齋以《幾何原本》之形式、數理，與八卦之
數理相合，果其然耶？杭辛齋未言其詳。其四，就時代背言，京士坦丁大帝
建立東羅馬帝國，始於西元 313 年，隔年中國東晉建立，倘若老子仍在，已
爲八、九百歲之長者，實悖常理，更無可能影響至公元前 300 年左右希臘數
學家歐幾里得（Euclid）所著《幾何原本》（Elements），其間相去 600 餘年，
二者不可同時而語。故杭辛齋此說，強欲彌合《易》之數與西方之數，鑿柄
處處，亦非必要。故其推論〈河〉、〈洛〉流傳，不足採信。

次言〈河〉、〈洛〉之名義，杭辛齋〈河洛平議〉言：

顧自漢以後，未傳其圖，但天一、地二至地十之數，孔子固明白言
之，又申之曰：天數五，地數五，五位相得而各有合。天數二十有
五，地數三十，則亦不啻形容如繪矣！而一、六、二、七、三、八、
四、九、五、十之合，與東木、南火、西金、北水、中土之位。揚

〔註83〕《讀易雜識》，頁 4～6。

> 子雲、鄭康成均所傳略同，雖無〈河圖〉與〈洛書〉之名，而舍此
> 以求〈河圖〉、〈洛書〉，更無有象數確當，而又與《易》相合如此者……
> 顧亭林、毛西河諸氏，名五十五者曰〈天地生成圖〉，名四十五者曰
> 〈太乙九宮圖〉，然二圖之妙，固在於象，在於數，而其名之異同，
> 初無礙也。〔註84〕

杭辛齋評顧炎武、毛奇齡改〈河圖〉五十五者曰〈天地生成圖〉、〈洛書〉四
十五者曰〈太乙九宮圖〉，乃不必要之舉。《易》圖之妙，在於象數，能得象
數、義理之蘊，則不必拘執名義。且後世學者如揚雄、鄭玄均所言象數，均
合〈河圖〉與〈洛書〉之實，縱改其名，亦不能去其實。且杭辛齋以〈繫辭
傳〉、《論語》、《尚書‧顧命》均有〈河〉、〈洛〉之名，早有文獻證據，何必
改之？杭辛齋又言：

> 〈河圖〉、〈洛書〉之爭議，其辨駁紛紜，亦無異於先後天，而〈河〉、
> 〈洛〉又多劉牧、范諤昌輩九圖十書之說，於是同一言〈河〉、〈洛〉
> 者，又各有其辨駁爭論，較先天又多一重紛擾矣！夫「河出〈圖〉，
> 洛出〈書〉，聖人則之。」孔子〈繫傳〉固明言之；而「河不出圖」，
> 又見於《論語》；「天球《河圖》」，亦陳於〈顧命〉。是〈河圖〉、〈洛
> 書〉之非妄，與聖人作《易》之取則於〈河〉、〈洛〉，雖蘇張之辨，
> 不能蔑其說也。〔註85〕

其以〈繫辭傳〉、《論語》、《尚書‧顧命》詳載〈河圖〉、〈洛書〉之名，早有
文獻證據，不能去其說而易其名。

　　終論〈河〉、〈洛〉之性質與作用，杭辛齋主要著眼其五十五與四十五之
數。〈半〉曰：

> 〈河圖〉之數，五十有五，〈洛書〉之數，四十有五，合則一百，一
> 百之數，任由上下兩角斜分之，必一為五十五，一為四十五……故
> 四十五與五十五，為天然分畫之界限，非人力所能增減，合之一百
> 為全數。全數之內，分陰分陽，當然陰陽各得五十，故大衍之數五
> 十，其用四十有九。其一不用，而盈虛消息，即由此一生生不已，
> 其數不窮，是亦一百而用其半也。〔註86〕

---

〔註84〕《學易筆談‧二集》，卷2，頁69。
〔註85〕同前註，頁68～69。
〔註86〕《易數偶得》，卷1，頁22～23。

杭辛齋言〈河圖〉與〈洛書〉之數，乃天然而成。其證如下：長寬各十，共計一百個圓圈，對角二分，且不得破壞個別任一圓圈，則必分爲五十五與四十五，故杭辛齋以〈河〉、〈洛〉之數爲天然分畫而成，非人力所能增減，此其性質。

〈河洛平議〉又言：

> ……五十五與四十五兩圖，其數之縱橫加減，千變萬化，其爲象數不祧之祖，雖反對者，亦無以難也。故言漢學者，雖極力排斥，祇能不認其爲〈河圖〉、〈洛書〉，而象數之妙合，無可辨也。〔註87〕

杭辛齋以〈河〉、〈洛〉兩圖，爲象數不祧之祖，圖書之名，或可改易，數則不可駁。杭辛齋甚重象數，論其根源，可溯二者。〈河〉、〈洛〉大用，乃在提供象數《易》學無窮演繹之根本。

## 三、〈太極圖〉

首論〈太極圖〉之源流：杭辛齋以太極不可以圖，故〈太極圖〉必後出，其於〈易有太極是生兩儀〉曰：

> 夫太極豈可以圖見哉！太極果可圖，則伏羲又何必畫卦，文王亦即圖以衍《易》可矣！豈非較〈乾〉、〈坤〉更簡更易乎？維其無可見，故不得不以兩儀、四象、八卦以明之耳！漢人注太極，說各不同：馬融曰：「大極，北辰也。」虞仲翔曰：「太極，太一也。」鄭康成曰：「極中之道，醇和未分之氣也。」而其注《乾鑿度》，則又同馬說，曰：「太一，北辰之神名也。」按〈禮運〉曰：「禮必本於太一，分而爲兩儀。」蓋漢以前，太極與太一相並稱焉！〔註88〕

此處指稱之〈太極圖〉，爲周敦頤所傳〈太極圖〉，杭辛齋以其爲後出，非《易》之本有，夫「太極」不可以圖示之！其證一：若太極可圖，則文王亦即依圖演卦即可，不必有二儀、四象、八卦。其二，杭辛齋舉漢人之注，有北辰、太一、極中之道，醇和未分之氣等說以釋太極，而未見〈太極圖〉。杭辛齋論證，合理有徵。

至於周敦頤所傳之〈太極圖〉，杭辛齋依通說，以其受之於陳摶。〈圖書第一〉言：

---

〔註87〕《學易筆談・二集》，卷2，頁69～70。
〔註88〕《學易筆談・二集》，卷1，頁2～3。

> 《易》注自宋以前，未嘗有圖也。逮周濂溪傳陳希夷〈太極圖〉而
> 爲之說，遂開理學之宗。但圖與《易》猶不相屬也。〔註89〕

杭辛齋以周敦頤傳陳搏〈太極圖〉，且以圖非《易》之本有。

　　至於今日所習見之〈太極圖〉（一圓圈內分黑白環互之形，而白中有一黑
點，黑中有一白點），杭辛齋亦論及其源流，〈太極圖新說〉言：

> 朱子晚年，頗信道家之說，旣注《參同契》，而悟其功用，知源流
> 悉出於《易》，必尚有祕傳之圖錄，爲世所未見者，故囑蔡季通入
> 陝蜀以求之。季通於蜀得三圖，珍祕之甚，其一即今世俗習見之〈太
> 極圖〉，一圓圈內分黑白環互之形，而白中有一黑點，黑中有一白
> 點，爲陰陽之互根，故狀如兩魚首尾之交互。北俗謂之陰陽魚兒者
> 是也。此圖朱子已不及見。至元時，由季通子孫傳出，逮明初始盛
> 行顧世，今則家喻戶曉，人人能知之、識之，周濂溪之圖，已爲所
> 揜矣！〔註90〕

杭辛齋以今日所傳之〈太極圖〉，乃朱子知道家之說，源流悉出於《易》，必
有祕藏圖錄，復遣蔡沈至陝蜀以求之，其一遂爲今日習見〈太極圖〉，故杭辛
齋雖以〈太極圖〉近出於道家，然其以《易》爲一切學術根源，追本溯源，
道家諸說，亦源於《易》，故圖書自宋朝大出，乃儒家自道家取回，「完璧歸
趙」耳，故世傳陰陽互根之〈太極圖〉，遠源亦爲《易》之所出，與周敦頤所
傳不同，濂溪所傳之圖，乃自希夷，其非《易》之本屬。

　　次論〈太極圖說〉之謬：杭辛齋又以漢人言「太極」，多與「太一」並稱，
故以周敦頤言「無極而太極」爲非。其又曰：

> 韓康伯注有必始於无，故「太極生兩儀」，太極者，无稱之稱，不
> 可得而名，取有之所極，况之太極者也。語極明晢，意亦確當。
> 孔穎達《正義》，謂：「天地未分以前，元氣混而爲一，即太初、
> 太一也。」老子云：「道生一。」即此太極是也。是解太極，雖未
> 甚誤，已落言詮。至周子直曰：「無極而太極」，竟與「易有太極」
> 之語意、之妙用，全不相顧矣！宋儒〈太極圖說〉，累千萬言，愈
> 說愈見支離。朱子與陸梭山、象山二氏，辨駁之書，往復數四，
> 究未免強詞奪理，總由心目中旣存有黑白分明之圖，太極之眞面

---

〔註89〕《易楔》，卷1，頁1。
〔註90〕《學易筆談・二集》，卷2，頁75。

目，早已失却，更何從辨其是非？〔註91〕

杭辛齋以「《易》『有』太極」之「有」，乃具「發生、產生」之義，甚至蘊含本體論之意味於其中，如「《易》有太極」，即「《易》生太極」，詳見第二章第二節之二，此不重述。故杭辛齋以周敦頤言「無極而太極」為非，太極之上為《易》，不可再有無極。前提已誤，無論如何論證，均非確詁，是杭辛齋以宋儒〈太極圖說〉，愈說愈見支離，乃其不以「太極」之上復有「無極」為然。

　　以上三節各就「先天後天」、「〈河圖〉、〈洛書〉」、「〈太極圖〉」說明杭辛齋圖書《易》學之內涵。圖書之用，可以促進對象數、義理《易》學之了解。杭辛齋〈圖書第一〉曰：

> 蓋數理繁賾，吉凶錯綜，表之以圖，說迺易明。故學《易》先辨圖書，識其陰陽生化之原，奇偶交變之義，而後觀象玩辭，有所準的，不致眩惑歧誤而靡所適從，亦事半功倍之一道焉！〔註92〕

杭辛齋之志，在推廣《易》學，故其著作中，常言讀《易》之法，此以學《易》進程，須先辨圖書，不宜全盤接受，可見杭辛齋對圖書《易》學，亦有所保留，其以圖書非與《易》相屬，乃後出者，加以圖書之涵攝能力勝逾文字，可以說明數理、吉凶等複雜概念，然亦常引申不當，初學《易》者，未能深明象數，若先將圖書烙印腦中，先入為主，則對《易》學之認知，或有不利影響。杭辛齋〈後天卦〉曰：

> ……迹象橫梗胸中，以後更難言進步，實為初學之大患，茲編之有圖，出於萬不得已，因為初學說法，非此不便指講，故陳陳相因之圖，雖有佳者，亦從割愛，學者能象義牗明，然後最求前人之圖說觀之，是非去取，自有成竹，不致以訛傳訛，此著者之微意也。〔註93〕

「茲編」者，乃杭辛齋著作《易楔》，是書分為六卷，分別析論卦爻、象數、名位之方式，命名曰楔，乃冀初學者見之，能收舉重若輕、事半功倍之效，如得《易》之楔。

　　杭辛齋以《易》圖之缺失，在容易限制初學者思考，初學於數理，尚無端倪，極易以圖害意，然無《易》圖又難講明，故杭辛齋萬不得已以圖說《易》，

---

〔註91〕《學易筆談・二集》，卷1，頁3。
〔註92〕《易楔》，卷1，頁1～2。
〔註93〕《易楔》，卷2，頁59～60。

故於圖書《易》學,杭辛齋傳述者多〔註94〕,辨明者亦多,從中亦可紬繹其《易》學觀。

# 第四節　科學《易》學

科學《易》學,乃援科學新說以說《易》,爲杭辛齋《易》學之一大特點〔註95〕。蓋杭辛齋青年時期遊學同文館習泰西新學,晚年潛心習《易》有成。《易》學特質乃致廣大而盡精微,包括天地萬物之理,理者一也,故《易》與科學,有可會通之處。杭辛齋言《易》之特質,可知自其弟子狄海樓〈學易筆談序〉言:

> (先生)又曰:《易》如大明鏡,無論以何物映之,莫不適如其本來之象。如君主立憲,義取親民爲〈同人〉象;民主立憲,主權在民,爲〈大有〉象;社會政治,無君民上下之分,爲〈隨〉象;乃至日光七色,見象於白〈賁〉;微生物變化物質,見象於〈蠱〉。凡近世所矜爲創獲者,而《易》皆備其象,明其理,於數千年以前,蓋理本一原,數無二致,時無古今,地無中外;有偏重無偏廢。

《易》之特質,乃如一大明鏡,萬事萬物鑑之,莫不還原其本象,蓋《易》本以六十四卦發散網羅,含攝天地萬事萬物,故萬事萬物,咸可歸入其中至少一卦。《易》有此特質,無怪杭辛齋可援科學以說《易》。

杭辛齋以科學說《易》之動機,在重光《易》學與恢復民族自信心,進而提昇國力,改善人民生活,杭辛齋乃利用國人當時甚感興趣之泰西新說,援以說《易》,並言西人不過得《易》之一端,制器尚象,即能富國強兵,國人若能重新體會《易》學,當能達成上述目標,杭辛齋以此方式,導引國人重拾《易》學,是說已詳論於第一章第三節〈時代學風與著書動機〉。

〔註94〕杭辛齋所引述《易》學家之《易》圖,數量甚多,據張躍龍統計有:來知德《周易集注》36圖以上、江永《河洛精蘊》58圖、焦循《易圖略》5圖、萬年淳《易拇》136圖、紀大奎《易問》、《觀易外編》100圖、端木國瑚《周易指‧周易圖》228圖、沈善登《需時眇言》138圖。詳參氏著:《杭辛齋易學研究》(臺北:政治大學中文研究所碩士論文,呂凱先生指導,2004),頁44～45。

〔註95〕張躍龍認爲杭氏《易》學尚不足以稱爲「科學《易》學」,其傾向認爲:薛學潛問世於三十年代(1937)之《易與物質波量子力學》,才是一般所謂「科學《易》」研究傾向正式產生之標誌。杭辛齋之以西學解《易》手法,可以「廣義的廣象」來認知。以上說法,亦提供吾人另一思考方向。同前註,頁91～97、120～123。

　　杭辛齋援引科學說《易》，乃遍及各學科，廣袤深刻，如當世流行新名詞：愛克司光、飛機、十字架、來復線；新概念：新氏教育、勞動神聖、自由、平等、博愛、共和政治等，皆可謂廣義之科學，杭辛齋皆嘗引以說《易》，亦請參見第二章第八節〈以新名詞與新概念說易〉。此節僅就杭辛齋《易》學典籍所見，援物理學、化學、生物學、考古學、地理學等說《易》部份，闡明杭辛齋科學《易》學內涵。

## 一、援物理學說《易》

　　杭辛齋〈新名詞足與經義相發明〉言：

> 如《易》言〈坤〉：「其靜也翕，其動也闢。」而翕與闢之義，以舊文字釋之，則翕為聚也、合也；闢為開也，一開一合，字義雖盡，而於《易》言闢翕之妙用，仍未著也。若假新名詞以解之，則闢者即物理學之所謂離心力也；翕者即物理所謂之向心力也。凡物之運動能循其常軌而不息者，皆賴此離心、向心二力之作用。地球繞日，即此作用之公例也，以釋闢、翕，則深切著明，而閱者亦可不待煩言而解矣！〔註96〕

此引物理學中之向心力、離心力來詮釋之〈坤〉：「其靜也『翕』，其動也『闢』」，並引申言物之運動能循其常軌而不息者，賴此二力，如地球繞日，即翕、闢二力之交互牽制，而〈坤〉又屬地，於此又可連屬地球。

　　〈七色變白〉言：

> 日光具七色光線，而此七色之線，動而合成一色，則白色。此近世泰西科學家所發明也。現時學校儀器中，有一種圓形之平面版，其上分繪七色，附一機輪，以皮帶聯之，搖其輪令此圓版之旋轉極速，則祇見白色。即所以證七色變白之說也。凡高等小學以上之學生，殆無不知有此者矣！然我國舊學家，固未有言之者也。不料《易經》於數千年以前，早已發明之，象義明晰，確切不移，與西人之說正相吻合，其象即見於山火〈賁〉之一卦，子曰「《易》之為書也，廣大悉備」，略指其一而已可見矣！惜我國讀《易》者，皆忽略讀過，更無科學之知識與眼光以研究之，宜乎其不可解者多矣！〔註97〕

---

〔註96〕《學易筆談・初集》，卷1，頁23～24。
〔註97〕《學易筆談・初集》，卷4，頁199～200。

物理學知識言白光可析七色，即霓虹麗天之紅、橙、黃、綠、藍、靛、紫，杭辛齋以援以說〈賁〉卦，其證成以三：

其一：〈賁〉☶離內艮外，離為日，離居九位九宮之色，一白、二黑、三碧、四綠、五黃、六白、七赤、八白、九紫，數雖九，而白居其三，併之仍為七色。

其二：以互卦廣象，由九三至六五，中爻為震，震，動也。震動而離之七色皆變為白。

其三：「翰如」二字，則幾將近日學校所用之儀器，幷其轉動之狀曲繪而出。

杭辛齋此說，有三處不盡周延：其一，今日之紅、橙、黃、綠、藍、靛、紫，非杭辛齋所言黑、碧、綠、黃、赤、紫、白。其二，白乃七色合成，本非七色之一，杭辛齋此將白摻入其一，則又非矣。其三，若以「翰如」二字，為儀器轉動之狀，則其上之「白馬」如何解釋？

蓋杭辛齋常以各種新說釋經傳之隻字單辭，雖乍識有理，然全面檢視，則失之支離，復詆其它學者「皆忽略讀過，無科學知識眼光以研《易》」，則尤為苛責。上述杭辛齋論證，亦可見其「无一字閑文」之說《易》方式，然此法不時有過度牽合、引申之弊。

## 二、援化學說《易》

杭辛齋〈象義一得〉言：

> 蓋〈乾〉乃純粹之氣，而凝合成形，又極剛極堅，無物足以比擬。據近世化學家所攷驗，金剛石乃純粹之炭氣所凝結，化之仍散而為氣，絕無渣滓。夫至精至純至剛至堅，又光明通達，聚之成質，而散仍複為氣，非〈乾〉之全德，又烏足以肖之，此象之可以物理之確當而補之者也。〔註98〕

凡卦之象，可至無窮，如乾之象，可取天、剛、圓、父、君，玉、金、寒、冰、大赤、良馬、老馬、瘠馬、駁馬、木果，杭辛齋以金剛石補乾之象，蓋析金剛石之化學式，純為炭原子，無一雜質，果然純粹精也。故杭辛齋之說有據，此象可補。

杭辛齋推闡張之銳新說，以當世所傳入泰西化學中輕、養、淡、綠、炭、喜六氣之化學分劑數，合於震、坎、艮、巽、離、兌六卦之《易》數，亦為

---

〔註98〕《學易筆談·初集》，卷3，頁137。

以化學言《易》之重要說法，詳見第四章第一節之二之六：〈易數與自然科學之關係〉。

## 三、援生物學說《易》

杭辛齋〈蠱為變化之卦〉言：

> 今歐西之學說，謂凡物之變化，皆微生蟲為之。……在古聖作《易》之時，未嘗有此精細之科學，更何來此百倍、千倍之顯微鏡，以窺示目力能所不能見之蟲？而知其功用，而乃於天、地、人物變化樞要之一卦，命之曰「〈蠱〉」？而〈蠱〉乃从蟲，且其象數變化之作用、之意義，更在在與今之新學說相合。……或曰：「卦雖有其象，古聖之意，或未必如此是。殆子附會新說，曲意遷就，而適相巧合耳。」曰：「古成之適相巧合者，於事誠有之，然可一而不可決，不能事事相巧合，而反覆皆適當也。」〈象〉曰：「山下有風，〈蠱〉。」山為艮象，風為巽象。風者，氣之動也。止而不動則蟲生。故風亦从虫。豈造字者亦相巧合乎？〔註99〕

此以微生物為物質變化之因，比附〈蠱〉為變化之卦，又以聖人作《易》之時，未有顯微鏡，即能理解萬物變化之理，甚為感佩。吾人可察〈蠱〉之卦義，豈為變化之卦？蠱者，事也。幹父之蠱、幹母之蠱，與變化何與焉！

杭辛齋又以〈蠱〉：「山下之風。」言風從虫，虫為變化之重要因素，以此串聯「蠱」與「變化」，甚贊古人造字之妙，此說已顯牽合，再者，古人造字動機，豈為合於《易》義？杭辛齋此說《易》方式，有時失之喜新好奇，須詳加省察，方得實情。

〈井養〉則言植物學與〈井〉卦之關係：

> 今西人歷若干年事實之經驗，經若干人學術之研求，方知種樹之益，謂能興水利而除水害，吸灰氣吐養氣，有畀人生，言極詳盡。吾人始有崇信而仿行之者，不知古聖人極深研幾，早已揭櫫其義於水風一卦矣！木上有水，乃以證「〈井〉通」之義，謂木性疏達，能引地中之水，由木之下而達於木之上也。嘗見北地種葡萄者，初冬捲蔓而藏於土，至春引而出之，支以木架，掘根之四周如小池，注水滿

---

〔註99〕《學易筆談·二集》，卷1，頁33～35。

之，俄頃水即上行，溢於蔓巔，如露珠下滴，故木上有水。〔註100〕

杭辛齋引西人植物學新知，言種樹有益環境與人身，並以其自己嘗見北地種葡萄經驗，明〈井〉「木上有水」之象，復以象數證之。

〈象義一得〉則以生物解剖學知識，明〈坎〉象與狐之關係：

> 古來傳記，所載物類能錬形修道者，惟狐爲最多，且其收效之易且速，恆爲人類所不及，雖爲經史所未載，然不盡爲荒唐無稽之語，可斷言也，要皆未能證明其理，乃攷之於《易》：狐爲坎象，而水火〈既濟〉，火水〈未濟〉之兩卦，皆取象於狐。夫〈既濟〉、〈未濟〉，非道家之乾坤、《參同契》之關鍵乎？乃文王作象，周公繫爻，皆取象於狐，則狐之性靈形體，必與人近，或其內體有特異之機能，合於水火升降之作用，有非人所能及者，故能事半而功倍，古聖必已確知其故，因以繫諸離、坎交搆之兩卦，非偶然也。但非詳於動物生理學者，不能剖此疑團，在北京時，曾以質諸大學教習日爾曼人沙某，沙亦向喜中國古學，而精於生理解剖者也。杭辛齋詳語其故，而沙乃鼓掌狂喜曰：「此足與吾國學者之研究相印證矣！近年解剖之學日精。凡人類與動物之身體之結構，無不明晰其作用，如人之腦筋有十二對，若者司視，若者司聽司嗅，無不條分縷折（案：析之誤），獨狐之腦筋異常繁複，經多數博士之攷驗，迄今尚未能解決，今由《易》象，可得見其端倪，即從心腎兩臟以探察之，或可得其要領乎！」即此以觀，可見吾人於科學知識未能充分，而《易》象之精深奧衍，則斷非一知半解之腐儒所可擬議矣！〔註101〕

杭辛齋以坎象有狐，《易》之重要二卦〈既濟〉、〈未濟〉亦取狐象，且古籍中以能錬形修道者，狐亦最多，杭辛齋推測：狐之性靈形體，必與人近，或其內體有特異之機能，有非人所能及者，故聖人繫諸離、坎交搆之兩卦。杭辛齋以之叩問質諸大學教習日爾曼人沙氏，其生理解剖學釋之：蓋狐之腦神經異常精密繁複，可解上述疑問。

## 四、援考古學說《易》

杭辛齋〈元字之精義〉言：

---

〔註100〕《學易筆談‧二集》，卷2，頁118～119。
〔註101〕《學易筆談‧初集》，卷3，頁135～136。

　　吾于西人之紀載得一説，足爲斯義之確證。西人於埃及地中，掘得
　　四千年之古屍，屍腹中往往實以林禽及小麥等物，以保藏之非常完
　　密，故均歷久久而不壞，取林禽及麥而播種之，仍能發榮滋長，與
　　新者無異，此無他，以其元之尚存在也。若其元已失散無存，則雖
　　當年之果核，種之亦不能發生，因此可證明物各有元之理，而人元
　　所存，則惟此天良，天良不滅，生機亦不滅；天良漸滅，則亦無元
　　之果核，已無萌生之望。雖倖而生，亦行尸走肉而已。〈剝〉之上九：
　　「碩果不食。」即此僅存之天良也歟？〔註102〕

此引埃及木乃伊之考古新發現，舉其腹中之種子播種猶年生長，說明種子中
有果仁，仁者生生不息，說解《易經》中「仁」之精義，並明〈剝〉之上九
「碩果不食」之碩果，即爲「仁」。

## 五、援地理學說《易》

　　杭辛齋〈四十五〉言：

　　〈洛書〉之數四十有五，與〈河圖〉之五十五，適爲全數一百之中
　　分，前已言之矣！何以《易》數用四十五，而不用五十五？即用九、
　　用六之義也。九六爲圓周三百六十之弧與弦，已詳前圖，此四十五
　　者，即八分三百六十之一，亦即一象限九十之半也。吾人居旁天地
　　之中，天半在地上，半在地下，人目能見者祇其地上之半，地下之
　　半不能見也。而地上之半，又以赤道中分爲二，吾人處赤道以北，
　　則祇得其半之半，三百六十四分之一，只得九十矣！故九十度爲直
　　角，而中分九十爲四十五，得四十五度之角，已足測三百六十度之
　　全，而成圓斜直，爲不盡其用矣！〔註103〕

其以地理學中赤道、緯度之數，說明〈河圖〉、〈洛書〉之數合於自然。

　　〈八卦合天地之象〉則言：

　　試以先天八卦方位言之，乾爲南極，坤爲北極，南北皆冰洋，故乾
　　爲寒爲冰，坤亦爲堅冰。自震東北至兑東南，爲東半球之象，故曰
　　「震旦」。自艮西北至巽西南，爲西半球之象，故曰「泰西」。〔註104〕

〈象義一得〉亦曰：

---

〔註102〕《學易筆談・初集》，卷1，頁28～29。
〔註103〕《易數偶得》，卷1，頁38～39。
〔註104〕《讀易雜識》，頁42。

〈説卦傳〉明定之方位也。乃以西北之乾置之南，西南之坤移之北，

離爲火，故南方熱，坎爲水，故北方寒，今以乾爲寒爲冰，豈不大

謬？當時以爲名言，孰知南極北極，固皆爲冰洋，今則三尺之童亦

知之矣！駁議已不值一笑！然南北冰洋之發見，近三百年内事耳！

　　乃何以伏羲畫卦時，已預有是象，謂非天下之至神乎！〔註105〕

杭辛齋以〈說卦〉：「乾爲寒、爲冰。」又〈伏羲八卦方位圖〉中，〈乾〉爲南，

故杭辛齋以乾爲南極。反之，〈坤〉六二：「履霜，堅冰至。」坤又爲北，則

坤爲北極，杭辛齋以此推論合於當世地理學知識，即南北皆冰洋。然今日之

南極實爲大陸。

　　此外，杭辛齋又言「泰西」定名由來，乃艮西北至巽西南，故爲西半球

之象。案：巽下艮上則爲〈蠱〉，〈蠱・彖〉又曰：「〈蠱〉，剛上而柔下。」乃

以卦變言，上卦本爲坤，乾施一陽於坤上，則柔卦變爲剛卦而居上，即坤下；

反之乾上之理亦同，故坤上乾下，則爲地天〈泰〉，是則西半球曰「泰西」之

因。然「泰」者，極也，「泰西」即「極西」之意，杭辛齋大費周章之證成，

尚不若原意之直捷合理。

　　以上就杭辛齋《易》學著作中，援以物理學、化學、生物學、考古學、

地理學說《易》部份，作一述評，庶幾可知杭辛齋科學《易》學之内涵。

　　援泰西科學以說《易》者，杭辛齋非第一人。蓋此釋《易》方式，可上

推自明末方以智，其著《物理小識》即嘗試以《易》學改進西學未果。又焦

循援西方數學以說《易》，亦時有困難之處。〔註106〕至清末宣統二年（1910），

河南張之銳著《易象闡微》〔註107〕，嘗試以《易》象縮合泰西科學，杭辛齋

嘗引其說，如：〈刑罰與教育〉、〈物理一斑〉（取其〈化學與分劑數合〉部份）。

　　杭辛齋雖非以科學入《易》之第一人，然其援引物理學、化學、生物學、

考古學、地理學、數學等新學說《易》，可謂有系統、有目的，以科學說《易》

之第一人，其深度、廣度、切合度，實爲前賢所不及，蓋有其學力與時代背

景。〈今後世界之《易》〉言：

　　　吾輩丁兹世運絕續之交，守先待後，責無旁貸，亟宜革故鼎新，除

　　　門户之積習，破迂拘之謬見，以世界之眼光觀其象，以科學之條理

〔註105〕《學易筆談・初集》，卷3，頁131～132。

〔註106〕詳見董光璧：《易學科學史綱》（武漢出版社，1993年12月），頁246。

〔註107〕張之銳：《易象闡微》（臺北：成文出版社，1976年，嚴靈峰編《無求備齋易

　　　　經集成》第123冊。據清宣統2年排印本）。

玩其辭，集思廣益，彰往察來，庶五千年神祕之鑰可得而開，興神
物以前民用，必非尼父欺人之語也。〔註108〕

科學說《易》之目的，乃在破除門戶、集思廣義，會通中西學術之精華，進
而改善人民生活。然則此法無異將孔子穿西裝，杭辛齋亦知必有起而反之者，
其於〈新名詞足與經義相發明〉言：

地球繞日，即此作用之公例也，以釋闢翕，則深切著明，而閱者亦
可不待煩言而解矣！不僅名詞已也，新思想與新學說，足與吾《易》
相發明者甚多，而經學家見之，必又曰穿鑿附會，誣蔑聖經，則吾
其奈之何哉？〔註109〕

其以《易》爲一切學術根源，故科學亦可入《易》之彀中。故經學家訓詁、
守家法之治學態度，杭辛齋不以爲愜，或有學者言其穿鑿附會，誣蔑聖經，
亦不以爲意，足見其自信。

　　由以上論述可知杭辛齋《易》學內涵，可分爲象數、義理、圖書、科學
四方面探究。象數《易》學爲杭辛齋《易》學主體，尤重《易》數。其說《易》
諸法，亦以象數爲大端。

　　義理《易》學，則爲杭辛齋《易》學之終極關懷，其以象數說《易》，乃
一過程，其目的乃在闡明經傳義理，以合人倫日用。杭辛齋以爲理數一如，
是故其《易》學內涵與精神，可謂「義理爲體，象數爲用。」

　　圖書《易》學，盛於北宋，杭辛齋《易》學中主要以其中以〈先天後天〉、
〈河圖洛書〉、〈太極圖〉等範疇爲論述內涵。於其流傳與內涵，多從朱子。
然杭辛齋以圖書之利，在載《易》之器，可較全面含攝理、象、氣、數，然
則對初學者可能生弊，蓋圖書非與《易》相屬，乃後出者，若不先明象數，
亦常引申不當，則對《易》學之認知，或有不利之影響。

　　科學《易》學，爲杭辛齋《易》學內涵中最具特色者。杭辛齋說《易》，
援引新知識、新名詞、新概念，以會通《易》學，蓋其學術背景與時代風氣
影響所致。杭辛齋爲首位有意識、有系統援引科學說《易》者，其規模與深
度，爲前賢所不及，並爲二十世紀以來所謂「科學《易》學」導夫先路。蓋
杭辛齋《易》學特色，氣象宏大，能融鑄象數、義理、圖書、科學於一爐，
自民國以來，斐然成一家之言。

----

〔註108〕《學易筆談·初集》，卷1，頁22。
〔註109〕同前註，頁24。

# 第五章　杭辛齋《易》學認知與思想

　　杭辛齋以《易》為五經之首，六書同出於伏羲之八卦，故欲通《詩》、《書》、《禮》、《樂》、《春秋》，必先明《易》，此則杭辛齋重《易》之故，亦可略見其欲以為《周易》一書，足可包舉天地間一切學術之觀點，無怪其願以餘生，全力習《易》說《易》。

　　《易》道廣大，無所不包，古往今來，《易》家成千上萬，杭辛齋《易》學究竟有何認知與思想，可為民國以來重要《易》學大家？今就杭辛齋《易》學中所示，論及《易》之作者、論《易》之本體、論《易》之性質、論《易》之作用、論《易》之讀法、論《易》之不可改動等部份，作一述評，以明其《易》學認知。並自杭辛齋《易》學著作中，紬繹其進化思想、重民思想、時中思想、憂患與寡過思想，以了解杭辛齋《易》學中蘊含之思想。

## 第一節　杭辛齋《易》學認知

### 一、論《易》之作者

　　《周易》之成書，應非一時一地之作，其形式包含卦畫、卦辭、爻辭、〈易傳〉等方面，故欲探《易》之作者，此四端咸須論及，方得其全。

　　其一，作《易》者何人？〈死生之說〉言：

> 聖人作《易》，窮造化之原，洩陰陽之祕，無非示人以所以全其為人
> 之道。原始終者，即由終而反始。〔註1〕

---

〔註1〕《學易筆談・初集》，卷2，頁98。

可知杭辛齋以作《易》者，聖人也。案：此說應本於〈繫辭傳上〉：「夫《易》，聖人之所以極深而研幾也；唯深也，故能通天下之志；唯幾也，故能成天下之務；唯神也，故不疾而速，不行而至。」及〈說卦傳〉：「昔者聖人之作《易》也，幽贊于神明而生蓍，參天兩地而倚數，觀變于陰陽而立卦，發揮於剛柔而生爻，和順於道德而理於義，窮理盡性以至於命。」然則聖人者，究爲何人，〈繫辭傳〉、〈說卦〉皆未詳言，杭辛齋亦未詳言，蓋杭辛齋力尊經傳，故其《易》學認知，多本經傳，是杭辛齋傳其信者，於未知者，不妄發論。

其二：畫卦者何人？〈乾坤成列〉言：

> 庖犧畫卦以象天地人物，而代結繩之治，然書契未興，又未有方策帛書之製，則所賴以紀錄者，要不外以石質之刀錐，刻畫于竹簡，或皮革之上耳，故曰「畫卦」。〔註2〕

可知杭辛齋以《易》之畫卦者，伏羲。案：此說應本於〈繫辭傳下·二〉：「古者包犧氏之王天下也，仰則觀象於天，俯則觀法於地，觀鳥獸之文，與地之宜。近取諸身，遠取諸物。於是始作八卦，以通神明之德，以類萬物之情。」又〈繫辭傳〉中伏羲僅畫八卦，則重卦者何人？〈八字命爻〉言：

> 以初爻之義例諸上，則上當曰末，以二、三、四、五之序例諸上，則上當曰六，今不曰末不曰六而特命爲上者，言乎其爻極於此止於此也。蓋立卦定於三爻，重卦上於六畫。伏羲畫卦至六爻，已對六十四象，足以備天下萬事萬物之理。〔註3〕

亦可知伏羲畫卦兼重卦，以天下萬事萬物之理。此說多爲歷來學者所傳，少有異論者。

其三：繫卦辭者何人？杭辛齋〈先甲後甲先庚後庚〉言：

> 蓋經文既明明曰甲曰庚，則自當從干支以求其義，未可以形聲相隱射也。文王當殷之末世，殷易《歸藏》，以干支納音爲主。末流之弊，重鬼而輕人，故文王矯之。《周易》繫辭，特重人道。〔註4〕

足知杭辛齋以爲文王爲矯《歸藏》以干支納音，流於重鬼輕人之弊，故爲《周易》繫卦辭以明其重人道。

其四，繫爻辭者何人？杭辛齋〈履霜堅冰至〉言：

---

〔註2〕同前註，頁86。
〔註3〕《學易筆談·初集》，卷1，頁42。
〔註4〕《學易筆談·二集》，卷1，頁41。

周公繫爻，鄭重言之曰「履」。履者何？踐履也。以履冠六十四陰爻
之初，以明人生涉世之初步也。……故履之一字，即以爲全《易》
之綱領，爲聖人以《易》立教，精義之所在，亦無不可也。豈可輕
易忽略看過哉！〔註5〕

可知杭辛齋以周公繫爻之辭。

　　其五，〈易傳〉作者何人？杭辛齋〈先甲後甲先庚後庚〉言：

……孔子〈彖〉、〈象〉、〈繫傳〉，無一字不與象數相合，無一義不與
他卦相貫。參伍錯綜，結有線索之可尋。然後再閱先儒之注釋，則
是非無難立辨矣！〔註6〕

〈新名詞足以經義相發明〉亦言：

物生而後有象，象而後有滋，滋而後有數，民物之孳乳無窮，而象
數之遞演而遞進，遞進而遞繁，無有止境。故在黃帝之時演《易》，
伏羲之八卦已不足用，乃益之以干支；文王演《易》，干支已不足用，
乃以之以象；孔子贊《易》，則象爻又不足以盡世變物情，乃益之以
繫辭《十翼》。〔註7〕

杭辛齋以周政衰微，孔子發憤學《易》，韋編三絕，乃著《十翼》以發揮文王、
周公未盡之蘊。祖述堯舜，而歸本於伏羲，首尾一貫。

　　故杭辛齋論《周易》之作者時，其看法爲：

1. 作者爲聖人。
2. 畫卦者爲伏羲。
3. 重卦者亦爲伏羲。
4. 卦辭作者爲周文王。
5. 爻辭作者爲周公。
5. 〈易傳〉作者爲孔子。

　　歸納言之：其以伏羲畫卦，黃帝造甲子，《周易》中之干支，乃源自此。
《歸藏》本之，爲商《易》，而後商尚鬼輕人，益以紂之淫虐，上行下效，天
理滅亡，故文王憂之，乃取〈坤〉、〈乾〉重爲演繹，並繫之卦辭。周公繼之
繫以爻辭，遂成《周易》。然至周文疲敝，孔子於是發憤學《易》，韋編三絕，

---

〔註5〕《學易筆談・初集》，卷4，頁157～158。
〔註6〕《學易筆談・二集》，卷1，頁43。
〔註7〕《學易筆談・初集》，卷1，頁23。

立人道以合天心者，著《十翼》以發揮文周未盡之蘊。祖述堯舜，而歸本於伏羲，以上可為杭辛齋論《易》之作者之總結。

以上說法，實承歷代學者之說。自《十翼》、《史記‧孔子世家》、《漢書‧藝文志》、《周易正義‧序》諸家所言大同小異。夫杭辛齋之世，民初考古疑古之風尚未大興，故其上承二千餘年之說，而有斯論，固其宜。今日學者，已由諸多考證與地下資料得知，傳統舊說需再修正。如張政烺於1978年於吉林大學古文字學討論會上對周原卜甲奇字提出「數字卦」〔註8〕之解釋，可為畫卦之說，提供知新之助。又卦爻辭與《十翼》之作，經歷代學者詳察幽微，其非一人一時之作，應可為定論。

唯杭辛齋之志，在習《易》講《易》，以明貫徹天人，安身立命，保存人道，弘道救世，故凡足資其說《易》者，皆援引以說《易》。其志不在回復《易》之原貌，故《易》之作者，其真實性於杭辛齋言，似非極端重要，經傳之內涵方為杭辛齋所極欲深究者；再者，或因傳統說法以《易》為聖人所作，文、周繫辭，孔子《十翼》，道統一貫，以此為號召，更可吸引國人習《易》，此或杭辛齋未嘗詳加考據《易》之作者何人之因。

## 二、論《易》之性質

杭辛齋論《易》之性質，乃廣大悉備，彌綸範圍天地間萬事萬物，並以《易》為用世之書。其研《易》弟子狄海樓於《學易筆談初集‧序》言：

> 同人竊以世界文明，莫古於中國，而易象所自起，則猶在中國未有文字之先，一畫開天，列聖繼起制作大備，莫不以易為準。斯誠世界文明之鼻祖，而吾國人士所宜深切講求以與世界相見者也。

杭辛齋與研《易》同人以為，中國為世界最古文明，《易》象之起，尚在中國未有文字之前。伏羲一畫開天，有《易》之後，歷代聖哲莫不以《易》為準，制器尚象，文明大備，以上推論，可知《易》可謂為世界文明之祖，觀上文可知《易》之性質，乃日常制作之準則。狄氏又曰：

> （先生）又曰：《易》如大明鏡，無論以何物映之，莫不適如其本來之象。如君主立憲，義取親民為〈同人〉象；民主立憲，主權在民，為〈大有〉象；社會政治，無君民上下之分，為〈隨〉象；乃至日光七色，見象於白〈賁〉；微生物變化物質，見象於〈蠱〉。凡近世

---

〔註8〕詳見張政烺：〈試釋周初青銅器銘文中的易卦〉，《考古學報》1980年第四期。

　　　　所矜爲創獲者，而《易》皆備其象，明其理。

可知杭辛齋之意，乃言《易》可如實反映天地萬事萬物之本象，如近世所發展之新概念與新名詞，如君主立憲，民主立憲、社會政治等制度與概念，於義同於爲《易》之〈同人〉、〈大有〉、〈隨〉諸象；乃至日光七色、微生物亦可見象於〈賁〉、〈蠱〉。蓋因蓋理本一原，數無二致，時無古今，地無中外之故。故天地萬事萬物，皆可自《易》反映其象，如千江映月，是故杭辛齋以大明鏡喻《易》，蓋言其可含括萬事萬物之象，又理、象、數不可相離。

　　廣言之，《易》之性質，乃廣大悉備，無所不包。〈講易家之錮蔽〉亦言：

　　　　不知《易》之爲書，廣大悉備，上自天地之運行，下及百姓所日用，

　　　　無不彌綸範圍其中。〔註9〕

一再言及《易》之性質，廣大悉備，彌綸範圍天地間萬事萬物，是故聖人作《易》、文周紹述、孔子贊之，乃在合天人。

　　朱子以占筮爲《易》之本義，杭辛齋實不以爲然，其於《學易筆談·述恉》言：

　　　　朱子以占筮爲《易》之本義，未免偏見，而大衍揲著之法，自唐以

　　　　後，於挂一再扐兩端，立說互歧，徵諸數理，並多遺憾，未敢盲從，

　　　　以悞後人。

杭辛齋以占筮固《易》之一端，而聖人修《易》以明道，非盡爲占筮。孔子贊《易》，亦言善學《易》者，「不占而已矣」，故朱子以占筮爲《易》之本義，杭辛齋存懷疑態度。

　　案：若以「本義」鑑察兩家說法，朱子之說較近史實。蓋杭辛齋自言占筮爲《易》之一端，故不可遽除占筮乃《易》本義之可能。觀夫卦爻辭之形式、內容，誠爲先民占筮之書，聖人（又不知確爲何人？）如何以之教民貫通天人？彌綸日用？故必待《十翼》之出。故朱子以學《易》須用兩節工夫，確有卓識！學者多有強以經傳之作，皆爲闡發義理者，此誠持方枘而欲內圓鑿。朱子以占筮爲《易》卦爻本義，後出之《十翼》解卦爻辭，方有大量義理浸潤其中，實爲孤明先發，獨具隻眼。惜乎千載以下，杭辛齋尚不識之，誠誣朱子矣！

　　就《易》之本義言，杭辛齋或有偏頗，然《易》之性質言，杭辛齋言《易》廣大悉備，則得其全。朱子言學《易》須成兩節工夫，杭辛齋則更成三節。〈一生二二生三〉：

────────────

〔註9〕《學易筆談·初集》，卷1，頁21。

> 聖人以《易》立教，其道亦有三，上焉者道也，中焉者德也，下焉
> 者占卜也。老子取其上，孔子取其中，焦、京取其下，三者各有其
> 用，而不相悖，且互相發明而不可離。〔註10〕

可知杭辛齋以《易》之性質，可細分成三層，上焉者道，中焉者德，下焉者
占卜。老子取其上，孔子取其中，焦、京取其下。蓋杭辛齋以老子言道，乃
以无立教，取其上；孔子言德，乃以有立教，取其中；焦、京言術，乃用其
占筮，取其下。三層之關係，各有其用，而不相悖，且互相發明而不可離。
如杭辛齋以爲占筮需合道德，蓋道不準諸象數，則失其鵠，德不原於道，則
失其統，占卜不合乎道德，則惑世誣民，危矣！殆矣！亦非君子所齒焉！故
杭辛齋以三者不可相離而全者。

　　杭辛齋以《易》之性質，廣大悉備，執一不可全。惜後之學者，擇其一
以爲宗，而排斥異己！故爭執不休，《易》道因之晦盲，此杭辛齋所痛者，故
杭辛齋習《易》說《易》，不主一家一法，於《易》道有可資助者，杭辛齋咸
引之爲說。眾家說《易》之中，杭辛齋甚推孔子，蓋以其取中立教，正足以
爲下學上達之階梯，亦復可見杭辛齋對《易》之性質，其說法精微之處。

## 三、論《易》之本體

　　杭辛齋論《易》之本體，乃采氣化論。其理論依據自〈繫辭傳〉：「天
地絪縕，萬物化醇。」以天地萬事萬物之起源，莫不由氣之變化而生成演
化。蓋杭辛齋論《易》之本體，實乃源其力尊經傳之思維而致，故尋經傳
中有關形上、本體之論述者，故〈繫辭傳〉曰：「天地絪縕，萬物化醇。」
正成其《易》本體之論據，並以此氣化本體，力貫經傳。其於〈讀《易》
之次序〉言：

> 或曰：向之言《易》者，每曰理象氣數，理象與數，甚聞之矣！所
> 謂氣者，是否即指卦氣？曰：氣者，即天地陰陽之數。故一曰氣始，
> 二曰形始，氣居於形之先，形包於氣之中，流行不息，運化無窮，
> 大無外而細無間，皆氣之所周也。然氣之不可見，故顯之以象，而
> 節之以數，析之以理，言理、言數、言象，皆所以言氣也，固不僅
> 爲卦氣。〔註11〕

---

〔註10〕《學易筆談‧初集》，卷2，頁88～89。
〔註11〕《學易筆談‧初集》，卷1，頁49。

杭辛齋以爲氣者，非徒卦氣之謂。夫氣者，可謂《易》之本體。氣與形的關係爲氣居於形之先，故氣化先於形化。氣化者，陰陽相交，形化者，雄雌相合。又形包於氣之中，故天地之間萬事萬物，莫非氣之流行無窮。簡言之，杭辛齋言《易》之理、象、氣、數之關係如下：氣爲《易》之本體、《易》之理、象、數皆爲氣下一層，然氣之不可見，故顯之以象，而節之以數，析之以理，言理、言數、言象，皆所以言氣，亦可謂理、數、象，乃氣之相、用。是故可知杭辛齋以「氣」爲《易》之本體。

若以氣爲《易》之本體，氣不可見，則天地間萬事萬物，如何形成？即氣如何下貫於萬事萬物？杭辛齋〈進化新論〉言：

> 天地初分之始，盈天地之間者，氣而已矣！氣勝於形，故盈天地間之萬物，無不以氣化而成形者也。孔子曰「天地絪縕，萬物化醇」者是也。逮物既成形，則氣爲形奪，氣化不勝於形化，形有陰陽，自相匹偶，生生不已。孔子曰：「男女媾精，萬物化生。」是也。迄於今日，形化雖勝，而氣化之物，亦仍不絕於世。但祇化生微細之蟲類，其賦形較巨者，則悉爲形化矣！……今日之氣化雖微，然其開形化之先，以成物之始者，爲例正多，不勝枚舉也。空庭積雨，苔莓生焉。淨水貯器，孑孓育焉。皆非有其種而育者也，皆氣化也。逮苔莓又生苔莓，孑孓成蚊，遺子又生孑孓，則繼氣化而形化矣！人身之蟣蝨，水中之魚蝦、螺蛤亦然，可想天地生物之初，萬物之忽自无畫有也，亦若是而已矣！〔註12〕

杭辛齋以天地萬物之生成，莫不以氣化而成形者，其以〈繫辭傳〉：「天地絪縕，萬物化醇。男女構精，萬物化生。」言天地萬物之生成順序：先氣化（空庭積雨，苔莓生焉！）再形化（孑孓成蚊），氣化爲形化之先，後形化奪氣化。案：杭辛齋之推論與舉例，多不切當，空庭積雨，苔莓生焉。淨水貯器，孑孓育焉，本有其種，唯甚細微，肉眼不可見爾。適當時機，自然長成，非杭辛齋所謂氣化，乃其形化！然天地初開，究竟如何自無化有？現今尚難逆料，猶待來者。

杭辛齋不啻以氣爲《易》之本體，更爲萬物之本體。〈天地絪縕男女媾精〉言：

> 贊諸〈損〉之六三，天地絪縕，陰陽首交，而物以氣化，男女媾精，雌雄尾接，而物以形化矣！形能奪氣，物既成形，專於形化，而氣

---

〔註12〕《學易筆談・二集》，卷2，頁80～81。

> 不復化。亦致一也。是故天下之物，其初生者無不以氣化，天地之
> 始合也。〔註13〕

其以萬物變化，肇因於氣之變化，後則氣爲形奪，而成形化，則氣不復化。蓋氣爲《易》之本體，故天地萬物之變化，則爲氣之變化使然，其說一貫。

杭辛齋又以太極爲《易》之本體，〈辨无極〉言：

> 夫太極者，渾淪無端，立乎天地之先，無名可以名之，無象可以象
> 之。老子所謂：「有物无形。先天地生，无以名之，強名之曰『道』
> 者。」庶乎其近之。……而《易》有太極，則在兩儀未判陰陽無始
> 以前，先天渾沌之中，自有此肫然穆然，孕育萬物，具足萬理之渾
> 淪元氣，以立乎天地之先，而爲造化之主宰者，無形可象，無名可
> 稱。孔子稱之爲太極，已至矣！盡矣！〔註14〕

此處以「太極」爲《易》之本體，言「太極」立乎天地之先，爲造化之主宰，無形可象，無名可稱，故孔子稱之太極，近似老子所謂「道」。再者，杭辛齋推許邵康節「萬物各有一太極」之說法，可知杭辛齋以《易》之本體爲「太極」，亦可知杭辛齋以周敦頤「无極」之說爲虛妄。

〈易有太極是生兩儀〉又言：

> 邵子言天地一太極，而萬物各有一太極，最爲通論。孔子曰：「《易》
> 有太極」，此《易》之太極也，萬物之生，無不各有其陰陽，即無不
> 各有一太極，故太極者，可大可小，無聲無臭，非但不可方之以物
> 體，亦不能擬之以形容。〔註15〕

杭辛齋以宋儒言「太極，理也」者爲非，如〈太極圖說〉雖以千言萬語闡述，終難及事實。唯邵子言「天地一太極，萬物皆有太極」者最爲通論，可知杭辛齋以天地之本體爲太極，可大可小，無聲無臭。《易》之本體，亦可上推至太極。

杭辛齋以《易》之本體，一爲氣，一爲太極，然則二者，實可會通。蓋杭辛齋以太極之性質，可大可小，無聲無臭，非但不可方之以物體，亦不能擬之以形容，而「太極」之名，乃不得已而言之者，其性質符合杭辛齋對氣之認知，以「氣」言之，亦無不可！故杭辛齋言《易》之本體，實則一也，即氣或太極。

---

〔註13〕《學易筆談・初集》，卷2，頁169。
〔註14〕同前註，頁195～196。
〔註15〕《學易筆談・二集》，卷1，頁8。

## 四、論《易》之作用

　　杭辛齋習《易》講《易》，非以知之爲足，而貴在其用。其〈正辭第十八·用〉即言：「《易》者，用世之書也〔註16〕。」《易》之作用，不徒占筮，可以修身寡過，如〈立人之道〉言：

　　　　孔子贊《易》……以見人生爲憂患始，畢生在多凶多懼之中，如作繭自縛而不能脫，於是本悲天憫人之心，不惜韋編三絕，闡發陰陽造化之機，明貞勝貞一之理，而示人以進德脩業、人定勝天之道。

杭辛齋言孔子贊《易》，乃示人進德修業，脩己以仁，常存戒謹恐懼之心，庶幾可免於大過。擴而充之，更可補偏救弊，杭辛齋〈易以道陰陽〉言：

　　　　至商之末年，歷世旣久，風靡俗敝，……文王憂之，乃取〈坤〉、〈乾〉重爲演繹，變通盡利，以挽頹風。周公繼之，遂成《周易》：紬陰陽而伸道德，略五行而詳悔吝，補偏救敝之心，昭然若揭矣。降及衰周，紀綱失墜，……孔子憂之，周流列國，博徵文獻，問禮老聃，得《周易》，韋編三絕，發揮仁義，明人道以立人極，盡人事以合天心，著《十翼》以盡文周未盡之意，祖述堯舜，憲章文武，而仍歸本於伏羲。此即今《周易》十二篇，一線源流，固犖然可考者也。
　　　　〔註17〕

其以《周易》、《十翼》之作，乃在振衰起敝，文王、周公、孔子各有其時代困境，故各有不同著述。知《周易》成書目的，亦明其作用，即在救世之弊。杭辛齋之世，國家如燕巢飛幕，隨時有亡國滅種之虞，比之商周，衰而再衰，故杭辛齋習《易》說《易》，亦著眼於其有振衰起敝之功。《學易筆談·述恉》言：

　　　　……我國固有之學，貫徹天人，足以安身立命，保世滋大，概群籍而羅萬有者，悉在此一畫開天，人文肇始之《易經》，存人道、挽世運，千鈞一髮，絕續在茲，弘道救世，責無旁貸。惟我同人，自奮勉焉！

可知《易》之作用，於己者，可貫徹天人，足以安身立命；於民族，可存人道、挽世運、弘道救世。杭辛齋言《易》之作用，大矣哉！

---

〔註16〕《易楔》，卷6，頁266。
〔註17〕《學易筆談·初集》，卷1，頁2～3。

## 五、論《易》之讀法

杭辛齋以講《易》說《易》爲志業，故其重視讀《易》之方法與進程，以利初學者習《易》。吾人亦可自其論《易》之讀法中，見其《易》學認知與《易》學思想。《讀易雜識・序》言：

> 讀古人書不可無定見，而萬不可有成見。無定見則見異思遷，心不能專，讀如未讀也。有成見，則入主出奴，必有偏重，論議失平，激成意見。

可知讀《易》之前提，須有定見，然不可有成見。

然則初學者，如何培養其定見？其於〈讀易之次序〉言：

> 或問：讀《易》之方法如何？曰：必先讀經。或曰：經文奧衍，初學者不能驟解，必先得明白解釋之注本，而後經始可讀，現所通行之讀本，大都爲朱子《本義》，而《本義》之解釋既略，且多以不解解之，往往曰：「其象如此」、「其占如此」，而究其何以如此，仍不得而知。初學讀之，不但茫無頭緒，且如其解以解經文，亦味同嚼蠟，雖極好學者，讀不終卷，已昏頭欲睡。則經又烏能讀乎？曰：不讀經而看注無益也，不熟讀經而看注，亦仍無益也。〔註18〕

開宗明義指出：讀《易》必先讀經，讀經必先明白注疏。然則通行之朱子《本義》行語簡約，並多以不解解之，故杭辛齋亦不建議先看朱子《本義》，故杭辛齋建議讀者，先讀他注，如《十翼》，其又言：

> 讀經之方法，宜先讀最後之〈說卦傳〉，次讀上下〈繫傳〉，然後讀上下經，則於卦位、爻位、象義及彖、象、爻之材德，已略有頭緒，以讀經者，俱可列數。任舉一卦，而反正上下變互諸卦，俱可意會，更有未喻者。然後求之諸家之註釋，方能擇善而從，確獲其益也。

《十翼》之中，讀之亦分先後，杭辛齋以初學者宜先說〈說卦傳〉，在明八卦之性質、方位、法象。次讀上下〈繫辭傳〉，在明《易》之通義，先觀〈說卦傳〉、〈繫辭傳〉，復讀上下經，可略明卦位、爻位、象義及卦辭、爻辭、爻之材德，可明《易》之大體。如此，再觀各家注釋時，方不致人云亦云，而可知諸說之精麤。

然則歷代《易》注，何止千百，如何揀擇？杭辛齋又曰：

> 曰：諸家之註釋，浩如煙海，宜先閱何種爲最善？曰：《易》有四道，

---

〔註18〕同前註，頁46。

辭變象占，尚辭者莫備於程《傳》，深有得於絜淨精微之旨。然其所
短者，往往離象數以言理，而有時不免於鑿空，是宜參以紀慎齋之
《易問》及《觀易外編》，庶可以補其闕失矣！至於象數，宜從漢學，
但兩漢《易》說之存於今者，幾無一完本，李氏《集解》雖搜羅宏
富，然東鱗西爪，初學每苦其不能貫串，則宜先閱瞿塘來知德氏《集
注》，其於象也較詳，且處處爲初學說法，反覆周詳，唯恐讀者不能
了解。〔註19〕

其以初學者若欲明《易》辭者以程《傳》爲佳，可得絜淨精微之旨。然程《傳》
之缺失，在離象數以言理，是宜參以紀大奎慎齋之《易問》及《觀易外編》，
可以補苴得全。

若欲明《易》之象數，宜參閱李鼎祚《周易集解》，然杭辛齋以《集解》
搜羅誠富，然其不便初學者之處，在其說東鱗西爪，難以貫串，則宜先閱瞿
塘來知德《集注》，其於象較詳，且處處爲初學說法，足爲初學者讀李鼎祚《周
易集解》之輔弼。

觀上文可知杭辛齋建議初學者讀《易》之次序，其爲：

其一、先讀〈說卦〉、〈繫傳〉，以明《易》之大體。

其二、再熟讀《周易》上下經文。

其三、後求諸大家注釋，其中尚辭者，先以程頤《易傳》、紀大奎《雙桂堂
易說》爲佳；尚象數者，則以李鼎祚《周易集解》、來知德《周易集註》爲佳。

再者，吾人亦可由杭辛齋《易》學中，取證論理之先後次序，知其《易》
學認知，亦可察見其讀《易》方法之一隅。如其於〈疊字〉言：

聖人作《易》，無一字輕下，故讀《易》者，不可有一字忽略含糊過
去，必字字研求，務各得其實在下落，有不得者，必反覆思之，參
互求之，不得於本卦者，可索之互卦，更不得，則索之覆卦、對卦，
又不得，則索之變卦，又不得則索之於先後天之圖與爻位、卦位之
數，及時訓卦氣，必求其碻當切合而後已，自然逐字逐句皆了然於
心目之間，以讀全《易》，無不迎刃而解。〔註20〕

「字字研求，務各得其下落，不可一字忽略」，此杭辛齋讀《易》最要之法。
又杭辛齋對經傳中某字無法得其本義者，當以互卦求之，不得，再以覆卦、

〔註19〕同前註，頁46～47。
〔註20〕《學易筆談·二集》，卷3，頁109～110。

對卦求之,若再不得,可以變卦求之,又不得,可索之先後天之圖與爻位、時訓、卦氣等。吾人可知杭辛齋讀《易》取證之輕重緩急。〈先甲後甲先庚後庚〉亦言:

> 然《易》本陰陽,雖有偏重而無偏廢也。值象數變化樞要之處,仍
> 不能不以干支挈其綱,故於上經之〈蠱〉,特言甲。下經之〈巽〉,
> 特言庚。而又於〈革〉言已,〈泰〉及〈歸妹〉皆言乙,言甲、已、
> 乙、庚,則其未言者可推而知矣![註21]

〈蠱〉:「先甲後甲、先庚後庚。」經文已有干支,可逕以干支解,勿再以形聲解釋,反而更加隔閡。干支證據較形聲為優先,乃因經文固有,以經解經,自較形聲通假較為直捷有效,斯亦為杭辛齋論《易》取證之先後順序。又讀經之際,杭辛齋以干支屬《歸藏》較《周易》時代為先,故其採證效力較強,亦可見杭辛齋之好古傾向,始終一如,讀《易》之際,不可不辨其輕重。

　　杭辛齋固以象數為《易》之大端,然則其說《易》多端,不純以象數立說,其於〈先後天八卦平議〉則言:

> 聖人但就象數之自然,以顯明天地自然之理,故學者玩索先後天
> 之卦象者,必將陰陽變化之理,爛熟於胸中,則先天後天,分之
> 合之,均各得自然之妙,掃象者妄,泥象者鑿,皆未為知《易》
> 者也。[註22]

其以讀《易》之際,雖不可略去象數,然而亦不可陷溺其中,蓋因象數唯聖人用以天地自然之理之器,須知其用,然不可拘執,所謂掃象者妄,泥象者鑿。此則讀《易》時,不可不警者,亦可免漢人治《易》之流弊。

　　值得注意者,杭辛齋讀《易》之際,甚重懷疑精神,以之讀《易》,方能有得。如〈象數瑣言〉言:

> 《易》道廣大,無所不包,拘文牽義,無一是處。……駁天地定位
> 之為先天,天地定位一章,與卦位無關,而不顧經之明言定位也。
> 凡此之類,不勝枚舉,且皆出諸大儒之口,良由博學雄辨,詞源滔
> 滔,風發雲湧,意氣既張,不暇自檢,後學震驚其名,亦不敢論其
> 是非,而《易》學又多一重障礙矣![註23]

---

〔註21〕《學易筆談·二集》,卷1,頁41～42。
〔註22〕《學易筆談·二集》,卷2,頁68。
〔註23〕《學易筆談·二集》,卷4,頁236～237。

杭辛齋以爲讀《易》之際，遇說解有疑竇之處，不得因其爲大儒之說，遂不敢辨駁，須在不疑處中有疑，亦杭辛齋讀《易》之一大特色。

然則杭辛齋有時不免有疑之太過者，如〈風自火出〉言：

> 〈家人・象〉曰：「風自火出，〈家人〉。」此六字驟視之，似不相聯貫，向來解之者，皆望文生義，謂有火必有風。風與火不相離。故有〈家人〉之象，其說之牽強，不待言矣！然因出於大儒，雖疑其不合，亦不敢辨駁，然舍此更無碻詁，祇得隨聲附和，而經義之晦盲，幾終古長夜矣！夫風自火出者，非必水火之火也。若泥於水火之火，則有火必有風，尚屬近似，然無火而亦有風，風更自何出乎？
>
> 〈說卦〉：「巽爲風。」因乾動入坤，乾之下爻虛而而陰來補之，所謂「空穴來風」。〔註24〕

〈家人・象〉：「風自火出，〈家人〉。」學者多以「風火不相離」解之，杭辛齋不以爲然，其說乃以象數巽，而乾動入坤之際，其下爲由陽轉陰爲空，故陰來補之，值此之際，風遂生焉！杭辛齋以「空穴來風」補充說明之。

案：此說乃以象數說〈家人・象〉，雖可言之成理，然較諸學者以自然之理「風火不相離」，似又隔一重，有違杭辛齋以「聖人取象出於自然」之取象標準，此恐疑之太過。

除上述諸原則外，杭辛齋論讀《易》之法，亦散見於其《易》學著作中，如〈正辭第十八・有无〉

> 《傳》曰：「書不盡言，言不盡意」故聖人立象以盡意，書所未言者，自當求之於言外之意，意有未得者，當索之於所立之象，自象學不明空言以說理，或執經而忘象，更以門戶派別之故，互相攻擊，入主出奴，是丹非素，而《易》道遂晦盲終古矣！〔註25〕

杭辛齋以《傳》曰：「書不盡言，言不盡意。」喻《易》象之與意之關係，互爲所用，不得相離，故讀《易》之際，若遇象數，不可因雜瑣而略之，蓋象有大用。讀《易》實須明象，在盡意。再者，若不得其意，索之於象。故宋儒有執經不言象數者，杭辛齋所不與，亦嘆爲經學晦盲之因。杭辛齋說《易》之法，有以象數說解者，正可與其論讀《易》之法會通，如〈後天卦〉言：

> 讀《易》首在明卦，六爻之卦，皆三畫之八卦，因而重之，以成六

---

〔註24〕同前註，頁192。
〔註25〕《易楔》，卷6，頁247。

十四卦，不明三畫之卦，何以明〈彖〉、〈象〉而識經傳之意義乎！
〔註26〕

又〈卦材第三〉言：

> 學者宜詳玩經文，而合之於象，準之於數，融會貫通，由一卦以推
> 各卦而觀一卦，更必徧取各卦，參互皆例，而後能得其真確之意義，
> 不可因字義注釋之已明，而不復研求深意之所在焉！〔註27〕

觀以上諸文，可見知杭辛齋言讀《易》之法，實似其說《易》之法，如因其
尊經爲聖人所作，故讀《易》說《易》時，當以經傳无一字閑文；因其以象
數本《易》之一端，故讀《易》說《易》須明象數，不可偏廢。又以《易》
道廣大，無所不包，故須廣用諸法，庶可明之，是以援引《周易》經傳、徵
於群經諸子、小學訓解、博采兼綜諸家之說、並以新名詞與經義相發明等，
皆爲杭辛齋讀《易》說《易》之一端，蓋其目的在說《易》而非詁經，在明
《易》之大道而非求《易》之本義。

故杭辛齋讀《易》之特色，廣博精深，層次謹嚴；其體《易》之工、氣
象之宏，觀其著作可知。觀其論《易》，絲絲入扣，幾可謂無一字虛設，實因
杭辛齋力行其讀《易》之法，真積力久則入。

## 六、論《易》之不可改動

杭辛齋於其《易》學著作中，常以「聖經」稱《易》，蓋其以聖人作《易》、
孔子作《十翼》，故杭辛齋《易》學之中，經文與《傳》之聯繫十分密切，不
可切割。杭辛齋強調，經傳之一字一句，實可不更改，亦不可易其序，咸有
精深義蘊於中，故杭辛齋深非歷代學者疑經改經者，其於〈文言釋義〉言：

> 明季之喬行中，清初之黃元御等，竟敢妄逞已（案：己之誤）見，
> 將孔子〈繫傳〉顛倒錯亂，另爲編次，瀆經侮聖，更爲肆無忌憚之
> 尤，《易》學之晦盲，誠非一日矣！〔註28〕

其以喬行中、黃元御等，「妄逞己見，將孔子〈繫辭傳〉顛倒錯亂，另爲編次，
瀆經侮聖，更爲肆無忌憚之尤。」其辭屬色疾，猶可感其痛心疾首，並將改
動經傳爲《易》學晦盲之因，足見杭辛齋甚尊經傳，以《易》之不可改動。
故杭辛齋於經傳之一字一句，皆以其有深意，不可一字放過，故有「无一字

〔註26〕《易楔》，卷2，頁58～59。
〔註27〕同前註，頁60～61。
〔註28〕《學易筆談・二集》，卷1，頁11。

之閑文」之說經方式，其理同。

　　是故學者論《易》之際，於己所不知者，須信則傳信，疑則闕疑，不宜直以經傳爲非，而以私意逕行改動，以合己說，此則杭辛齋所深非者，如〈夬‧陸〉舉焦循說解之例：

> 朱漢上謂：「莧爲蕢。商陸。葉大於莧。」程《傳》以莧陸爲馬齒莧，朱子於《本義》從程《傳》曰：「莧陸，今馬齒莧，感陰氣之多者，而《語類》則曰：「莧陸是兩物。莧者馬齒，莧陸者章陸，一名商陸。」藥中用商陸治水腫，其子紅，其物難乾，是皆與馬、鄭諸家大同小異，同爲費《易》也。獨項平甫、吳草廬，皆宗孟說。項曰：「莞音丸，山羊也。陸其所行之路也。猶鴻漸於陸之陸。」吳謂：「莧子上從卝，羊角也。中從目，羊目也。下從儿，羊足也。故寬字諧莧聲。羊群之行，山羊居前，謂之引路羖，是皆能闡發孟氏之義。」項氏能注意於陸字，尤能得閒。蓋莧於《易》爲畸象，無他卦可引證，而陸則明明見諸〈漸〉卦，則以經證經，自非羌無故實、望文生義者可比。近儒焦氏之《易通釋》，亦以〈漸〉之兩陸字爲證，固甚是也。惟焦以莧爲見字之假借，則引經而又改經，不免自相矛盾矣！項、吳二家之說，於象無訛，惟陸字之解釋未明，故不能發揮經義，暢達其恉。〔註29〕

以上杭辛齋引朱震、程頤、朱熹、項安世、吳澄、焦循諸家說法說明〈夬‧九五〉之「莧陸」爲何物，由其評論可知杭辛齋以朱震、程頤、朱熹三家，皆同費氏《易》。項安世、吳澄二家則宗孟氏《易》。

　　諸說之中，杭辛齋推許項說爲善，蓋因其能注意「陸」字，惜其解釋未明，猶差一著，即爲杭辛齋以經證經之標準矣！再評焦循，其《易通釋》中以〈漸〉之兩「陸」字爲證，即合杭辛齋以經證經標準，以爲甚是，可知杭辛齋以經傳之不可改動。

　　然則焦循又以文字假借方式說《易》，以「莧」爲之「見」之通假，則引經又改經，已觸改經之大忌，杭辛齋則評其自相矛盾矣！然則杭辛齋於前曾稱許焦氏《易通釋》能詳言《易》之用字恆以形聲相類，以相鉤貫，此則非其改經，可知杭辛齋更強調經傳之不可更改。綜觀上文。亦可明悉杭辛齋「博采兼綜諸家」之說《易》方式。

---

〔註29〕同前註，頁 31〜32。

至於歷代大儒有改經者，如程子、朱子，杭辛齋咸不以爲然。如〈卦數第七〉言：

> 自宋儒竄《易經》文，以天一、地二一節，移置大衍之數五十以前，兩數遂相混合，幷爲一談，異論紛若左支右吾，卒無是處，漢學家雖力糾其繆，而於兩節之數理，亦未能分晳清楚，與卦象〈象傳〉相證明，乃沿溯襲誤，以迄於今。〔註30〕

上文之宋儒，實謂伊川。程子嘗將天一、地二之二十字移置前章天數五地數五之前，《本義》從之，杭辛齋實以爲此舉不當。乃大衍數與天地數混雜之因。

朱子亦有疑經改經之處，杭辛齋亦駁之以爲不可。〈雷電噬嗑〉言：

> 〈噬嗑·象傳〉曰：「雷電噬嗑，先王以明罰勅法。」朱子《本義》：「雷電，當作電雷。」……案：今所傳唐〈石經〉，仍作雷電，……以象攷之，幷證諸物理，則確知此二字之非誤，且寓意絕精，非後人思慮所及者，孔子猶慮後人以他卦〈大象〉相例，疑爲倒置，故特於〈象傳〉先明示之，曰：「雷電合而章。」……蓋雷之與電，本爲一物，雷爲電之聲，電爲雷之光。……〈象傳〉曰：「雷電合而章。」以二者本不可分析。……以象言之，震爲雷，而離爲電，似分爲二，實則二者必相合其用乃見，震以一陽動於下，取象於雷，然陰陽不合，則雷無聲，而電亦無光，……此震之本象，必與巽合。……妙哉！〈象傳〉「雷電合而章」，僅五字，而象數物理無不畢賅，……又烏可望文生義，而妄改經字哉？〔註31〕

〈噬嗑·象傳〉曰：「雷電噬嗑，先王以明罰勅法。」朱子《本義》：「雷電，當作電雷。」杭辛齋深不以爲然，其以諸法論證朱子疑〈噬嗑·象〉之非。茲以分四法以明之：

其一：**證諸金石**：引唐〈石經〉，仍作雷電。

其二：**證諸物理**：杭辛齋以物理言光電之學證明如下，雷之與電，本爲一物，雷爲電之聲，電爲雷之光。〈噬嗑·象〉曰：「雷電合而章。」以二者本不可分析，且人之耳目，雖聞雷在見電之後，而雷之出地，實聲在先，而光在後。且電有陰陽，亦稱正負，必正負合而光始出。離下震起而上艮止，正負相合，而中爻之光出矣！此又結合物理與象數，斯法爲杭辛齋所擅長。

---

〔註30〕《易楔》，卷4，頁139～140。
〔註31〕《學易筆談·二集》，卷4，頁220～222。

其三：**以經傳互證**：本卦之〈象傳〉已曰：「雷電合而章。」

其四：**以象數爲證**：震以一陽動於下，取象於雷，然陰陽不合，則雷無聲，而電亦無光。〈復〉之〈象〉曰：地中有雷，雷在地中，鬱而未發，此震之本象。然震如何有聲有光，則必與巽合，則陰陽可合，蓋震之覆卦爲巽。杭辛齋此處再以虞翻半象之說繫聯：離上巽伏而下震起，合震、巽之半而成離，故震之與巽可連而合之，則陰陽摩盪，聲光始見。且電有陰陽，亦稱正負，必正負合而光始出。離下震起而上〈艮〉（案：二三四爻止，正負相合，中爻之光出。）

杭辛齋之所以不厭其煩，皆在證明朱子疑經（以「雷電」當作「電雷」）爲非。又知杭辛齋取象必合於物理自然，不取委曲比附者。故杭辛齋觀《易》象，必取自然合理之象，以此推求卦義，庶幾切合聖人之意。不啻取象如此，經傳中一字一句，咸不可改，亦不可易其序，其謹嚴如此！

故杭辛齋實以經傳不可改動，如〈象傳〉「雷電合而章」，僅五字，即包涵象數、物理諸理，若改爲電雷，於文義亦未始不通，差以毫釐，謬以千里，萬萬不可望文生義或因無法解釋，即妄改經傳，此杭辛齋重要之《易》學認知。

《易》不可改動，然可續以裨之，杭辛齋嘗傷揚雄續經諸作，後人逕以「莽大夫」而廢其言，《太玄》、《法言》竟成覆瓶〔註32〕，蓋揚子雲作《太玄》以明數，作《法言》以仿《論語》，其深意欲人之由淺入深，爲入《周易》之梯，用心良苦。是謂經傳不可改動，然可繼而明之！

杭辛齋誠子雲異代知音，其於《易》學晦盲之際，毅然以習《易》說《易》爲志，闡明象數之精微，並以會通泰西新學與《易》道，然其猶畏時人以象數雜瑣而揚棄其說，以其輔以西學說《易》爲附會不經，竟不知其區區之心！故二人雖隔二千載，然窘境同然，故有此傷，杭辛齋亦其人耶？

# 第二節　杭辛齋《易》學思想

## 一、杭辛齋《易》學之進化思想

「進化」一詞，最早大量使用者，應爲嚴復。其翻譯英國博物學家赫胥黎之《天演論》（Evolution and Ethics）〔註33〕。杭辛齋以爲進化之理，於《易》

---

〔註32〕《易楔》，卷5，頁209。
〔註33〕詳參《天演論新譯》：赫胥黎原著，嚴復初譯，李學勇註釋（桃園宏泰出版社，2000.12）。

本有，惜後學習焉不察，未能發之。〈上古之《易》〉舉證如下：

> 「庖羲氏沒，神農氏作，斲木爲耜，揉木爲耒，耒耨之利，以教天
> 下，日中爲市，致天下之民，聚天下之貨，交易而退，各得其所」。
> 是已由游牧而進于農商……然其時文字未興，所賴以爲政治之具
> 者，實維庖羲所遺傳之卦象度神農氏必有所增而變通之，是名《連
> 山》……神農氏沒，黃帝堯舜氏作……而舊有之八卦，不足以應用，
> 於是廣卦象爲六書，而文字以生，益以天干地支，而陰陽五行之用
> 愈精……黃帝之《易》曰《歸藏》，以〈坤〉、〈乾〉爲首者也。堯舜
> 繼黃帝之後，於變時雍，垂衣裳而天下治。〔註34〕

杭辛齋舉〈繫辭傳下〉所載，言明上古歷史之發展，自伏羲結繩記事之游牧
時代，進化至神農氏之農商時代，此時文字尚未發明，舊有之八卦，足堪應
付當世需要，再進化至黃帝時代，制器尚象，各種器物，燦然大備，此時原
有之八卦，已不足應用，故廣卦象而生文字，足見杭辛齋以文字之發展，可
溯源至《易》。故杭辛齋以上古歷史，乃如〈繫辭傳〉之言，自伏羲至神農至
黃帝，社會進化歷程爲游牧至農商至天下大治，儼然一部進化史。故《易》
者，進化之書也。乃見杭辛齋《易》學中之進化思想。

杭辛齋〈卦象進化之序〉，分〈序卦傳〉爲十六期，從天地初分直至當世
流行之社會主義，甚至預測後世「必將以柔勝剛，以弱制強，而女權亦必擴
張，此則可斷言者也」，詳參第四章第一節之一之五〈《易》象進化次序〉，有
表明之。

杭辛齋《易》學中時見進化思想，更有專章〈進化新論〉闡述，其因可
從著書年代推知：《學易筆談・二集》出版年代爲 1922，回溯其著作時期，正
值五四運動漫天卷地，社會出現濃厚西化論調，進化思想尤爲流行。然則杭
辛齋以國人珍視之《天演論》實有極大流弊，其於〈進化新論〉言：

> 赫氏《天演論》，物競天擇，優勝劣敗之說，又從而和之，靡然從風，
> 歐美政治爲之一變，餘波蕩漾，且及東亞二十多年來，一因朝鮮而
> 釀日俄之大戰，再因塞爾維亞而釀成聯邦與協約國之互爭，勞師逾
> 千萬，血戰經五年，名城爲墟，白骨蔽野，流毒幾遍於全球，損失
> 數以億計，皆此不經之說階之屬也。〔註35〕

---

〔註34〕《學易筆談・初集》，卷1，頁2～3。
〔註35〕《學易筆談・二集》，卷2，頁78。

杭辛齋以達爾文之《世界進化論》與赫胥黎之《天演論》常爲列強出兵藉口，
生民塗炭，損失難計，歐美學者已有悟其非而改正者，而當年之青年卻視爲
創論，相互傳誦，杭辛齋甚不以爲然。論獨創之先，《易》早有記錄；論對社
會人民大用，《易》自漢朝以來爲中國五經之首，穩定中國社會二千餘載；而
達氏赫氏之說，其流毒卻幾遍全球，此杭辛齋所深惡痛絕。故其於《易》學
著作中，常見進化思想融入其中，目的應在讓國人對傳統文化重新省思。

　　杭辛齋所謂「進化」，其意近似「改良」，其舉例如下：

> 如同一棗者，實之小者，味之酸者，因栽接培養之得宜，小則使大，
> 酸則使甘，此可能者也，即棗之進化也。欲使棗進化爲桃爲李，此
> 決不可能者，以棗與桃李，非同類也。〔註36〕

其以「方以類聚，物以群分」爲論說依據，認爲棗可能品種進化成爲更大更
甜之棗，但絕不可能變成桃李，蓋其非同類。故羊不可進化成牛馬，獼猴猩
猩不能進化爲人，其理同。

　　杭辛齋入室操戈，依達爾文之說，言其矛盾之處，其言：

> 果猴與猩猩能變爲人，則溯自有人類以迄今，至少亦將一萬年矣，
> 則獼猴猩猩，應早已變化淨盡，無復遺跡，何以至今獼猴自獼猴，
> 猩猩自猩猩，仍於人類之外別爲一類乎？且以達氏之例，充類言之，
> 則太古初生之青苔，經此萬年千年之進化，至今當盡化蔬稼百穀
> 矣……乃何以青苔如故也？〔註37〕

杭辛齋之進化與達爾文進化論之差異在於，達爾文主張物種是由一而多，由
簡而繁；杭辛齋則主張物種各自進化，有一極限，即不可能進化成另一物種。
今日世界之物種數目近於似太古之世。

　　至於天地間萬事萬物，自何而來？杭辛齋以氣化論解釋萬物生成：天地
萬物生成之前，盈者氣也，天地萬物之生成，莫不因氣化而成形。成形之後，
形體會產生變化，即所謂「形化」，成形之後分陰與陽，陰陽結合則生生不息。
萬物之化生，源爲「氣化」，生成之後之繁衍、進化，則靠「形化」，此說於
第五章第一節之三：〈論易之本體〉已詳論，請參見。

　　案：杭辛齋此說，則未考慮生物學之「基因突變」。若依其言，新物種無
從產生，然絕種者有之，天長地久，一切必歸於虛無。再者，此說亦與杭辛

---

〔註36〕同前註，頁79。
〔註37〕同前註。

齋其化論點有矛盾者，如其於〈魚鳥相親〉言：

> 《莊子・逍遙遊》鯤鵬之變化，即以寓〈坎〉、〈離〉升降之大用，字字皆本於《易》象，非寓言也。鯤鵬之變化不易見，而雀之化魚，魚之化雀，則為所常見。粵東有禾花雀者，早禾既登，田中小魚，乃化為雀。鄉農夜布網於田，翌晨即雀滿其網。且其變甚速，當其蛻變之頃，或有驚之者，輒止不復變，故有雀首而魚身者，亦可謂具體之鯤鵬矣。南洋有秋風鳥，亦魚所化，見粵語。今長江金陵以上，秋冬間產白魚甚美，亦鳥所化，屆時鳥皆紛紛投入水中，眾所共睹。湖州苕溪有小魚，亦黃雀所化。遍觀地志，類此者甚多。故《月令》田鼠化為駕，雀入大水為蛤，氣至而物自化，有不期然而然者。〔註38〕

杭辛齋此說甚為離奇〔註39〕，其以魚鳥相親，每互變其體，又言莊子鯤鵬之變皆本於《易》象，並非寓言，不顧莊子自言其寓言十之七、八，則甚不宜。再者，魚可亦鳥，鳥亦可變魚，甚至有雀首而魚身者，則物種變化已紊，與其進化論說：物種各自進化，不可能進化成另一物種，自相矛盾。

然則杭辛齋言進化乃著眼於人倫關係，應互助而非互殘，故其非達、赫之說，其於〈進化新論〉篇末下一結論：

> 所謂優勝劣敗者，更不在物競，而在人之不競；不在天擇，而在人之不自擇耳。〔註40〕

倘依達爾文「優勝劣敗」說，生物演化之結果，必為人類淘汰其他生物，則人亦無法獨自生存，是則杭辛齋所深懼者，亦可謂達爾文求真，杭辛齋求善。

## 二、杭辛齋《易》學之重民思想

杭辛齋為革命黨人，早年推翻滿清，反對洪憲帝制，實已深具重民思想，故其《易》學中亦蘊涵重民思想，不時而出。〈高尚其事〉言：

> 夫不事王侯，無所謂高也，自舉世奔競於利祿，奴顏婢膝於王侯之門，有一二矯其失而夷視王侯者，則流俗競稱其為高，而若人亦斤斤自詡焉！實則王侯人也，予亦人也，予何為而事彼哉！不事王侯，乃當然之事。〔註41〕

---

〔註38〕《學易筆談・初集》，卷1，頁25～26。
〔註39〕此說亦見於《學易筆談・二集・象數瑣言》。
〔註40〕《學易筆談・二集》，卷2，頁84～85。
〔註41〕《學易筆談・初集》，卷1，頁52。

歷代學者如程頤、朱熹、郭忠孝、呂祖謙、胡炳文等多重「不事王侯」一句，以「不事王侯」爲「高尙其事」之因，多忽略之，杭辛齋轉化《孟子》語：王侯人也，予亦人也。言「不事王侯」無所謂「高尙其事。」其中原因，當爲杭辛齋本身信念：其早年投入革命行動，推翻帝制，反對洪憲帝制。尋復當選眾議員，爲民奔波，故其不以「不事王侯」爲高，良有以也，蓋其自身信念所致。

　　觀以上諸文，可知杭辛齋說《易》，乃以義理爲依歸，所謂彌綸百姓日用。〈履禮豫樂〉亦曰：

> 　　〈履〉之與〈豫〉，胥本此中和而立極也。兩卦注疏，及諸家之註釋者，繁而愍當，甚或附會經文，以媚上脅下，曰：「上天下澤，斯上者益上，下者益下，尊卑之分，秩然不可逾越。……自叔孫通輩，假天澤之名，爲干祿之具，制朝儀以媚漢高，歷代號稱經師大儒者，靡不推波助瀾，尊君卑民，君日以尊，民日以卑，至物極而反，世界遂趨重於民主，作《易》之聖人，早已洞矚此必至之勢也，爰本中和爲禮樂之原則。〔註42〕

此以〈履〉禮〈豫〉樂之說比附世界政治趨向民主政治，此民主爲近代之新觀念，乃當代歐陸政治制度之主流，孟子雖已有「民本」思想，然對之當代民主政治，尚差一著，然杭辛齋言作《易》之聖人，早已著明洞矚，則明顯言過其情，作《易》之聖人，杭辛齋未明言何人，更言其早知三、四千年後之「民主」政治制度，則爲失察，不得爲杭辛齋諱。

　　〈王儉之謬對〉又言：

> 　　《齊書・王儉傳》：太子問王儉曰：《周易》〈乾〉卦：「本居天位。」而〈說卦〉云『出乎震。』震本非天，義豈相當？」儉曰：「乾健震動。天以運動爲德。故言「帝出乎震。」太子曰：「天以運動爲德，君自體天居位，震雷爲象，豈體天所出？」儉曰：「主器者，莫若長子，故受之以震。萬物出乎震。故帝所與焉！」此對殊謬！儉殆不知「帝出乎震」之帝字，實統冒全章，非專屬出乎震一句，亦非專言震一卦。「出乎震」者帝，「齊乎巽」者亦帝，「相見」、「致役」以下，亦何莫非帝？與下章「神也者」神字相對。儉乃爲此支離悠謬之說以對。蓋歷代帝王，無不以五經爲尊君卑民之寶訓，故向所稱

> 經學大家，亦遂以五經爲羔雁，希寵固位，謬稱稽古之榮，恬不爲
>
> 怪，經義乃不堪問矣！〔註43〕

杭辛齋舉王儉與齊太子之對答，言經學非尊君卑民之寶訓，此中亦含重民思想。齊太子以「帝出乎震」中，震非天之象，疑其象義不符。王儉遂答以主器者，莫若乎長子，故受之以震。震，東方也，萬物之所出，乃帝之與也。又震爲動，天以動爲德，故乾之德爲震，故帝可謂出乎震。然杭辛齋不以爲然，其以「帝」統冒全章，不啻「出乎震」、「齊乎巽」、「相見乎離」同時「致役乎坤」，四者皆需並論，此中「致役乎坤」則非傳統之君所應爲者，故於斯文，杭辛齋之重民思想自然流露。

## 三、杭辛齋《易》學之時中思想

時中思想，經傳本有。重「時」思想，可見於〈象傳〉言「〈頤〉之時大矣哉」、「〈大過〉之時大矣哉」、「〈豫〉之時義大矣哉」、「〈遯〉之時義大矣哉」、「〈睽〉之時用大矣哉」、「〈蹇〉之時義大矣哉」等等，乃言「時」之重要性。重「中」思想，可於二爻與五爻多屬吉辭見之。〈繫辭傳〉曰：「二多譽，四多懼」、「三多凶、五多功」，可知經傳重「中」之思想。

杭辛齋《易》學亦重時中思想。如〈履禮豫樂〉言：

> 先王知人者好動者也。動而無以止之必蹶，故制禮以止之。人者好
>
> 群者也，群而無以和之必亂，故作樂以和之，要皆順夫人性之自然，
>
> 而參天兩地以爲之準，其準維何，曰：「中」、曰：「和」是已。〈中
>
> 庸〉曰：「喜怒哀樂之未發謂之中，發而皆中節謂之和」，禮也、樂
>
> 也，皆所以爲之節，陶融其未發，而範圍其已發者也。故曰：「致中
>
> 和，天地位焉！萬物育焉！」〔註44〕

上引〈中庸〉言先王制禮作樂之大用，乃在節度人群，使合「中」、「和」。杭辛齋以〈履〉、〈豫〉合於禮、樂之象，又以禮樂足致中和，乃見其《易》學中重視「中」之思想。〈正辭第十八·大小〉亦言：

> 〈繫傳〉曰：「齊小大者，存乎卦。」陽大陰小，在八卦，坤小乾大，
>
> 艮止巽齊，是爲四維，陽與陰不齊也。大與小不齊也，止而齊之，
>
> 則大通於小，小進於大，袞多益寡，稱物平施，而不齊者齊，故〈泰〉、
>
> 〈否〉小大往來，與〈復〉小〈臨〉大，皆無非於萬有不齊之中，

---

〔註43〕《學易筆談·初集》，卷1，頁20～21。

〔註44〕《學易筆談·二集》，卷3，頁106。

而求其齊，即於萬事萬物之不平者，而求其平，此《易》之微旨也。
〔註45〕

杭辛齋以《易》之微旨，在於萬事萬物中求其平，可見其重「中」之思想。
至於「時中」思想，可見於〈中和〉言：

孔子立教，道在中和。然中和其體，而其用在時，時而無違，斯其
效又爲中和，故曰：「時中之聖。」又曰：「體用一源。」〈中庸〉曰：
「致中和，天地位焉！萬物育焉！」中和之效也。孔子贊《易》尚
中尚時，而曰：「保合太和。」……然則天地之美惡，在兩和之處，
二中之所，來歸而遂其爲也。〔註46〕

其以中和爲孔子立教之道，且並舉「時、中」二詞，二者之關係，杭辛齋以
體用一如關係詮釋：中和爲體、時爲用，故「時中」者，體用一源。孔子贊
《易》崇尚時中思想。

杭辛齋《易》學之時中思想，於當世有何大用？〈民極〉有言：

在《易》〈泰〉之九三曰：「无平不陂，无往不復。」以三之過乎中，
過乎中則偏倚，天下之事，其偏於惡者固非，偏於善者亦未必是
也。……夫夏暑冬寒，極相反也。然夏暑雖盛，而早晚必涼，冬寒
雖烈，而日中乃溫，是皆以中和者劑其平，以成其氣而定其候。……
孔子修魯史而命曰「《春秋》」，以春秋能調節冬夏之寒暑，而得其中，
即以垂萬世人事之昭鑒也。新潮澎湃，民智頓覺，晨鐘甫動。……
則自由之極端，其結果更酷於專制，是立極已失其中，恐終爲民治
進化之礙，更願得與諸君子一商榷之者焉！〔註47〕

杭辛齋以〈泰・九三〉之「无平不陂，无往不復。」以三過不中，非中則偏。
如春、秋能和冬寒夏暑，即得四季之中。杭辛齋之世，民智大開，衝破網羅，
然時矯枉過正，易流偏鋒。民主發展太快則酷於專制，此則杭辛齋所懼者，
此時此刻，唯《易》之「時中」思想能濟之。

〈變理陰陽〉亦言：

故聖人觀變陰陽，以參天兩地，天地所缺憾者，惟人能補之，陰陽
所乖戾者，亦惟人能和之，故執兩用中，消息以時，天地五十有五

〔註45〕《易楔》，卷6，頁238。
〔註46〕《學易筆談・二集》，卷4，頁222～223。
〔註47〕同前註，頁251～252。

之數爲體，以之入用，變爲四十有五，則陽數得二十有五，陰數祗
二十，陽少而陰多者，一轉移間陰少而陽多矣！〔註48〕

時中思想，亦可應用於天理人事，如杭辛齋以「執兩用中，消息以時」乃轉
陰爲陽之法，亦爲解除人生憂患之重要關鍵。足見杭辛齋《易》學重視「時
中」思想。

## 四、杭辛齋《易》學之憂患與寡過思想

〈繫辭傳〉曰：「《易》之興也，其於中古乎？作《易》者，其有憂患乎？」
杭辛齋身處清末民初之巨變時代，國勢危殆，人民塗炭，其時憂患至極。故
杭辛齋《易》學內涵，時見憂患思想，其於〈立人之道〉言：

「立人之道，曰仁與義」，實惟六爻中三四兩位。孔子贊《易》，藉
以明人道而立人極，以參天地之化育，故特注重中爻。三五同功而
三多凶，二四同功而四多懼，以見人生爲憂患始，畢生在多凶多懼
之中，如作繭自縛而不能脫。〔註49〕

杭辛齋言孔子贊《易》本心，在解烝民倒懸。蓋人爻之三、四兩爻，三多凶、
四多懼，故人生自憂患始，痛苦多而歡愉少，故孔子悲天憫人，示人以進德
脩業、人定勝天之道，曰：「立人之道，在仁與義。」

〈變理陰陽〉亦言：

陰陽之數，天五地五，共五十有五，然五十有五之中，陽數得二十
五，而陰數乃三十，陽少陰多，故宇宙之間，恆君子少而小人多，
治世少而亂世多，一人之身，恆快樂少而憂患多，天理少而人欲多，
此實天地生成之數如是，而無可如何者也。……天地五十有五之數
爲體，以之入用，變爲四十有五，則陽數得二十有五，陰數祗二十，
陽少而陰多者，一轉移間陰少而陽多矣！〔註50〕

杭辛齋以大衍之數五十又五，陽數廿十五，陰數三十，陽少陰多，故快樂少
而憂患多，天理少而人欲多。此乃天地生成之數如此，自然而成。由斯可見
杭辛齋以數明理，以數統《易》之《易》學觀。職是之故，杭辛齋以宇宙間
「君子恆少，小人恆多，治世恆少，而亂世恆多，快樂恆少而痛苦恆多，天
理恆少而人欲恆多。」足見其《易》學之憂患思想。

---

〔註48〕《學易筆談·二集》，卷2，頁87。
〔註49〕《學易筆談·初集》，卷2，頁59。
〔註50〕《學易筆談·二集》，卷2，頁86～87。

　　杭辛齋提出解決之法：唯人能觀變陰陽而參天兩地。故杭辛齋特闡三、四兩爻，以彌補天地間之缺憾。又聖人執兩用中，消息以時，使天地五十有五爲體（〈河圖〉之數），四十五爲用（〈洛書〉之數），使〈河圖〉之數能轉成〈洛書〉之數，其中陽數成爲二十有五，陰數爲二十，則陽多陰少，轉變爲快樂多而憂患少，亦可見其以《易》數爲解決方式之思惟。

　　既言人生憂患多而快樂少，如何救諸？杭辛齋《易》學中亦含寡過思想，可免迷失與痛苦。其於〈立人之道〉言：

　　　　〈乾〉之九三、九四，六十四卦人爻之開始也。九三曰：「君子終日乾乾，夕惕若夤〔註51〕，屬无咎。」九四曰：「或躍在淵，无咎。」乾乾夕惕，脩己以仁也。躍而稱或，揆之于義也，常存戒謹恐懼之心，庶幾可免于大過。〔註52〕

〈中孚〉又言：

　　　　孔子立教之要義，曰：「中」、曰：「時」。〈大過〉乎中者曰：「〈大過〉」，〈小過〉乎中者曰：「〈小過〉」，無往而非中者，乾、坤、坎、離也，巽、兌、震、艮，皆過乎中，故澤風爲〈大過〉，雷山爲〈小過〉，聖人教人於二、四、三、五致其功，〈大過〉而至於〈小過〉。〈小過〉而至於無過，皆三四中爻反覆其道。〈小過〉反之爲〈頤〉，〈大過〉反之爲〈中孚〉，而過可免矣！〔註53〕

杭辛齋以孔子作《十翼》，其立教之深義乃在寡過，其方式在中在時，蓋杭辛齋以孔子闡《易》之大旨，在解除人生之憂患。杭辛齋以聖人教人於二、四、三、五致其功，可由大過而至小過，小過而至無過。觀此歷程，正可見杭辛齋《易》學中之憂患與寡過思想。

　　由以上諸節論述可知，杭辛齋之《易》學認知及思想，大概如下：

## （一）論《易》之作者：

1. 作者爲聖人。

2. 畫卦者爲伏羲。

3. 重卦者亦爲伏羲。

4. 卦辭作者爲周文王。

---

〔註51〕杭辛齋從《說文》補「夤」，詳見《學易筆談・初集・夕惕若夤》。

〔註52〕《學易筆談・初集》，卷2，頁59～60。

〔註53〕同前註，頁63～64。

5. 爻辭作者爲周公。

6. 〈易傳〉作者爲孔子。

### （二）論《易》之性質：

廣大悉備，彌綸範圍天地間萬事萬物，並以《易》爲用世之書。

### （三）論《易》之本體：

乃采氣化論。其理論依據自〈繫辭傳〉：「天地絪縕，萬物化醇。」以天地萬事萬物之起源，莫不由氣之變化而生成演化。

### （四）論《易》之作用：

於己可貫徹天人、安身立命；於民族，可存人道、挽世運、弘道救世。

### （五）論《易》之讀法：

1. 先讀〈說卦傳〉、〈繫辭傳〉，以明《易》之大體。

2. 再熟讀《周易》上下經文。

3. 後求諸大家注釋。

4. 字字研求，務各得其下落，不可一字忽略。

### （六）論經、《傳》之不可改動：

經傳之一字一句，實可不更改，亦不可易其序，咸有精深義蘊。

### （七）杭辛齋《易》學思想：

有經、《傳》本有者，如重民、時中、憂患、寡過等，可見其總結歷傳《易》學之跡。有創新者，如進化思想，是乃融會新說以注入《易》學新生命，此則杭辛齋超邁前賢之處。

# 第六章　杭辛齋《易》學評價及影響

## 第一節　杭辛齋《易》學評價

　　欲論杭辛齋《易》學，除就其《易》學著作審視其得失外，亦應觀杭辛齋之後治《易》學者，對其評論，方能更加全面知其《易》學評價。以下試就《易》學家對杭辛齋《易》學負面、正面、褒貶互見評價者，分別論述。

### 一、對杭辛齋《易》學正面評價

　　尚秉和論《學易筆談》言：

> 至論三《易》之源流，及漢魏晉唐《易》注之派別得失，及宋元明清之漢宋兩派之《易》說，博洽詳盡，足見其於《易》注搜羅之廣，涉獵之富，而能詳人所不能詳者。唯在《易》數，如一生二，二生三，及二與四，三與五，用九用六諸說，皆能自發新義，貫通透徹，與端木國瑚之《周易指》，後先媲美。而卷三中之〈象義一得〉，尤精微奧妙，合《易》理與數術，揉而爲一，發前人所未發，爲近代罕有之《易》家。〔註1〕

尚氏指出杭辛齋《易》學特色，在搜羅極廣、涉獵甚富，能詳人所不能詳。尤於《易》數，能自發新義，且融合《易》理與圖書，確能言中杭辛齋《易》學勝處，尚氏又譽杭辛齋爲近代罕有之《易》家，可謂推崇至隆。

　　論《易楔》又云：

---

〔註1〕詳參尚秉和：《周易尚氏學》（臺北：老古文化事業公司，1981.7），頁3、7。

此編專演《易》數，蓋杭辛齋爲同文館學生，夙攻算數，本其所得，以與《易》數相引證；又其鄉前輩李善蘭爲算學大家，於數理發明最多，杭辛齋言數理，迴環往復，妙義環生，多本之李，然皆算學之事，杭辛齋聰明，通之於《易》。如謂數皆以天地爲本，凡演數皆以參天兩地爲用，及數有順逆是也。〔註2〕

《易楔》者，命名本意乃謂學《易》之重要工具，故舉凡象數、圖書、卦爻辭等，杭辛齋皆逐項說明，以利學者學《易》，可收一隅三反之效。尚氏指出杭辛齋《易楔》專論《易》數，則未得其全。然尚氏言杭辛齋精善《易》數，乃因其青年於同文館習算學與鄉先輩李善蘭遺澤之故，其說則屬有見。

鄭吉雄〈從經典詮釋傳統論二十世紀易詮釋的分期與類型〉言：

杭氏反對治《易》而囿於文獻之中，認爲《易》中自有無窮無盡的道理，端賴吾人奮力蒐羅、虛心探索。……杭氏深信《易》並非如高亨等學者所說的爲「上古史料」，而是埋藏著廣大悉備、究極天人的道理。他認爲名物、象數、氣運、推步都是「原本於《易》者」，這些「原本於《易》」的部分，治《易》者自當措意，不應視爲妄談異端。〔註3〕

鄭氏指出杭辛齋之《易》學觀與高亨之差異，在於杭辛齋以凡與《易》道相發明者，博采旁搜、不限時地，咸可納之說《易》，而非如高氏視《易》爲上古史料，可謂善評。

徐芹庭則於〈六十年來易學〉稱許杭辛齋《易》學：

杭氏其說《易》從上古、中古而漢魏隋唐乃至宋元明清，以迄近代，凡《易》學之宗旨，如象數、占筮、義理、卦氣、圖書、史事……幾無所不包，可謂蘊《易》學二派六宗之大義，而獨有心得者也。

〔註4〕

徐氏盛讚杭辛齋《易》學無所不包，乃集四庫館臣所謂「二派六宗」之大成者。然杭辛齋更能引新學說《易》，擴充《易》學研究之範疇與視野，此則杭辛齋可留名《易》學史之因。

---

〔註2〕同前註，頁178。
〔註3〕收入鄭吉雄：《易圖象與易詮釋》（臺北：喜瑪拉雅研究發展基金會，2002.2），頁50。
〔註4〕收入程發軔主編《六十年來之國學》（臺北：正中書局，1977），頁32。

## 二、對杭辛齋《易》學負面評價

後世《易》學家評杭辛齋《易》者，以尚秉和最爲詳贍。尚氏字節之，自號滋溪老人，其弟子于省吾嘗爲《周易尚氏學》作序，言尚氏精研《焦氏易林》十餘年，著《焦氏易林注》十六卷，參考各家詁訓，反覆推勘，分析各種逸象之應用規律，進一步詮釋《周易》〔註5〕，爲其主要《易》學特色。

尚氏嘗爲《續修四庫全書·易類》作提要，對杭辛齋《易》學著作多有述評。尚氏《易》學特色注重訓詁，故其評論杭辛齋《易》學，首論其疏於考據。尚氏論《學易筆談》曰：

> 惟其攷據，頗有疏略，如說聖人之大寶曰位，何以守位曰人，云宋儒改守位曰人之人字爲仁。按陸德明《釋文》，明言王肅、卞伯玉、桓玄，明僧紹作仁，是自魏晉，多有作仁者，豈宋人所改乎？〔註6〕

尚氏指出，將「守位曰人」改作「守位曰仁」者，早在西晉王肅已然，非至宋儒方改。殆杭辛齋已將宋儒疑經改經印象，先入爲主，遂逕云宋儒所改。尚氏此引陸德明《釋文》所載諸說，信然有徵，可見其爲學精審，善於考證訓詁，斯評信然。

又曰：

> 又論〈先天卦位不始於邵子〉云：荀慈明之升降，虞仲翔之納甲，細按之，皆與先天方位相合；他若上經首乾坤，終坎離，即先天四正卦，又祭義祀天南郊，祭地北郊，朝日東門，夕月西門，亦先天位之證。按荀爽注〈同人〉云：乾舍於離，同日而居；夫與日同居，則乾亦南。又荀注陰陽之義配日月云:乾舍於離，配日而居；坤舍於坎，配月而居，是不惟乾南，並坤北亦知之。又《左傳》大有之乾，即離變乾，日同復於父：敬如君所，所者位也，乾若不在南，離如何復其位。又筮遇復，曰南國蹙，射其元王中厥目，乾若不在南，祇射離目可矣。胡爲並乾元乾王而亦射之？又《乾鑿度》以乾南坤北，釋天地定位節尤詳，而杭氏皆不引，所引皆不足以間執人口，則攷證之疏也。〔註7〕

---

〔註5〕詳參尚秉和：《周易尚氏學》（臺北，老古文化事業公司，1981.7），頁3、7。

〔註6〕尚秉和：《續修四庫全書總目·經部上·易類提要》（北京：中華書局，1993.7），頁177。

〔註7〕同前註。

尚氏言杭辛齋引證不精，疏於考證，要非空言。然杭辛齋本有其著書動機與立說背景，且其已明言「講《易》與詁經不同」，加以杭辛齋本爲報界聞人，四十七歲方立志學《易》，至其卒，不過八年，有此《易》學著作，已屬難得，若如尚氏復求其精深，則過苛矣！

尚氏另一批評重點，乃謂杭辛齋《易》學中舉例論說，常與《易》義無涉。如論《學易筆談》：

> 至十字架及化學各氣，以證《易》理，夫《易》本无所不包，以是言《易》，則不勝其説矣。〔註8〕

論《讀易雜識》亦曰：

> 首言《老子》之《易》，《莊子》之《易》、《孟子》七篇，不言《易》而深於《易》〔註9〕。末又謂《周官》皆本於《易》，《三禮》如〈王制〉、如〈月令〉、如明堂、太室、如朝賀祭祀車服器物之類，無不協乎度數，無不源於《易》。按《易》理無所不包，如是以求，恐天地間之事物事理，舉不能外，更僕難數。……平日南北洋漁船皆四散，獨至五月五日，則南北洋漁船，皆集於大戢山洋面，南北四百里之內，魚疊聚海中，以長篙插入海中，能直立不傾。……若是者天地相遇之驗也，亦即〈姤〉卦氣化之轉移也，似皆於《易》義無涉，而強以《易》辭爲文飾。……又如《火珠林》、《參同契》、《子夏易傳》，皆見於《學易筆談·二集》中，此復重出；又漢有兩京房及《易》論九事、宋古《易》五家，皆昔人所已詳。又《子夏易傳》，王儉《七志》，引劉向《七略》云：《易傳》子夏韓氏嬰也，是韓嬰字子夏，劉向有明文：《子夏傳》即《漢書·藝文志》之韓氏二篇，亦即〈蓋寬饒傳〉所引之《韓氏易傳》，杭辛齋不知，謂《崇文總目》，刪去子夏名，以祛疑惑，殊爲失攷。又此書所言，多與《易》無關，似勉強湊集，以足其八種之數者，故無甚可取也。〔註10〕

杭辛齋援泰西新學說《易》，爲其《易》學特色，且影響後世頗鉅。尚氏《易》學觀，在以訓詁求《易》之本義，故觀杭辛齋此說《易》之法，自然非之，以爲杭辛齋諸說，多與《易》無關，不勝其說。案：蓋《易》道廣大，如海

---

〔註8〕同前註。
〔註9〕杭辛齋以《孟子》不言《易》而深於《易》，殆受焦循《孟子正義》影響。
〔註10〕同註1，頁178～179。

納百川，故天地萬事理，多可以《易》理說之。歷代《易》學發展，至少有「二派六宗」匯入其中，充實《易》學之內涵與廣度。杭辛齋之時，西學東漸，故其善引新學說《易》，良有以也，此則涉二人《易》學觀殊異，實難遽斷是非。

### 三、對杭辛齋《易》學褒貶互見之評價

楊慶中《二十世紀中國易學史》言：

> 杭氏還用《周易》比附進化論、基督教、佛教、道教等，此不一一敘述。總之，杭氏《易》學，以打通漢宋門戶、會通中外科學爲職志，雖不免駁雜附會之譏，但放在當時的時代背景中考察，則不能不承認其突破陳說、放眼世界的膽量和雄心。而這正反映了清末民初一切有志之士的良苦用心。也許這要比其《易》說之合理、正確與否，更有意義。〔註11〕

楊氏探求杭辛齋著作深心，提供評騭杭辛齋《易》學之另一視角，可謂杭辛齋知己。

尚秉和論《學易筆談·二集》言：

> 大抵杭氏《易》學，長於博覽，短於切詁，華美有餘，而樸實不足。〔註12〕

尚氏以爲杭辛齋於攷訂之學，太爲疏淺，故其說經，多虛而少實，是言杭辛齋《易》學之短。案：杭辛齋志在說《易》而非詁經，目的乃於推廣《易》學，故考證之學，非其長，難免短於切詁。尚氏又論杭辛齋《易》學，長於博覽，可謂華美，乃言杭辛齋《易》學長處。尚氏此論，深中肯綮，可謂善評。

## 第二節　杭辛齋《易》學之影響

杭辛齋《易》學，往上總結象數、義理、圖書，可謂集大成者，往下開啓二十世紀科學《易》學學派一支，實居承先啓後地位。其《易》學對後世影響，主要在開展《易》學研究之範疇與視野。鄭吉雄先生〈從經典詮釋傳統論二十世紀易詮釋的分期與類型〉言：

---

〔註11〕楊慶中：《二十世紀中國易學史》（北京：人民出版社，2000.2），頁41～42。
〔註12〕同註1，頁177～178。

民國初年治《易》學者中，如杭辛齋即將《易》學與社會學、政治學、化學、物理學等相結合；同時期上海有「周易學社」，學社所編的講義，甚至將潛水艇、轟炸機都歸納入《周易》之中。這種打破傳統格局的附會取向，雖然引起了學術界的反感，爾後卻後勁不減，直到今天仍然有許多職業派和學會派的人仕，援用以釋《易》。〔註13〕

楊慶中《二十世紀中國易學史》亦曰：

用《易》象解釋西方自然科學，可以說純屬一種附會。但在西方自然科學剛剛引進，國人對之普遍感覺陌生的當時，杭氏的這種比附又當別論。毋寧說，它反映了國人運用固有的思維圖式認知西方近代自然科學的艱難歷程。本世紀興起的科學《易》實濫觴於杭氏的這種比附。〔註14〕

《易》學發展至清末民初，象數、義理、圖書等《易》學研究之手法，經歷代大儒推闡，後學遵循，實難有突破性發展，故杭辛齋能集大成，已屬不易。杭辛齋《易》學之貢獻，在援引當時眾多新說以推廣《易》學。此說《易》方式，可推至張之銳所著《易象闡微》，杭辛齋受到啓發，推闡擴充此說《易》方式，舉凡當世流行新名詞：愛克司光、飛機、十字架、來復線等；新概念：新氏教育、勞動神聖、自由、平等、博愛、共和政治等；新學科：物理學、化學、生物學、考古學、地理學等，杭辛齋旁徵博引，與傳統《易》學之象數、義理、圖書諸法融會貫通，此非善學《易》者，無以爲之。

杭辛齋爲後世《易》學研究，另闢蹊徑，並揭示接續傳統與現代《易》學研究之手法，此則杭辛齋《易》學精采勝處，亦爲其對後世《易》學之貢獻與影響。

---

〔註13〕同註3，頁35～36。
〔註14〕同註11，頁41。

# 結　論

　　清末民初，經學衰微，杭辛齋獨立蒼茫，孜孜不倦，倡導《易》學，喚醒國人對傳統文化重視，尋求安身立命所在，堪稱民國以來，《易》學大師之第一人。杭辛齋年四十七，方立志學《易》，以至於終，不過八年，竟有《易》學著作七部：《學易筆談》、《學易筆談·二集》、《易楔》、《易學偶得》、《讀易雜識》、《愚一錄易說訂》、《沈氏改正揲蓍法》，逾三十三萬字，可見其夙慧與用功。民國初年，《易》學得以存續，杭辛齋實有承先啓後之功。

　　杭辛齋說《易》多方，甚爲多端，茲就其著作，歸納其說《易》方式，約分爲：「講《易》與詁經不同」、「无一字閑文」、「以象數說《易》」、「援用《周易》經傳」、「徵引群經諸子」、「小學訓解說《易》」、「博采兼綜諸家之說」、「以新名詞與《易》相發明」八類，足見其說《易》不守一家，力貫東西古今，唯以推廣《易》學爲職志。

　　杭辛齋主張《易》在三代，不徒政治之書，凡禮樂政刑，咸法於《易》。漢人去古未遠，所傳較接近經傳原貌，故其甚重兩漢《易》學。魏晉以後，王弼之《易》盛行江左，施讎、梁丘諸家之《易》漸亡，費氏之古本，亦遭淆亂，此杭辛齋所深嘆息者。有唐一代，兩漢以來各家之師說多已亡佚，且孔穎達疏《易》，復崇王黜鄭，有賴李鼎祚《周易集解》，掇拾殘闕。宋代《易》學，象數解《易》有之，義理解《易》有之，其特出者，乃以圖書解《易》。元明兩代之《易》學，較無發明，《易》說多類程朱。清朝《易》學著作甚豐，可謂歷代《易》學之總結時期。有闡明程朱《易》學者；有復言漢《易》象數者；有攻擊、倡導圖書者；亦有調和融通者。杭辛齋亦取資國外《易》學研究，如日本《易》學之《高島易斷》與美國國會圖書館《易》學書目，足

見其《易》學視野，不論東西，氣象博大。

　　杭辛齋《易》學之內涵，可分就象數、義理、圖書、科學四方面探究。義理《易》學，爲杭辛齋《易》學之終極關懷，其以象數說《易》，乃一過程，其目的乃在闡明經傳義理，以合人倫日用。圖書《易》學，盛於北宋，杭辛齋《易》學中主以〈先天後天〉、〈河圖洛書〉、〈太極圖〉等範疇爲論述內涵，其論流傳與內涵，多從朱子。再者，杭辛齋以圖書之利，可較全面含攝理、象、氣、數，然若不先明象數而言圖書，則對初學者《易》學之認知，或有不利影響。杭辛齋《易》學特出之處，在科學《易》學，乃援引新知識、新名詞、新概念，以會通《易》學。杭辛齋爲首位有意識、有系統援引科學說《易》者，其廣度與深度，遠邁前賢，並爲二十世紀以來所謂「科學《易》學」導夫先路，《易》學史上當記此筆。蓋杭辛齋《易》學特色，氣象宏大，能融鑄象數、義理、圖書、科學於一爐，自民國以來，斐然成一家之言。

　　杭辛齋之《易》學認知及思想，大要如下：論《易》之作者，多從舊說，以聖人作《易》，然未言聖人究爲何人。畫卦、重卦者皆爲伏羲。作卦爻辭者分爲周文王與周公。孔子作〈易傳〉，殆從舊說。論《易》之性質，則強調《易》爲用世之書，且《易》者廣大悉備，彌綸範圍天地萬物。論《易》之本體，乃采氣化論，以天地萬物，莫不由氣之變化而生成演化。論《易》之作用，杭辛齋以《易》可貫徹天人、安身立命，弘道救世。論《易》之讀法，則須先讀〈說卦傳〉、〈繫辭傳〉，以明《易》之大體，再熟讀《周易》上下經文，後求諸大家注釋，必字字研求，務各得其下落。蓋杭辛齋以爲經傳之一字一句，咸有精深義蘊，不可更易。杭辛齋之《易》學思想，可以時中、重民、憂患、寡過言之，以上經傳本有。至於進化諸新概念，實則杭辛齋將新學融通《易》學，注入活水。

　　學者評論杭辛齋《易》學，非其說者，大概多以「考證疏略」與「與《易》無涉」二說。平心而論，杭辛齋習《易》目的在說《易》而非詁《經》，所訾則爲過苛。至於杭辛齋《易》學之長，尚秉和論其博覽華美，徐芹庭讚許其《易》學無所不包，乃集四庫館臣所謂「二派六宗」之大成。

　　《易》學發展至清末民初，象數、義理、圖書等傳統《易》學研究手法，經歷代大儒推闡，後學遵循，實難有突破性發展，故杭辛齋能集大成，已屬不易。杭辛齋《易》學之貢獻，乃在援引當時眾多新說以推廣《易》學。此說《易》方式，可推至張之銳所著《易象闡微》，杭辛齋受到啓發，推闡擴充

此說《易》方式，舉凡當世流行新名詞：愛克司光、飛機、十字架、來復線等；新概念：新氏教育、勞動神聖、自由、平等、博愛、共和政治等；新學科：物理學、化學、生物學、考古學、地理學等，杭辛齋旁徵博引，與傳統《易》學之象數、義理、圖書諸法融會貫通。爲後世《易》學研究，另闢蹊徑，並揭示接續傳統與現代《易》學研究之手法，此則杭辛齋《易》學精采勝處，亦爲其對後世《易》學之貢獻與影響。杭辛齋《易》學，往上總結象數、義理、圖書，可謂集大成者，往下開啓二十世紀科學《易》學學派，實居承先啓後地位，當可於《易》學史上占一席之地。

# 參考書目舉要

## 一、杭辛齋《易》學著作

1. 《學易筆談》內附:《學易筆談·二集》、《易楔》、《易數偶得》、《讀易雜識》、《愚一錄易說訂》、《沈氏改正揲蓍法》,杭辛齋,廣文書局 1992.8,影印 1922 研幾學社聚珍板。

2. 《學易筆談·讀易雜識》,杭辛齋著,張文江校點《新世紀萬有文庫》,遼寧教育出版社,1996.12。

## 二、《周易》經傳

1. 《周易指》,端木國瑚,收錄於《四庫未收書輯刊》,北京出版社,2000。

2. 《周易譯注》,黃壽祺、張善文,頂淵文化事業有限公司,2000.5。

3. 《周易注譯與研究》,陳鼓應、趙建偉,臺灣商務印書館,2000.3。

4. 《周易二種》,(內含王弼、韓康伯的《周易王韓注》與朱熹《周易本義》),大安出版社,1999.7。

5. 《周易尚氏學》,尚秉和,老古文化,1998.11。

6. 《易傳之形成及其思想》,戴璉璋,文津出版社,1997.2。

7. 《周易大傳新注》,(上)(下)徐志銳,里仁書局,1995.10。

8. 《焦循雕菰樓易學研究》,賴師貴三,里仁書局,1994。

9. 《易經繫辭傳解義》,吳怡註譯,三民書局,1993.8。

10. 《周易讀本》,黃師慶萱,三民書局,1992.5。

11. 《周易象理證》,張承緒,武陵出版有限公司,1991.6。

12. 《易程傳》,宋·程頤,文津出版社,1990.10。

13. 《周易鄭氏學》,胡自逢,文史哲出版社,1990.7。

14. 《周易研究論文集》第三、四輯,黃壽祺、張善文編,北京師範大學出版社,1990.5。

15. 《焦循研究》，何師澤恆，大安出版社 ，1990.5。

16. 《易傳之形成及其思想》，戴璉璋，文津出版社，1988.11。

17. 《易程傳》，程頤，世界書局影印刻本，1987.4。

18. 《周易的自然哲學與道德函義》，牟宗三，文津出版社，1986.4。

19. 《魏晉四家易研究》，簡博賢，文史哲出版社，1986。

20. 《易學論著選集——附朱熹周易本義》，黃師沛榮，長安出版社，1985.10。

21. 《周易》，王弼、韓康伯注、孔穎達正義，藝文印書館影印清仁宗嘉慶二十年（1815）江西南昌府學刊《十三經注疏》本，1985.12。

22. 《先秦漢魏易例述評》，屈萬里，聯經出版事業公司，1984.7。

23. 《讀易三種》，屈萬里，聯經出版事業公司，1983.6。

24. 《周易王弼注校釋》，樓宇烈校釋，華正書局，1983.9。

25. 《周易折中》，李光地，臺灣商務印書館影印清高宗乾隆年間寫文淵閣四庫全書本，1983.6。

26. 《讀易舉要》，宋·俞琰，臺灣商務印書館，1983。

27. 《先秦諸子易說通考》胡自逢，文史哲出版社，1980.9。

28. 《魏晉南北朝易學書考佚》黃師慶萱，幼獅文化事業公司，1975.11。

29. 《橫渠易說》，宋·張載，廣文書局，1974。

30. 《易學三書》，清·焦循，廣文書局，1970。

31. 《漢上易傳》，朱震，大通書局，影印康熙十九年通志堂經解，1969.10。

32. 《周易集解》，唐·李鼎祚，臺灣商務印書館，1968.3。

33. 《焦氏易林》，漢·焦贛，臺灣商務印書館，1965。

34. 《周子通書》，宋·周敦頤，臺灣中華書局，1965。

## 三、圖書易學

1. 《易圖象與易詮釋》，鄭吉雄，喜瑪拉雅研究發展基金會，2002.2。

2. 《易圖考》，李申，北京大學出版社，2001.2。

3. 《易經圖書大觀》，趙中偉註譯，紅葉文化事業有限公司，1999.3。

4. 《周易圖經廣說》上下（原名《易拇》），清·萬年淳，老古文化事業股份有限公司，1999.12。

5. 《皇極經世》，宋·邵雍，江蘇廣陵古籍刻印社，1997。

6. 《易圖明辨》，清·胡渭，廣文書局，1994.3。

7. 《易圖源流》（上）（下），徐芹庭，國立編譯館，1993.4。

8. 《河圖象說》黃元炳，集文書局，1984.1。

## 四、象數易學

1. 《易學象數論》清・黃宗羲，廣文書局，1998.9。

2. 《兩漢象數易學研究》，劉玉建，廣西教育出版社，1996.9。

3. 《易象闡微》清・張之銳，成文出版社，嚴靈峰編《無求備齋易經集成》第 123 冊，據清宣統 2 年排印本，1976。

## 五、《易》學史論

1. 《二十世紀中國易學史》楊慶中，人民出版社，2000.2。

2. 《易學哲學史》，朱伯崑，藍燈文化事業股份有限公司，1991.9。

3. 《易學源流》（上）（下），徐芹庭，國立編譯館，1987.8。

4. 《兩漢易學史》，高懷民，中國學術著作獎助委員會出版，1983 年三版。

5. 《先秦哲學史》高懷民，東吳大學中國學術著作獎助委員會，1975.6。

## 六、出土《易》學資料研究

1. 《出土簡帛周易疏證》，趙建偉，萬卷樓圖書公司，2000.1。

2. 《馬王堆帛書易經斠理》，嚴靈峰，文史哲出版社，1994.7。

3. 《周易帛書今注今譯》，張立文，學生書局，1991.9。

## 七、科學《易》與《易》科學

1. 《易經應用大觀》，郭俊義、劉英，江西高校出版社，1997.4。

2. 《易學科學史綱》，董光璧，武漢出版社，1993.12。

3. 《周易科學觀》，徐道一，北京 地震出版社，1992.5。

4. 《科學的易》，丁超五，皇極出版社，1980.1。

## 八、其它經學

1. 《經學歷史》，皮錫瑞，藝文印書館，1987.10。

2. 《中國經學史》，馬宗霍，臺灣商務印書館，1991.11。

3. 《中國經學史》，本田成之，廣文書局，1990.7。

4. 《尚書》，舊題孔安國傳、孔穎達疏，藝文印書館，影印清仁宗嘉慶二十年（1815）江西南昌府學刊《十三經注疏》本，1985.12。

5. 《左傳》，舊題左丘明著、杜預集解、孔穎達正義，藝文印書館，影印清仁宗嘉慶二十年（1815）江西南昌府學刊《十三經注疏》本，1985.12。

6. 《論語》，何晏集解、邢昺疏，藝文印書館，影印清仁宗嘉慶二十年（1815）江西南昌府學刊《十三經注疏》本，1985.12。

## 九、史學

1. 《史記》，司馬遷，藝文印書館，據清乾隆武英殿本景印，1962。
2. 《漢書》，班固，藝文印書館，據清乾隆武英殿本景印，1962。
3. 《後漢書》，范曄，藝文印書館，據清乾隆武英殿本景印，1962。
4. 《四庫全書總目》，紀昀，臺灣商務印書館，1983.6。
5. 《續修四庫全書總目提要‧經部》，中國科學院圖書館整理，北京中華書局，1993.7。
6. 《先秦文史資料考辨》，屈萬里，聯經出版社，1983。

## 十、其他

1. 《天演論新譯》，赫胥黎著、嚴復譯、李學勇註釋，宏泰出版社 2000.12。
2. 《洪憲紀事詩本事簿注》，劉成禺，山西古籍出版社，1997。
3. 《中國堪輿名人小傳記》，鐘義明，武陵出版有限公司，1996.4。
4. 《晚清巨人傳：嚴復》，徐立亭，哈爾濱出版社 ，1996.8。
5. 《中國近代報刊名錄》，史和、姚福申、葉翠娣編，福建人民出版社，1991。
6. 《嚴復傳》，王栻，上海人民出版社，1976。
7. 《清末民初中國宮紳人名錄》，中國研究會刊行，1918。

## 十一、學位論文

1. 《杭辛齋易學研究》，張躍龍，政治大學中文研究所碩士論文，2004。
2. 《清代易學八家研究》，康全誠，中國文化大學中文所博士論文，2002。
3. 《張惠言易學研究》，王宏仁，高雄師範大學國文所博士論文，2001。
4. 《吳澄易學研究》，涂雲清，臺灣大學中國文學研究所碩士論文，1998。
5. 《高亨易學研究》，李慈恩，中央大學中國文學研究所碩士論文，1998。
6. 《胡渭易圖明辨之研究》，許朝陽，中央大學中文所碩士論文，1995。
7. 《船山易學研究》，林文彬，臺灣師範大學國文所博士論文，1993。
8. 《項安世《周易玩辭》研究》，賴師貴三，臺灣師範大學國文所碩士論文，1990。
9. 《惠棟易例研究》，江弘遠，國立臺灣師範大學國文所碩士論文，1988。

## 十二、單篇論文

1. 〈王家台《歸藏》與《穆天子傳》〉，朱淵清，《周易研究》，2002 年第 6 期。
2. 〈《歸藏》、《坤乾》源流考〉，任俊華、梁敢雄，《周易研究》，2002 年第 6 期。

3. 〈民初著名報人邵飄萍爲何被殺〉，傅國涌，《炎黃春秋》，2001 年第 2 期。

4. 〈中國人的智慧──易經〉，朱謙之，《宗教學研究》 2001 年 03 期。

5. 〈阮元創設詁經精舍考略〉，陳東輝，《中國文化研究》，1997 年 04 期。

6. 〈彭翼仲案眞相〉，姜緯堂，《首都師範大學學報》，1996 年第 5 期。

7. 〈江陵王家台 15 號秦墓〉，荊州地區博物館，《文物》，1995 第 1 期。

8. 〈孔子與易傳相關問題覆議〉，何師澤恆，臺大中文學報 12 期，1990 年 5 月。

9. 〈杭辛齋《周易》象數思想評介──兼術杭氏象數理論和自然科學的關係〉，李樹菁，《周易研究》，1990 年第 2 期。

10. 〈論十翼非孔子作〉，錢穆，收錄於黃壽祺、張善文編《周易研究論文集》第 1 輯，北京師範大學出版社，1987 年 9 月。

11. 〈易傳探源〉，李鏡池，收錄於黃壽祺、張善文編《周易研究論文集》第 1 輯，北京師範大學出版社，1987 年 9 月。

12. 〈試釋周初青銅器銘文中的易卦〉，張政烺，《考古學報》，1980 年第四期。

13. 〈杭辛齋易學傳〉，易翁，《中華易學》，1981 年 6 月（第二卷第〈試釋周初青銅器銘文中的易卦〉，張政烺，《考古學報》，1980 年第四期。

14. 〈海寧杭辛齋先生訃告〉，張一鳴，收錄於黃季陸主編《革命人物誌》第四集，中國國民黨中央委員會黨史史科編纂委員會，1970 年 6 日。

15. 〈杭辛齋易學得失及其重要發明之數事〉，李證剛，收錄於《易學討論集》，商務印書館，1941 年。

16. 〈杭辛齋先生略歷〉，《申報》第 13 版 ，1924 年 1 月 26 日。